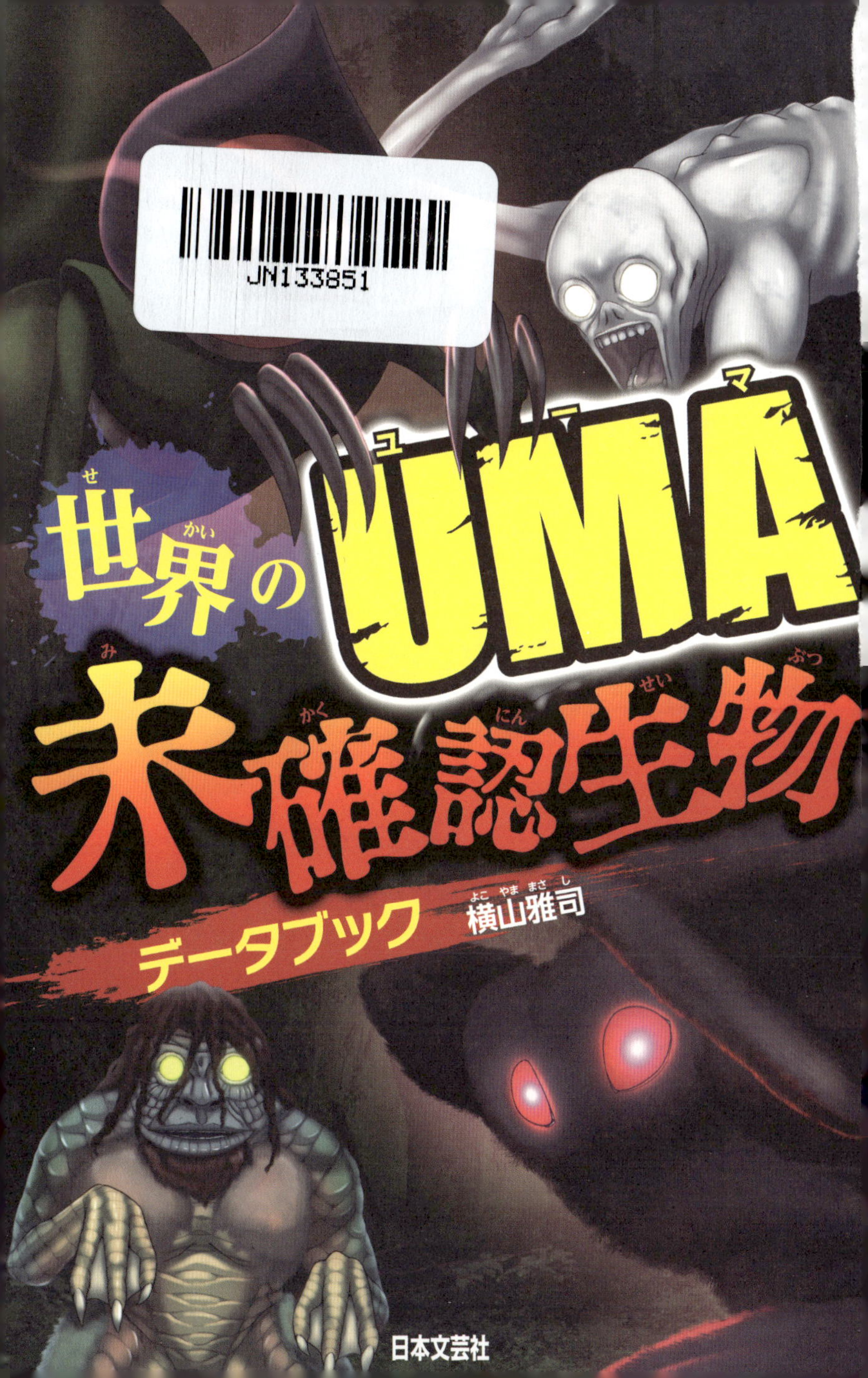
JN133851
世《せ》界《かい》のUMA《ユーマ》
未《み》確《かく》認《にん》生《せい》物《ぶつ》
データブック
横《よこ》山《やま》雅《まさ》司《し》
日本文芸社

つぎの目撃者《もくげきしゃ》はきみだ!!

WANTED《ウォンテッド》

世界《せかい》には、たくさんのUMA《ユーマ》が潜《ひそ》んでいる。ここでは写真《しゃしん》として残《のこ》っているUMA《ユーマ》を紹介《しょうかい》するよ。きみもさがしてみよう。

日本《にほん》の船《ふね》が引《ひ》き上《あ》げた

ニューネッシー

(→267ページ)

幸運《こううん》を呼《よ》ぶUMA《ユーマ》

ケサランパサラン

(→310ページ)

宇宙人《うちゅうじん》のようなUMA《ユーマ》

フラットウッズ・モンスター

(→88ページ)

白《しろ》い巨大人型《きょだいひとがた》UMA《ユーマ》

ニンゲン

(→20ページ)

ヒマラヤの巨大猿人《きょだいえんじん》

イエティの足跡《あしあと》

(→218ページ)

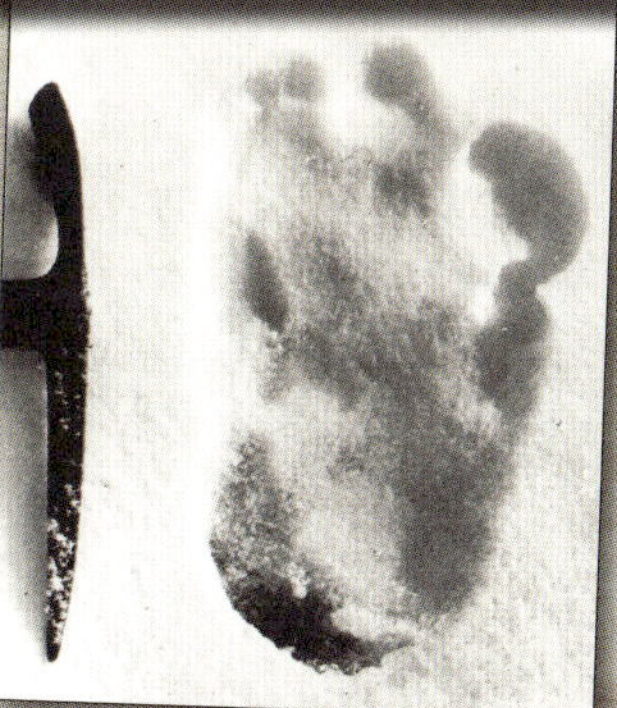

枝《えだ》を投《な》げつけてくる巨大《きょだい》ザル

モノス

(→150ページ)

もくじ

2章《しょう》 北《きた》アメリカのUMA《ユーマ》

3章《しょう》　中《ちゅう》央《おう》・南《みなみ》アメリカのＵＭＡ《ユーマ》

4章《しょう》　アフリカのＵＭＡ《ユーマ》

5章《しょう》 アジア・オセアニアのUMA《ユーマ》

6章《しょう》 日《に》本《ほん》のU《ユ》M《ー》A《マ》

UMA《ユーマ》ストーリー

UMA《ユーマ》バトル

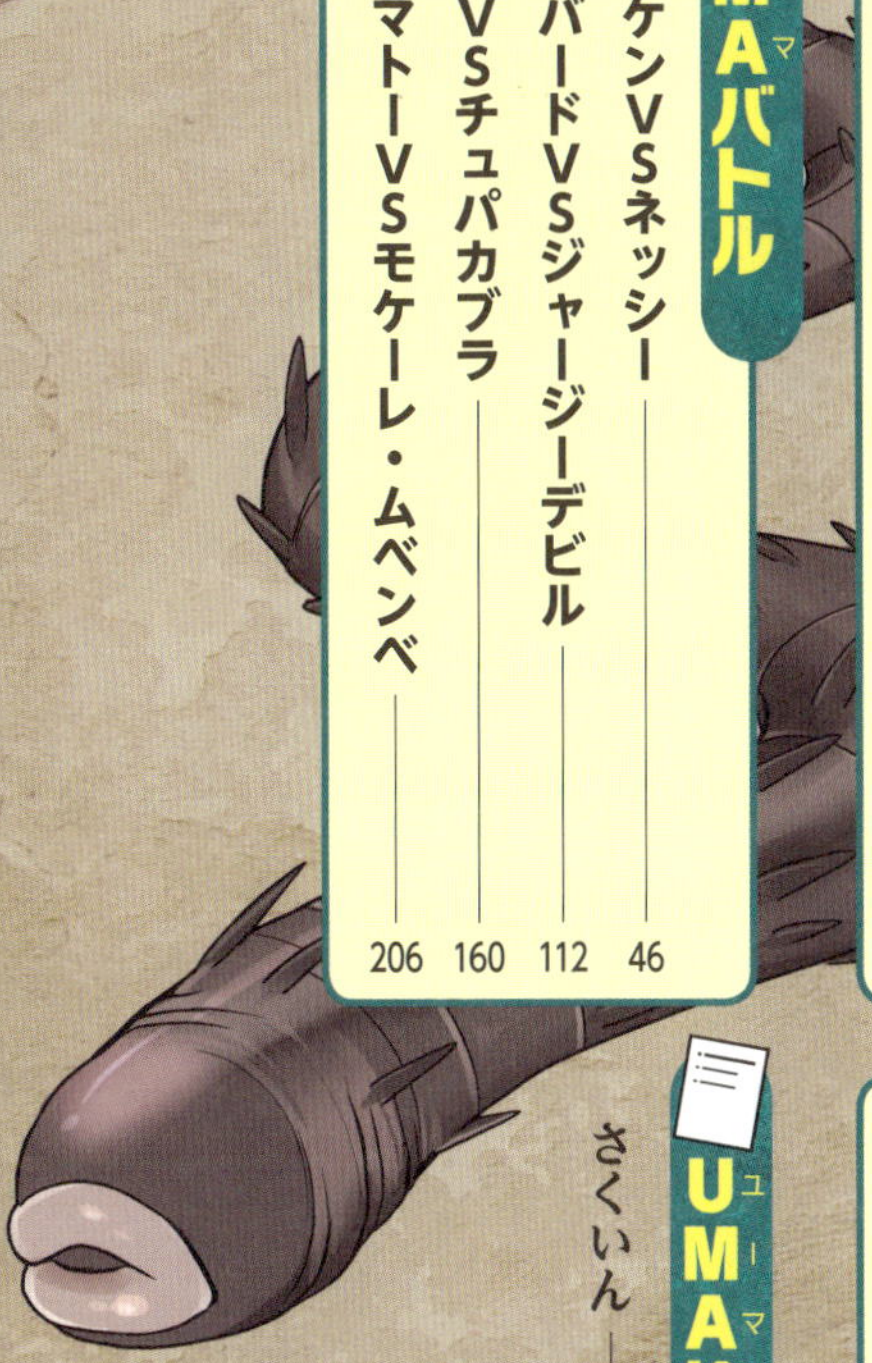

UMA《ユーマ》コラム

UMA《ユーマ》検定《けんてい》

UMA《ユーマ》って何《なん》だ!?

きみは、UMA《ユーマ》ということばを聞《き》いたことはあるだろうか? UMA《ユーマ》について知《し》れば、きっときみもさがしにいきたくなるはずだ!

UMA《ユーマ》とは

UMA《ユーマ》とは「Unidentified《アンアイデンティファイド》 Mysterious《ミステリアス》 Animals《アニマル》」の頭文字《かしらもじ》をとったもので、未確認動物《みかくにんどうぶつ》（生物《せいぶつ》）のことを指《さ》す。超常現象研究家《ちょうじょうげんしょうけんきゅうか》の南山宏《みなみやまひろし》氏《し》が考案《こうあん》した用語《ようご》である。

未確認動物《みかくにんどうぶつ》（生物《せいぶつ》）を英語《えいご》では「Cryptid《クリプティッド》」と呼《よ》ぶのが普通《ふつう》なため、海外《かいがい》の情報《じょうほう》を集《あつ》めるときには注意《ちゅうい》が必要《ひつよう》だ。

ロマンあふれるUMA《ユーマ》さがし

UMA《ユーマ》の研究《けんきゅう》は世界中《せかいじゅう》で行《おこな》われ、ウソや見間違《みまちが》いだとわかったものもいる。だが、すべてがそうだとはいいきれない。熱帯《ねったい》には人《ひと》が足《あし》をふみいれたことのないジャングルが、海《うみ》にも広大《こうだい》な未調査《みちょうさ》の海域《かいいき》があり、日《に》本《ほん》ですらすべて判明《はんめい》しているわけではない。そこにまだ見《み》ぬ生《い》き物《もの》が潜《ひそ》んでいるかもしれない。まだ見《み》ぬ生《い》き物《もの》を探索《たんさく》する、それがUMA《ユーマ》さがしの魅力《みりょく》なのだ。

UMA《ユーマ》ハントのこころえ 4か条《じょう》

さがしにいくときに気《き》をつけることを確認《かくにん》しよう！

◆装備品《そうびひん》の準備《じゅんび》はしっかりと!

ケガをしないように服装《ふくそう》を整《ととの》え、持《も》ちものをまとめよう。

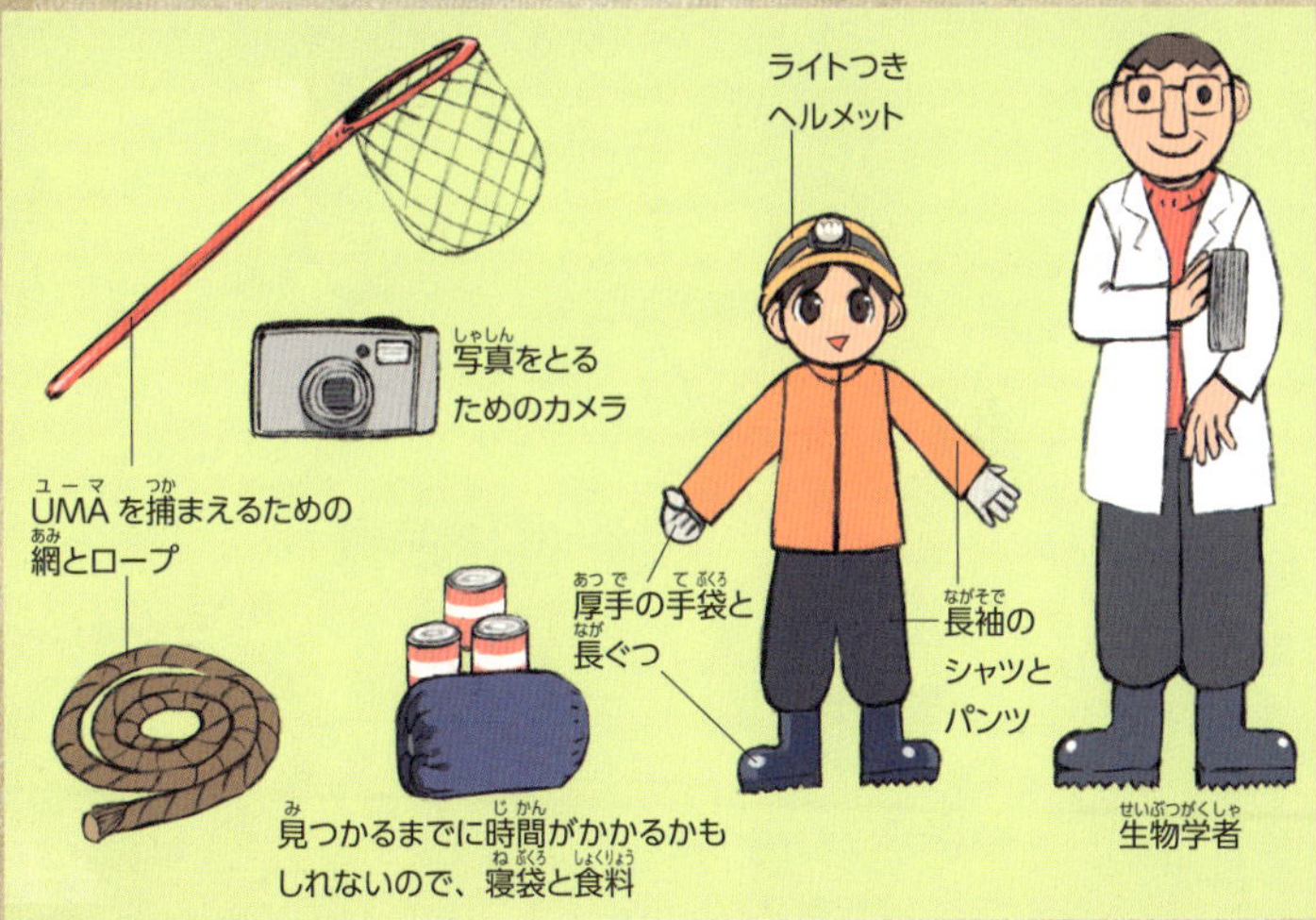

◆どこをさがすか、決《き》めよう!

やみくもにさがしても見《み》つからない。陸《りく》、空《そら》、海《うみ》、湖《みずうみ》のうち、どこにいるUMA《ユーマ》をさがすか決《き》めよう。

◆見《み》つけたら、まずは写真《しゃしん》をとるべし!

人《ひと》に見《み》つかるとにげてしまうUMA《ユーマ》もいる。また、凶暴《きょうぼう》なUMA《ユーマ》もいるので、まず遠《とお》くから写真《しゃしん》をとろう。

◆専門家《せんもんか》に鑑定《かんてい》してもらうべし!

見《み》つけたUMA《ユーマ》は、すでに発見《はっけん》されている生物《せいぶつ》かもしれない。専門家《せんもんか》に鑑定《かんてい》してもらって、UMA《ユーマ》かどうかを調《しら》べてもらおう。

世界《せかい》のUMA《ユーマ》マップ

UMA《ユーマ》は世界中《せかいじゅう》で目撃情報《もくげきじょうほう》があるぞ！　ここでは、地域《ちいき》ごとにスタークラスのUMA《ユーマ》を紹介《しょうかい》しよう。

クラーケン
エイリアンビッグキャット
ネッシー
モンゴリアン・デスワーム
ヨーロッパ
(1章《しょう》21ページ~)
イエレン
イエティ
コンガマトー
モケーレ・ムベンベ
アジア・オセアニア
(5章《しょう》217ページ~)
アフリカ
(4章《しょう》185ページ~)
ニンゲン

この本《ほん》の見方《みかた》

UMA《ユーマ》ハンターをめざすきみたちに、この本《ほん》の見方《みかた》を紹介《しょうかい》するぞ！　これを読《よ》んでおけば、UMA《ユーマ》を見《み》つける確率《かくりつ》も高《たか》くなるはずだ。こころして読《よ》んでほしい。

❶UMA名《ユーマめい》

どんなUMA《ユーマ》なのかが一目《ひとめ》でわかるよ。

❷DATA《データ》

UMA《ユーマ》の基本情報《きほんじょうほう》をまとめているよ。

- 目撃場所《もくげきばしょ》
- 目撃時期《もくげきじき》
- 生息地《せいそくち》
- 大《おお》きさ（身近《みぢか》なものや動物《どうぶつ》などに例《たと》えているよ）
- スター度《ど》　★の数《かず》が多《おお》いほど有名《ゆうめい》
- 危険度《きけんど》　捕《つか》まえるときの危険度《きけんど》

❸どうする！？

きみがUMA《ユーマ》を見《み》つけたときにする行動《こうどう》を選《えら》ぼう。

❹UMA《ユーマ》についてのくわしい解説《かいせつ》

❺スペシャル

UMA《ユーマ》の得意技《とくいわざ》や体《からだ》の特徴《とくちょう》などを紹介《しょうかい》するよ。

❻スクープ！！ともしも劇場《げきじょう》

UMA《ユーマ》による事件《じけん》などを紹介《しょうかい》するスクープ！！と、「もしも○○だったら」という設定《せってい》でUMA《ユーマ》の生態《せいたい》をおもしろく解説《かいせつ》するもしも劇場《げきじょう》があるよ。

❼大《おお》きさを比較《ひかく》できる人物《じんぶつ》の影《かげ》

小学《しょうがく》3年生《ねんせい》（平均《へいきん》130センチメートル）を想定《そうてい》。

はじまりの海《うみ》へ

UMA《ユーマ》ハントスタート！

ドドドドドド
くさい。これ何《なん》だ?
UMA《ユーマ》の臭《にお》いがするぞ!
だれ?
ザッ
わたしは、ミスターX《エックス》。UMA《ユーマ》ハンターさ。これは、グロブスターじゃないか。
グロブスター
灰色《はいいろ》の塊《かたまり》。巨大《きょだい》UMA《ユーマ》か巨大《きょだい》タコの死体《したい》といわれているが、実《じっ》態《たい》は不明《ふめい》。世界中《せかいじゅう》の海《うみ》で目撃《もくげき》されている。
スリ
スリ
きれいに残《のこ》っているなあ!
うわあ

何《なん》か変《へん》な人《ひと》…。
ゴポ…
フム
フム
わあ、今度《こんど》は何《なに》!?
ザバ
新種《しんしゅ》かもしれん！すぐに追《お》いかけねば！
ダッ
待《ま》って！ぼくもつれていって。
よし、じゃあこの潜水艦《せんすいかん》「エックス号《ごう》」に乗《の》りたまえ。
かっこいい！
ゴポ
ゴポ

シーサーペント

最大《さいだい》で60メートルにもなる巨大《きょだい》なウミヘビのようなUMA《ユーマ》。凶暴《きょうぼう》で攻撃的《こうげきてき》といわれる。世界中《せかいじゅう》の海《うみ》で目撃《もくげき》されている。

何《なん》とかして、ミスターX《エックス》！
まかせろ！
パワーブーストON《オン》！
ポチッ
すごい！さすがミスターX《エックス》！
だが、ひとつ問題《もんだい》が…
何《なに》かにぶつかるまで止《と》まらない。
え

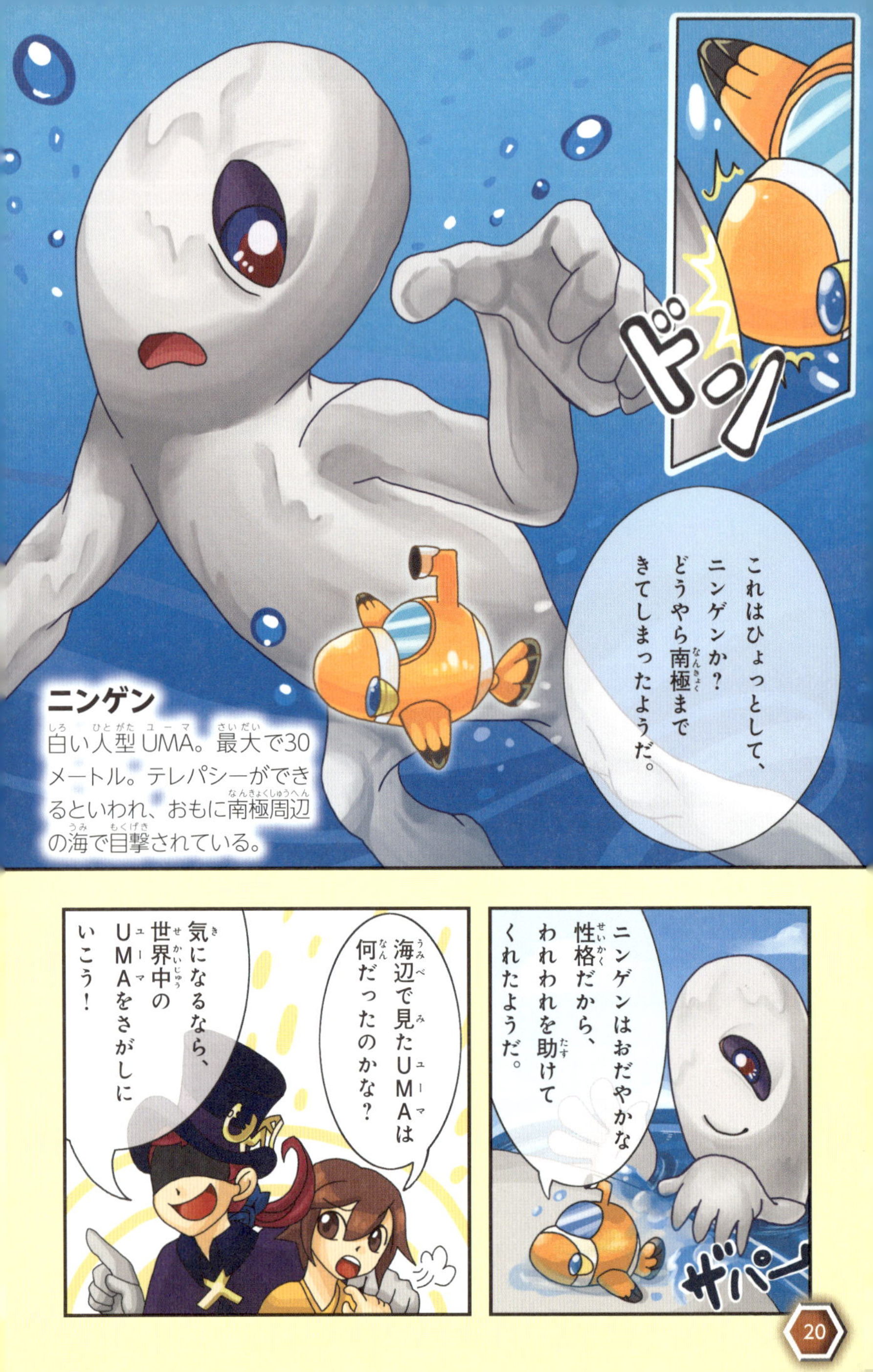
ドン
これはひょっとして、ニンゲンか？どうやら南極《なんきょく》まできてしまったようだ。
ニンゲン
白《しろ》い人型《ひとがた》UMA《ユーマ》。最大《さいだい》で30メートル。テレパシーができるといわれ、おもに南極周辺《なんきょくしゅうへん》の海《うみ》で目撃《もくげき》されている。
ニンゲンはおだやかな性格《せいかく》だから、われわれを助《たす》けてくれたようだ。
ザパーン
海辺《うみべ》で見《み》たＵＭＡ《ユーマ》は何《なん》だったのかな？
気《き》になるなら、世界中《せかいじゅう》のＵＭＡ《ユーマ》をさがしにいこう！

1章《しょう》

ヨーロッパのUMA《ユーマ》

ヨーロッパには、みんな一度《いちど》は聞《き》いたことがあるスターUMA《ユーマ》がたくさんいるぞ。見《み》つけにいこう！

ネス湖《こ》の恐竜《きょうりゅう》!?

ネッシー

DATA《データ》

イギリスのネス湖《こ》

1930年代《ねんだい》〜

湖《みずうみ》

最大《さいだい》で電車《でんしゃ》1両《りょう》ぐらい

スター度《ど》 ★★★★★

危険度《きけんど》

どうする!?

たたかう

にげる

ペットにする

▶乗《の》る

コブのあいだが乗《の》りやすそう!

イギリスのスコットランドにあるネス湖《こ》。そこに生息《せいそく》しているといわれているのが、世界《せかい》でもっとも有名《ゆうめい》なUMA《ユーマ》のひとつであるネッシーだ。目《もく》撃証言《げきしょうげん》によれば全長《ぜんちょう》は7～20メートル、長《なが》い首《くび》に小《ちい》さな頭《あたま》、その頭《あたま》にはツノが2つあるという。4枚《まい》のひし形《がた》のヒレを持《も》ち、背中《せなか》には2つか3つのコブがある。

湖《みずうみ》の怪物《かいぶつ》の伝説《でんせつ》は600年代《ねんだい》ごろにはすでにあったが、目撃事件《もくげきじけん》が急増《きゅうぞう》したのは1930年代《ねんだい》、ネス湖《こ》を見《み》わたせる国道《こくどう》が開通《かいつう》し、多《おお》くの人《ひと》がネス湖《こ》を訪《おとず》れるようになってからである。ネッシーはその姿《すがた》から、恐竜時代《きょうりゅうじだい》の海《うみ》に生息《せいそく》していた首長竜《くびながりゅう》の生《い》き残《のこ》りではないかという説《せつ》が有力《ゆうりょく》とされる。水面上《すいめんじょう》に姿《すがた》を見《み》せたという目撃《もくげき》証言《しょうげん》が多《おお》いようだが、陸上《りくじょう》を移動《いどう》する姿《すがた》が目撃《もくげき》されたこともある。

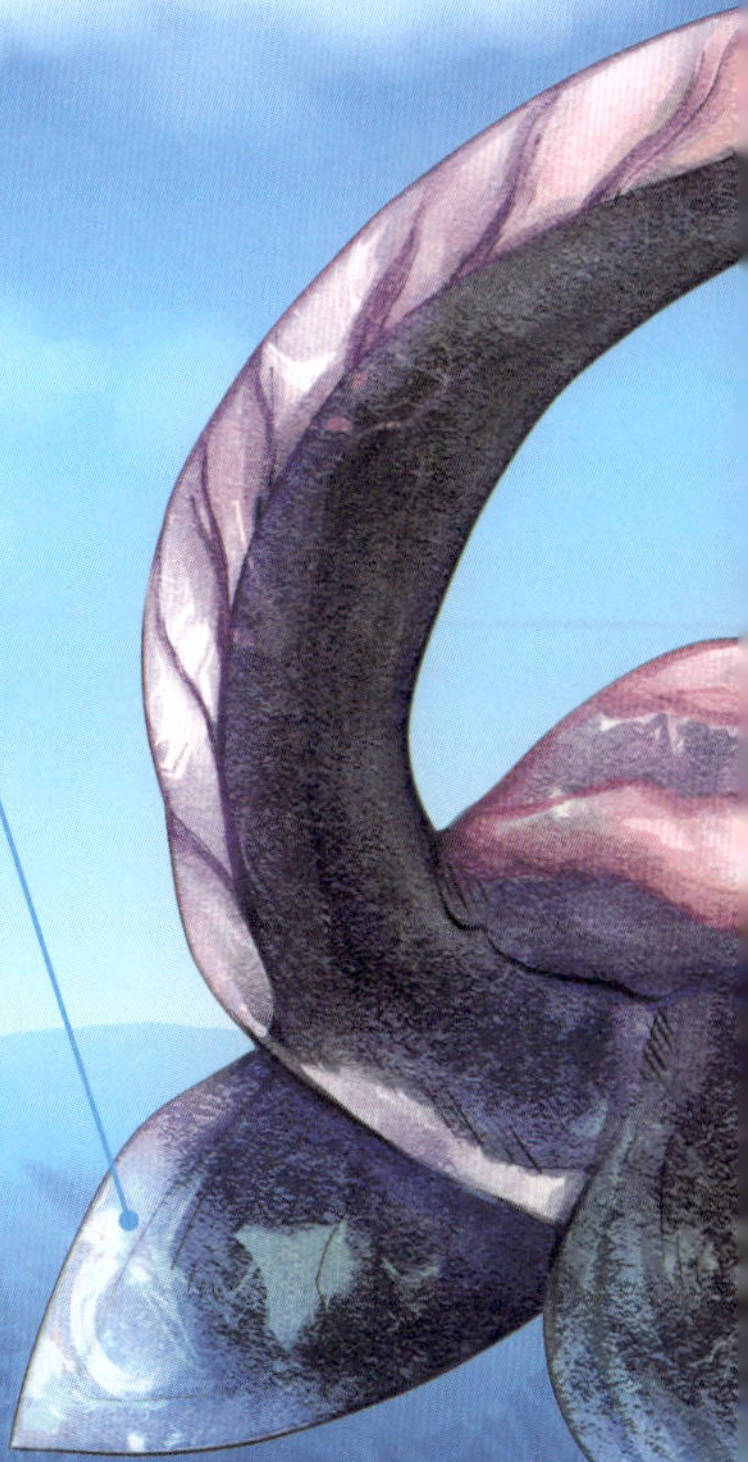

スペシャル

大《おお》きなヒレを使《つか》ってすばやく泳《およ》ぐ。

スクープ!!

ネッシーが海《うみ》にあらわれた!?

ネッシーがイギリスとフランスのあいだにある海峡《かいきょう》で目撃《もくげき》された。このことから、ネス湖《こ》の地下洞窟《ちかどうくつ》が海《うみ》につながっていて、ネッシーが行《い》き来《き》しているのではないかという説《せつ》が議論《ぎろん》されている。

UMA《ユーマ》ハンターMr.《ミスター》X《エックス》の

ネッシーレポート

ネッシーの調査《ちょうさ》と正体《しょうたい》

むかし話《ばなし》の怪獣《かいじゅう》ではなく、未確認生物《みかくにんせいぶつ》としてネッシーが報告《ほうこく》されるようになったのは1930年代《ねんだい》からだ。1933年《ねん》7月《がつ》にネス湖周辺《こしゅうへん》で道路《どうろ》を横切《よこぎ》る生物《せいぶつ》を目撃《もくげき》した「ジョージ・スパイサー事件《じけん》」が発生《はっせい》。11月《がつ》にはヒュー・グレイが世界《せかい》ではじめてネッシーの写真《しゃしん》を撮影《さつえい》することに成功《せいこう》した。1934年《ねん》にはロバート・ケネス・ウィルソン医師《いし》によって「外科医《げかい》の写真《しゃしん》」と呼《よ》ばれる、

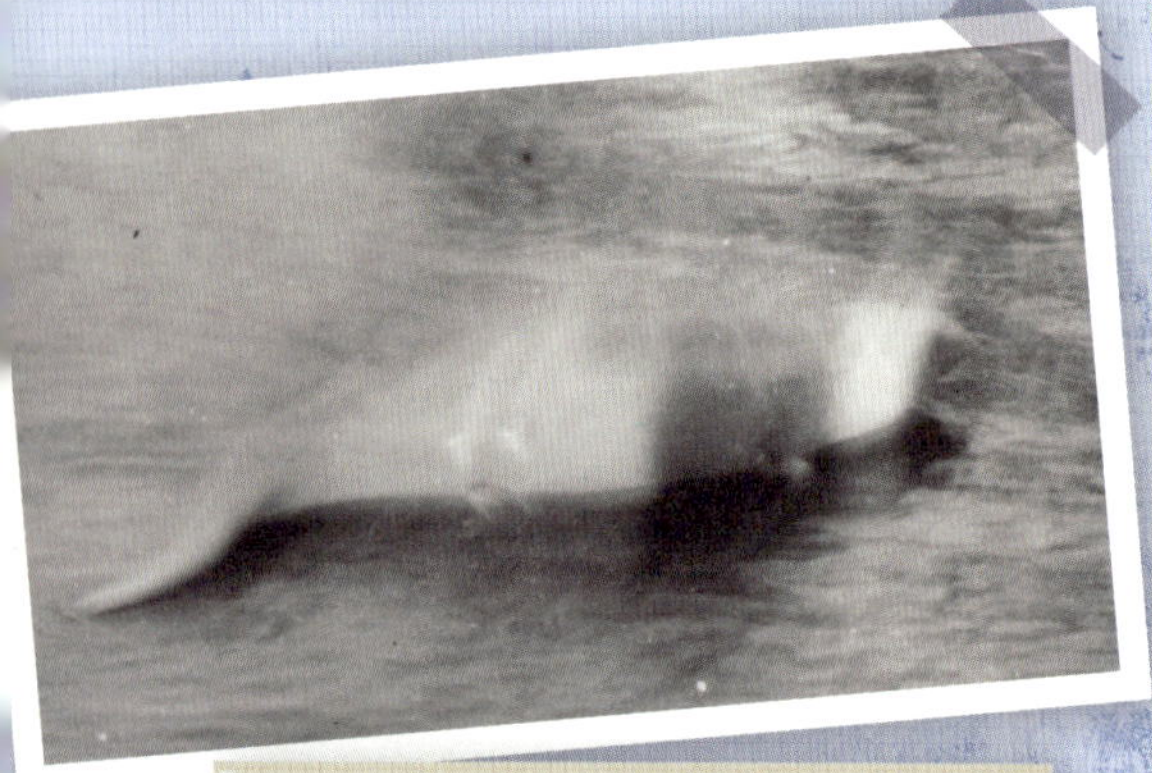

ヒュー・グレイが撮影《さつえい》した写真《しゃしん》

当時《とうじ》、水面《すいめん》に体《からだ》がでているネッシーの写《しゃ》真《しん》は、世界中《せかいじゅう》の研究者《けんきゅうしゃ》をおどろかせた。

ネッシーを世界的《せかいてき》に有名《ゆうめい》にした写真《しゃしん》が撮影《さつえい》された。ただしこれは後《のち》に、偽物《にせもの》の写真《しゃしん》だと判明《はんめい》している。ヨーロッパには3メートルをこえるチョウザメやヨーロッパオオナマズが生息《せいそく》しており、これらがネッシーの正体《しょうたい》だという説《せつ》もある。また、ネス湖《こ》にはたくさんの小型《こがた》船《せん》が行《い》き来《き》しており、船《ふね》が立《た》てた波《なみ》を横《よこ》から見《み》ると動《うご》くコブに見《み》えることから、目撃証言《もくげきしょうげん》の多《おお》くは見間違《みまちが》いである可能性《かのうせい》が高《たか》い。

写真提供：鳥羽水族館

チョウザメ

サメに似《に》た形《かたち》をしており、体《からだ》が厚《あつ》くてかたいウロコにおおわれている。世界《せかい》にいるチョウザメの仲間《なかま》には、最大《さいだい》で体長《たいちょう》が8メートル近《ちか》くになるものもいる。

ヨーロッパオオナマズ

口《くち》にヒゲを持《も》ち、体《からだ》はねん液《えき》におおわれている。最大《さいだい》で5メートル近《ちか》くまで成長《せいちょう》するといわれている。

ネッシーの親戚《しんせき》か!?

モラーグ

DATA《データ》

👁	イギリスのモラー湖《こ》
🕐	1800年代後半《ねんだいこうはん》～
🐾	湖《みずうみ》
📏	最大《さいだい》で電車《でんしゃ》1両《りょう》ぐらい
スター度《ど》	★★★
危険度《きけんど》	💀💀💀

どうする!?

たたかう

にげる

▶ペットにする

親戚《しんせき》のネッシーがあそびにくるかも!?

世界的《せかいてき》に有名《ゆうめい》なネッシーと同《おな》じイギリスのスコットランドに生息《せいそく》するとされるのが、モラー湖《こ》の怪獣《かいじゅう》モラーグだ。全長《ぜんちょう》は12～20メートルで、大《おお》きなうなり声《ごえ》をだす。色《いろ》は暗《くら》い茶色《ちゃいろ》で、ゾウのような大《おお》きな体《からだ》に長《なが》い首《くび》と小《ちい》さな頭《あたま》を持《も》つのもネッシーに似《に》ている。1969年《ねん》にはボートに乗《の》ったふたりの男《おとこ》が怪《かい》獣《じゅう》に襲撃《しゅうげき》され、ボートのオールとショットガンで反撃《はんげき》したという。

1977年《ねん》以降《いこう》、定期的《ていきてき》に写真《しゃしん》が撮《さつ》影《えい》されているが、いずれもそれが未知《みち》の怪獣《かいじゅう》が存在《そんざい》する証拠《しょうこ》とするには不鮮《ふせん》明《めい》なものであった。モラー湖《こ》はネス湖《こ》に近《ちか》く、ネッシーと同種《どうしゅ》の生物《せいぶつ》、あるいは地下《ちか》で湖《みずうみ》がつながっており、ネッシーとモラーグは同《おな》じUMA《ユーマ》だという説《せつ》もある。

スクープ!!

モラーグは古代生物《こだいせいぶつ》の生《い》き残《のこ》り!?

モラーグの正体《しょうたい》として、大《おお》むかしに絶滅《ぜつめつ》した首長竜型《くびながりゅうがた》の爬虫類《はちゅうるい》だとする説《せつ》が有力《ゆうりょく》である。

スペシャル

かたい頭《あたま》でオールをまっぷたつにできる。

凍《こお》りつく湖《みずうみ》の怪生物《かいせいぶつ》

ラーガルフリョート・ワーム

DATA《データ》

アイスランドのラーガルフリョート湖《こ》

1345年《ねん》～　湖《みずうみ》

最大《さいだい》でシロナガスクジラ３頭分《とうぶん》ぐらい

スター度《ど》 ★★★★　危険度《きけんど》

スペシャル

体《からだ》をくねらせて泳《およ》ぐ。

どうする!?

たたかう

にげる

▶ペットにする

氷《こおり》をわるハンマーを持《も》っていって捕《つか》まえよう。

アイスランドにあるラーガルフリョート湖《こ》に潜《ひそ》むとされるのが、謎《なぞ》の巨大生物《きょだいせいぶつ》ラーガルフリョート・ワームだ。現地語《げんちご》ではラーガルフリョート・オルムリンといい、どちらもラーガルフリョート湖《こ》の蠕虫《ぜんちゅう》(ミミズのような虫《むし》)、またはヘビ型《がた》ドラゴンという意味《いみ》を持《も》つ。全長《ぜんちょう》は10～90メートルと巨大《きょだい》で細長《ほそなが》く、ミミズかヘビのようだという。

その目撃証言《もくげきしょうげん》は、1345年《ねん》にさかのぼる。ただし、このときの証言《しょうげん》は「動《うご》く大《おお》きな島《しま》を見《み》た」というもので、ただのむかし話《ばなし》なのか正確《せいかく》な目《もく》撃証言《げきしょうげん》なのかはわからない。

2012年《ねん》には地元《じもと》に住《す》む男性《だんせい》によって、湖《みずうみ》に注《そそ》ぎこむ川《かわ》を泳《およ》ぐ謎《なぞ》の物体《ぶったい》が撮影《さつえい》された。この動画《どうが》にうつったのは引《ひ》っかかった漁網《ぎょもう》にすぎないという説《せつ》もあり、真相《しんそう》は不明《ふめい》だ。

もしも劇場《げきじょう》

ラーガルフリョート・ワームと学校《がっこう》であそぶなら…

大縄跳《おおなわと》びの縄《なわ》になってもらって、休《やす》み時間《じかん》にいっしょにあそぼう。

スペシャル

頭《あたま》の形《かたち》は、ラーガルフリョート湖《こ》のある町《まち》の紋章《もんしょう》に使《つか》われていた。

WANTED

高地《こうち》の湖《みずうみ》に潜《ひそ》む怪物《かいぶつ》

ジャノ

トルコ最大《さいだい》の湖《みずうみ》、ヴァン湖《こ》に生息《せいそく》するとされる巨大生物《きょだいせいぶつ》がジャノだ。全長《ぜんちょう》15～20メートルでその姿《すがた》はクジラを細長《ほそなが》くしたような独特《どくとく》のものだという。むかしから怪物《かいぶつ》のうわさがあったが、ジャノが有名《ゆうめい》になったのは1997年《ねん》に撮影《さつえい》されたビデオ映像《えいぞう》からである。古代《こだい》クジラのバシロサウルスを正体《しょうたい》とする説《せつ》もあるが、この映像《えいぞう》はジャノが実在《じつざい》する決定的《けっていてき》な証拠《しょうこ》とされる一方《いっぽう》で偽造疑惑《ぎぞうぎわく》があり、やはり実在《じつざい》するといいきれないのが実情《じつじょう》である。

DATA《データ》

- トルコのヴァン湖《こ》
- 1990年《ねん》～
- 湖《みずうみ》
- 最大《さいだい》で電車《でんしゃ》1両《りょう》ぐらい
- スター度《ど》 ★
- 危険度《きけんど》

どうする!?

たたかう

にげる

▶ペットにする

学校《がっこう》のプールで育《そだ》てよう。

WANTED

1章《しょう》

ノルウェーの巨大《きょだい》ミズヘビ

セルマ

ノルウェーにあるセヨール湖《こ》で目撃《もくげき》される怪獣《かいじゅう》がセルマだ。全長《ぜんちょう》は3～12メートル、ヘビのような体《からだ》でウマのような顔《かお》、色《いろ》は黒《くろ》っぽく見《み》えるという。セヨール湖《こ》では何度《なんど》も調査《ちょうさ》されているが、いまだ正体《しょうたい》は不明《ふめい》である。湖《みずうみ》にはセルマを発見《はっけん》しやすいように観光客向《かんこうきゃくむ》けの展望台《てんぼうだい》があり、2012年《ねん》には水《すい》面《めん》を移動《いどう》する何《なん》らかの物体《ぶったい》の映像《えいぞう》が撮影《さつえい》されている。未知《みち》の巨大生物《きょだいせいぶつ》がいるとも、カワウソの群《む》れの見間違《みまちが》いにすぎないという説《せつ》もある。

どうする!?

- たたかう
- にげる
- ペットにする
- ▶泳《およ》ぐ

運《うん》がよければ、いっしょに泳《およ》いでくれるかも！

DATA《データ》

- ノルウェーのセヨール湖《こ》
- 2012年《ねん》～
- 湖《みずうみ》
- 最大《さいだい》でジンベエザメぐらい
- スター度《ど》 ★
- 危険度《きけんど》 💀

何《なん》にでも襲《おそ》いかかる湖《みずうみ》の凶《きょう》暴《ぼう》生《せい》物《ぶつ》

ドアーチュ

DATA《データ》

アイルランドのマスク湖《こ》

1600年代《ねんだい》〜

湖《みずうみ》

シマウマぐらい

スター度《ど》 ★★★

危険度《きけんど》 💀💀💀💀

どうする!?

たたかう

にげる

ペットにする

▶料理《りょうり》をしてもらう

刺《さ》し身《み》をつくるのが得意《とくい》。

スペシャル

水《みず》かきがついていて、はやく泳《およ》げる。

アイルランドのマスク湖《こ》に生息《せいそく》するとされるのが、半水生《はんすいせい》の凶暴《きょうぼう》な怪物《かいぶつ》ドアーチュだ。体長《たいちょう》2メートルで姿《すがた》はカワウソに似《に》ているが、白《しろ》く短《みじか》い毛《け》が生《は》えており、背中《せなか》には黒《くろ》い十字模様《じゅうじもよう》がある。甲高《かんだか》い声《こえ》で鳴《な》き、水辺《みずべ》にいるものは何《なん》でも襲《おそ》うという。古《ふる》い記録《きろく》では人間《にんげん》も襲《おそ》われ、殺《ころ》されている。2002年《ねん》にも謎《なぞ》の影《かげ》が目撃《もくげき》されている。大《おお》きさと毛《け》の色《いろ》をのぞけば姿《すがた》も行動《こうどう》もカワウソそっくりだったため、その正体《しょうたい》は巨大《きょだい》カワウソではないか、という説《せつ》もある。ただし、世界最大《せかいさいだい》のカワウソであるオオカワウソはブラジルのアマゾンにおり、アイルランドに生息《せいそく》するユーラシアカワウソは1メートルにみたない中型種《ちゅうがたしゅ》なため、単《たん》なるカワウソの見間違《みまちが》いともいいがたい。

スペシャル

甲高《かんだか》い声《こえ》で敵《てき》を威嚇《いかく》する。

スクープ!!

マスク湖《こ》の悪魔《あくま》!?

マスク湖《こ》には、魚《さかな》を食《く》いつくす悪魔《あくま》が潜《ひそ》むという伝説《でんせつ》が残《のこ》っている。この悪魔《あくま》がドアーチュなのではないかと考《かんが》えられている。

シベリアの凶《きょう》暴《ぼう》竜《りゅう》

ネスキー

DATA《データ》

ロシアのチャニ湖《こ》

1800年《ねん》～

湖《みずうみ》

最大《さいだい》で電車《でんしゃ》1両《りょう》ぐらい

スター度《ど》 ★★★

危険度《きけんど》

どうする!?

にげる

ペットにする

▶たたかう

湖《みずうみ》が凍《こお》ってネスキーが動《うご》けない冬《ふゆ》をねらおう!

ロシアのシベリア南《なん》部《ぶ》にあるチャニ湖《こ》に潜《ひそ》むのが、凶暴《きょうぼう》な怪物《かいぶつ》ネスキーだ。全長《ぜんちょう》は6～20メートル前後《ぜんご》とされ、中生代《ちゅうせいだい》の首長竜《くびながりゅう》のようだとも巨大《きょだい》なウミヘビのようだともいう。

チャニ湖《こ》にはボートをだして釣《つ》りを楽《たの》しむ人《ひと》が多《おお》いのだが、ネスキーはボートを転覆《てんぷく》させて釣《つ》り人《びと》を襲《おそ》うといわれ、実際《じっさい》に行方不明《ゆくえふめい》になる釣《つ》り人《びと》が多数《たすう》でている。2010年《ねん》には釣《つ》り人《びと》のさおに大物《おおもの》がかかり、そのまま湖《みずうみ》に引《ひ》きこまれて行方不明《ゆくえふめい》になる事件《じけん》も起《お》きている。ゆいいつ岸《きし》に打《う》ち上《あ》げられた遺体《いたい》には、何者《なにもの》かが食《く》いちぎった跡《あと》が残《のこ》されていたという。このためネスキーは肉食《にくしょく》だとされるが、一方《いっぽう》でただの水難事故《すいなんじこ》を怪物《かいぶつ》のしわざと決《き》めつけているのではないかという疑惑《ぎわく》もある。

スクープ!!

人食《ひとく》いUMA《ユーマ》か!?

ネスキーによって殺《ころ》されたとされる人間《にんげん》は、3年間で19人《にん》にのぼる。地元《じもと》の研究機関《けんきゅうきかん》には、ネスキーの生態調査《せいたいちょうさ》をのぞむ多《おお》くの声《こえ》がよせられている。

スペシャル

船《ふね》など簡単《かんたん》に食《く》いちぎることができる、するどいキバ。

船《ふな》乗《の》りが恐《おそ》れる巨《きょ》大《だい》怪《かい》物《ぶつ》！

クラーケン

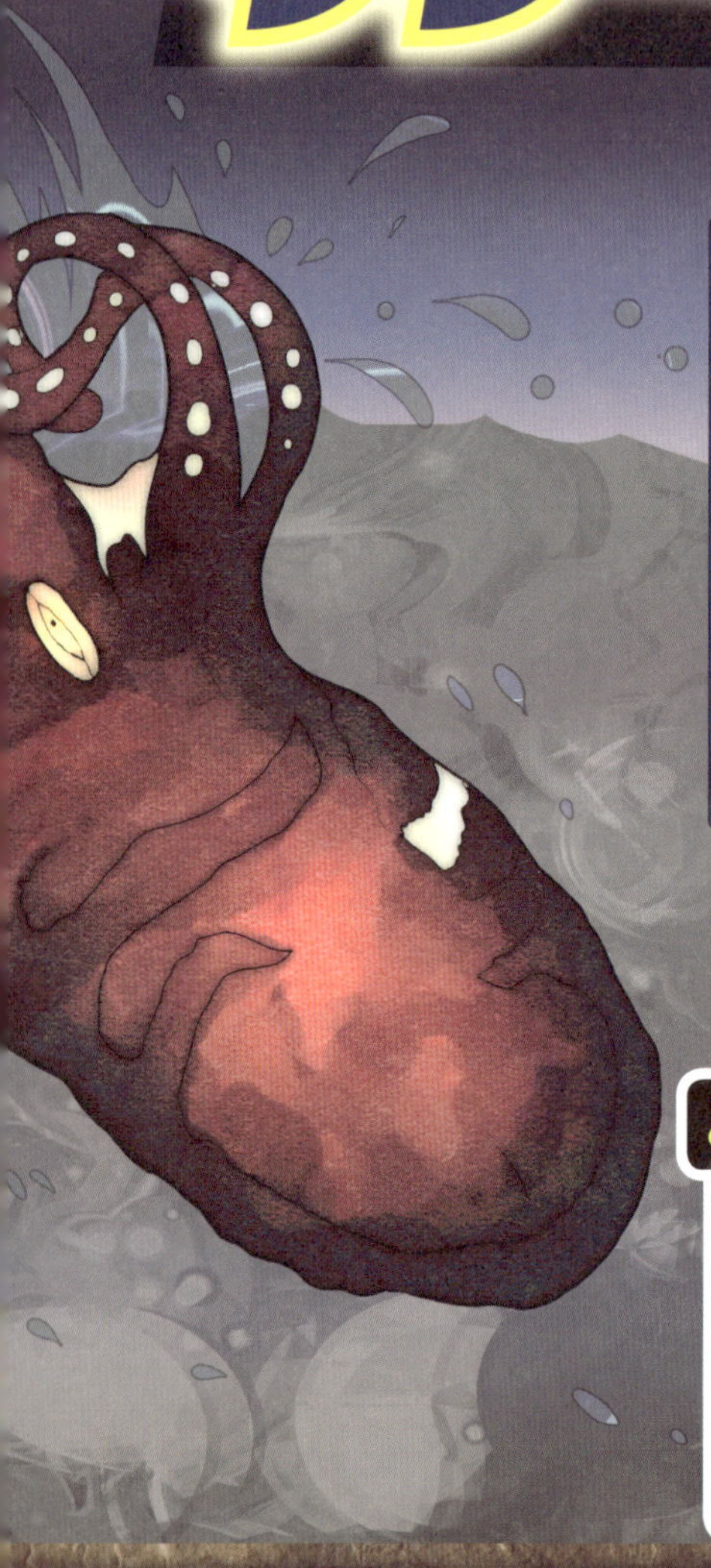

DATA《データ》

ノルウェー近海《きんかい》

1600年代《ねんだい》の後半《こうはん》〜

海《うみ》

シロナガスクジラ2頭《とう》ぐらい

レア度《ど》 ★★★★★

危険度《きけんど》 💀💀💀💀💀

どうする!?

たたかう

にげる

ペットにする

▶食《た》べる

巨大《きょだい》たこやき(いかやき)ができる。

古代《こだい》から中世《ちゅうせい》ヨーロッパの船乗《ふなの》りたちに恐《おそ》れられてきた、凶暴《きょうぼう》な海洋巨大生物《かいようきょだいせいぶつ》がクラーケンだ。体《からだ》が大《おお》きく、伝説《でんせつ》では島《しま》ほどもあったという。イカともタコともつかない姿《すがた》で、近《ちか》づいた船《ふね》を襲《おそ》い、船《せん》員《いん》を無数《むすう》の腕《うで》でとらえて食《く》い殺《ころ》してしまうと恐《おそ》れられた。

クラーケンはまったくの伝説《でんせつ》ともいいきれない。というのも、世界各《せかいかく》地《ち》で10メートルをこえるイカが海岸《かいがん》に流《なが》れ着《つ》く事件《じけん》が報告《ほうこく》されているからだ。これは深海《しんかい》に生息《せいそく》するダイオウイカという種類《しゅるい》のイカで、発見《はっけん》された最大《さいだい》のもので18メートルほど、日本近海《にほんきんかい》にもダイオウイカが生息《せいそく》していることが知《し》られている。このダイオウイカがクラーケンの正体《しょうたい》とする説《せつ》もあるが、広《ひろ》い海《うみ》にはさらに巨《きょ》大《だい》な生物《せいぶつ》がいるかもしれない。

スペシャル

太《ふと》い腕《うで》で船《ふね》をまっぷたつにできる。

もしも劇場《げきじょう》

クラーケンがオリンピックのレスリングにでたら…

クラーケンの無数《むすう》の腕《うで》と巨体《きょたい》を使《つか》ったおさえこみは世界最強《せかいさいきょう》。

UMA《ユーマ》ハンターMr.《ミスター》X《エックス》の

クラーケンレポート

クラーケンの正体《しょうたい》にせまる

クラーケンは中世《ちゅうせい》から船乗《ふなの》りたちに恐《おそ》れられた怪物《かいぶつ》だ。そのモデルになったと見《み》られる生《い》き物《もの》のひとつがダイオウイカだ。ダイオウイカは世界《せかい》の温暖《おんだん》な海《うみ》の深海《しんかい》に生息《せいそく》している巨大《きょだい》なイカで、記録《きろく》に残《のこ》る最大《さいだい》のもので全長《ぜんちょう》18メートル、最近《さいきん》捕獲《ほかく》され、計測《けいそく》されたものでは12メートルもあった。マッコウクジラのえさになっていることがわかっており、深《しん》海《かい》にはたくさん生息《せいそく》しているようだ。

ミズダコ

タコのなかでも大《おお》きい種類《しゅるい》。

タコの仲間《なかま》で最大《さいだい》の種類《しゅるい》はミズダコで、腕《うで》を広《ひろ》げると3メートルをこえる。クラーケンには何十本《なんじっぽん》もの腕《うで》があるという伝説《でんせつ》もあるが、実際《じっさい》に腕《うで》が何十本《なんじっぽん》もあるタコが数《すう》ひき捕獲《ほかく》されたことがある。例《たと》えば、鳥羽水族館《とばすいぞくかん》には85本腕《ほんうで》のタコの標本《ひょうほん》が保管《ほかん》されているのだ。

ダイオウイカ

日本近海《にほんきんかい》でも小型《こがた》のものが目撃《もくげき》されている。

**85本腕《ほんうで》の
タコの標本《ひょうほん》**

鳥羽水族館《とばすいぞくかん》に保管《ほかん》されている。

写真提供《しゃしんていきょう》：鳥羽水族館《とばすいぞくかん》

イギリスの巨大海竜《きょだいかいりゅう》

モーゴウル

スペシャル

時速《じそく》20キロメートルで、
ゆったりと泳《およ》ぐ。

スペシャル

ウマのたてがみのような
かたい毛《け》。

DATA《データ》

イギリスのファルマス湾《わん》

1975年《ねん》〜

海《うみ》

最大《さいだい》で電車《でんしゃ》1両《りょう》ぐらい

レア度《ど》 ★★

危険度《きけんど》 💀

どうする!?

たたかう

にげる

▶ペットにする

急《きゅう》に近《ちか》づくとおどろいて、頭《ず》突きしてくるかもしれないので注意《ちゅうい》しよう。

ネッシーを思《おも》わせる巨大《きょだい》な怪獣《かいじゅう》モーゴウルは、イギリスのコーンウォール地方《ちほう》にあるファルマス湾《わん》に出没《しゅつぼつ》するとされている。大《おお》きな体《からだ》に長《なが》い首《くび》と小《ちい》さな頭《あたま》はネッシーにそっくりだが、首《くび》のうしろにはたてがみのようなかたい毛《け》が生《は》えている。全長《ぜんちょう》は4～18メートル、色《いろ》は暗《くら》い茶色《ちゃいろ》だという。

1975年《ねん》にはじめて目撃《もくげき》されて以来《いらい》、たびたび目撃《もくげき》され、1976年《ねん》には取材《しゅざい》にきていた雑誌《ざっし》編集者《へんしゅうしゃ》により写真《しゃしん》の撮影《さつえい》に成功《せいこう》しているが、この写真《しゃしん》は不鮮明《ふせんめい》で、首長竜《くびながりゅう》のようなシルエットがうつっているにとどまっている。しかしこの写真《しゃしん》が本物《ほんもの》なら、魚《さかな》やアザラシの見間違《みまちが》いだという説《せつ》は否定《ひてい》される。夏《なつ》に目撃《もくげき》されることが多《おお》いため、季節《きせつ》によって移《い》動《どう》しているのではないかともいわれている。

もしも劇場《げきじょう》

モーゴウルがモデルになったら…

ヘアモデルとして大人《だいにん》気《き》になるかも！

謎《なぞ》の怪獣《かいじゅう》の死体《したい》

サハリン・モンスター

DATA《データ》

- ロシア
- 2006年《ねん》
- 海《うみ》
- シャチぐらい

スター度《ど》 ★★★★

危険度《きけんど》

どうする!?

たたかう
にげる
ペットにする
▶芸《げい》をしこむ

水族館《すいぞくかん》のショーで大《だい》かつやく!

WANTED

1章《しょう》

　ロシア東部《とうぶ》にあるサハリンの海岸《かいがん》にある日《ひ》、巨大《きょだい》な生《い》き物《もの》の死体《したい》が打《う》ち上《あ》げられた。全長《ぜんちょう》はおよそ7メートル、長細《ながほそ》い体《からだ》に細長《ほそなが》い頭《あたま》、大《おお》きく開《ひら》く巨大《きょだい》な口《くち》がある。ほとんどぬけ落《お》ちてはいるが、口《くち》にはするどい歯《は》が生《は》えており、この生《い》き物《もの》が肉食《にくしょく》動物《どうぶつ》だったことは間違《まちが》いない。ただし腐敗《ふはい》が進《すす》んでおり骨《ほね》が露出《ろしゅつ》している状態《じょうたい》で、原型《げんけい》がどのような生《い》き物《もの》だったのか不明《ふめい》である。

　せめて頭骨《とうこつ》だけでも専門家《せんもんか》が鑑定《かんてい》すれば正体《しょうたい》が判明《はんめい》したかもしれないが、写真《しゃしん》が撮影《さつえい》された直後《ちょくご》にこの死体《したい》は行方不明《ゆくえふめい》になってしまった。写真《しゃしん》から推測《すいそく》するしかないが、未知《みち》の生物《せいぶつ》だという説《せつ》と、ハクジラ類《るい》の死体《したい》にすぎないという説《せつ》がある。

スペシャル

体《からだ》の上部《じょうぶ》に生《は》えた毛《け》。寒《さむ》い海《うみ》でも体温《たいおん》をたもてるのではないかと考《かんが》えられている。

スクープ!!

サハリン・モンスターの展示《てんじ》？

実《じつ》は1744年《ねん》、サハリン・モンスターによく似《に》た生物《せいぶつ》の死体《したい》が、オランダで展示《てんじ》されたという記録《きろく》が残《のこ》っている。しかし、本当《ほんとう》に同《おな》じ生物《せいぶつ》なのかは、いまださだかではない。

クリミア半島《はんとう》の大《おお》ウミヘビ

ブラッキー

DATA《データ》

- クリミア半島近海《はんとうきんかい》
- 1700年《ねん》〜
- 海《うみ》
- 最大《さいだい》で電車《でんしゃ》2両《りょう》ぐらい

レア度《ど》 ★★★

危険度《きけんど》 💀💀💀

どうする!?

たたかう

にげる

ペットにする

▶食《た》べる

沖縄《おきなわ》のウミヘビ料理《りょうり》イラブー汁《じる》をつくろう。

黒海沿岸《こっかいえんがん》のクリミア半島周辺《はんとうしゅうへん》で目撃《もくげき》される巨大《きょだい》なウミヘビがブラッキーだ。全長《ぜんちょう》が最大《さいだい》40メートルにたっするという巨大生物《きょだいせいぶつ》で、頭《あたま》は大《おお》きくイルカのようなとがった口《くち》にするどい歯《は》が生《は》えており、体《からだ》をくねらせて猛《もう》スピードで泳《およ》ぐという。ヘビのようだという証言《しょうげん》もあれば、4本《ほん》の足《あし》があったという証言《しょうげん》もあり、複数《ふくすう》の種類《しゅるい》がいる可能性《かのうせい》も指摘《してき》されている。

1700年代《ねんだい》にはすでにヘビのような怪物《かいぶつ》が目撃《もくげき》されていたが、2007年《ねん》ごろから目撃《もくげき》が急増《きゅうぞう》、2012年《ねん》にはついにブラッキーが撮影《さつえい》された。この写真《しゃしん》には波《なみ》を立《た》てて進《すす》むチューブ状《じょう》の何《なに》かがうつっているが、残念《ざんねん》ながらあまりに遠《とお》すぎるため、これが本当《ほんとう》にブラッキーをうつしたものかは不明《ふめい》のままである。

スペシャル

頭部《とうぶ》や体《からだ》を使《つか》った体当《たいあ》たりが得意《とくい》。

スペシャル

全身《ぜんしん》をくねらせて、高速《こうそく》で泳《およ》ぐことができる。

スクープ!!

潜水艦《せんすいかん》に体当《たいあ》たり！

むかし、ロシアの潜水艦《せんすいかん》が黒海《こっかい》で巨《きょ》大《だい》なヘビに体当《たいあ》たりされるという事《じ》件《けん》があったといわれている。これもブラッキーのしわざだろうか。

S ネッシー

2ndアタック

ア：あーっと、怒《おこ》ったクラーケンが反撃開始《はんげきかいし》。ネッシーの体《からだ》をしめつけています！

X《エックス》：船《ふね》を破壊《はかい》するほどのクラーケンの怪力《かいりき》にかかったら、ひとたまりもないでしょう。

判《はん》定《てい》 クラーケン 勝《かち》

X《エックス》：ネッシーの強力《きょうりょく》なかみつき攻撃《こうげき》は、クラーケンにはききませんでしたね。大《おお》きさが全然《ぜんぜん》ちがいますから、さすがのネッシーもかないませんでした。

ア：怪力《かいりき》クラーケンを倒《たお》すUMA《ユーマ》は、今《こん》後《ご》あらわれるのでしょうか…!?

クラーケン V

ミスターX《エックス》の実況《じっきょう》解説《かいせつ》

アナウンサー(以下《いか》ア):ヨーロッパUMA《ユーマ》最強王座《さいきょうおうざ》を決《き》める戦《たたか》いが、いまはじまりました!

1st アタック

ア:ネッシーの先制攻撃《せんせいこうげき》! 首《くび》をのばしてかみついた!

X《エックス》:ネッシーはすばやく泳《およ》げるので、すぐさま攻撃《こうげき》ができるのです。

神《しん》出《しゅつ》鬼《き》没《ぼつ》の猛《もう》獣《じゅう》

エイリアンビッグキャット

DATA《データ》

イギリスほか、ヨーロッパや北《きた》アメリカの各国《かっこく》

1960年《ねん》〜

街《まち》

ライオンぐらい

レア度《ど》 ★★★

危険度《きけんど》 💀💀💀💀

どうする!?

たたかう
にげる
ペットにする
▶じゃらす

ねこじゃらしでじゃらしてみよう!

エイリアンビッグキャットはイギリスなどのヨーロッパ、アメリカ、カナダなどで目撃《もくげき》される、正体不明《しょうたいふめい》の大型《おおがた》ネコ科動《かどう》物《ぶつ》である。尾《お》をいれた全《ぜん》長《ちょう》は2メートル前後《ぜんご》あり、姿《すがた》はピューマやクロヒョウに似《に》ているという。

イギリスに出没《しゅつぼつ》するものが特《とく》に有名《ゆうめい》だ。イギリスには現在《げんざい》、大型《おおがた》の野生《やせい》のネコは生息《せいそく》しておらず、本来《ほんらい》いないはずの大型《おおがた》ネコ科動物《かどうぶつ》があらわれることから「外《そと》の世界《せかい》からきた大型《おおがた》ネコ」という意味《いみ》のエイリアンビッグキャットと呼《よ》ばれる。正体《しょうたい》が大型《おおがた》ネコ科動物《かどうぶつ》なのはわかっているが、なぜいないはずの場所《ばしょ》にいるのかは不明《ふめい》。凶暴《きょうぼう》な肉食獣《にくしょくじゅう》で、家畜《かちく》や野生《やせい》のシカが襲《おそ》われ、人間《にんげん》が攻撃《こうげき》されてケガをおった事件《じけん》もある。

スペシャル

テレポート能力《のうりょく》を持《も》っている。

もしも劇場《げきじょう》

エイリアンビッグキャットが動物園《どうぶつえん》にいたら…

テレポートをして、すぐににげだしちゃいそう。

エイリアンビッグキャットは異次元《いじげん》へ消《き》えたのか？

UMA《ユーマ》ストーリー

2002年《ねん》、イギリスのケント州《しゅう》グラベストン。自宅《じたく》の前《まえ》まで帰《かえ》ってきたミック・コールは、おどろきのあまり立《た》ちつくしてしまった。彼《かれ》のペットのウサギが、庭先《にわさき》で得体《えたい》の知《し》れない巨大《きょだい》なネコに食《く》われているのだ。その怪物《かいぶつ》はウサギをほおりだすと、猛然《もうぜん》とミックに襲《おそ》いかかり、腕《うで》をするどい爪《つめ》で切《き》り裂《さ》いた。大《おお》ケガをおったミックが何《なん》とか自宅《じたく》ににげこむと、それはとけるように空中《くうちゅう》に消《き》えてしまった。

1週間後《しゅうかんご》、今度《こんど》は別《べつ》の街《まち》に住《す》むコリン・エリザベスの自宅《じたく》にその怪物《かいぶつ》が出現《しゅつげん》した。家《いえ》をでた直後《ちょくご》に怪物《かいぶつ》に襲《おそ》われたエリザベスは太《ふと》ももに重傷《じゅうしょう》をおったものの、手《て》にしていた車《くるま》のかぎで怪物《かいぶつ》をたたいたり、となりに住《す》む老人《ろうじん》が助《たす》けにはいったりしたこともあり、一命《いちめい》をとりとめた。このときも怪物《かいぶつ》は空中《くうちゅう》にとけて消《き》えた。

この未知《みち》の超能力《ちょうのうりょく》を持《も》つエイリアンビッグキャットは、モギィと呼《よ》ばれ、出現《しゅつげん》が予測《よそく》不可能《ふかのう》だ。この年《とし》、実《じつ》に40件《けん》もの襲撃《しゅうげき》事件《じけん》が発生《はっせい》したが、その多《おお》くはモギィによるものなのだ。

WANTED

天使《てんし》か悪魔《あくま》か謎《なぞ》の奇獣《きじゅう》

翼《つばさ》ネコ

イギリスを中心《ちゅうしん》とした世界各国《せかいかっこく》でまれに目撃《もくげき》されるのが翼《つばさ》ネコだ。その姿《すがた》は目撃証言《もくげきしょうげん》によってさまざまで、普通《ふつう》の飼《か》いネコ程度《ていど》の大《おお》きさだといわれる一方《いっぽう》、1905年《ねん》の目撃例《もくげきれい》では体長《たいちょう》が3メートルもあったという。翼《つばさ》を羽《は》ばたかせて飛《と》んだという証言《しょうげん》があるが、翼《つばさ》に見《み》えたものが単《たん》なる毛《け》の塊《かたまり》にすぎなかった例《れい》もあり、その正体《しょうたい》は謎《なぞ》めいている。

DATA《データ》

イギリスほか、世界各国《せかいかっこく》

1800年代《ねんだい》～　街《まち》

飼《か》いネコぐらい

スター度《ど》 ★　危険度《きけんど》 💀💀

どうする!?

たたかう

にげる

▶ペットにする

世界中《せかいじゅう》でペットとして飼《か》っていた例《れい》が報告《ほうこく》されているぞ。

WANTED

1章《しょう》

闇《やみ》夜《よ》を飛《と》び回《まわ》る謎《なぞ》のフクロウ男《おとこ》

オウルマン

フクロウ男《おとこ》オウルマンは、その名《な》のとおり、フクロウの体《からだ》に人間《にんげん》に似《に》た頭《あたま》がついている怪人《かいじん》だ。イギリスのモウマン村《むら》に出没《しゅつぼつ》するとされ、夕方《ゆうがた》から夜《よる》に目撃《もくげき》されている。用《よう》心深《じんぶか》いオウルマンは、体力《たいりょく》のなさそうな小柄《こがら》な女性《じょせい》の前《まえ》にしかあらわれないという。1976～1978年《ねん》までのあいだに目撃《もくげき》が集中《しゅうちゅう》しており、それ以降《いこう》の行方《ゆくえ》はわかっていない。

DATA《データ》

- イギリス
- 1976～1978年《ねん》
- 空《そら》
- ダチョウぐらい
- スター度《ど》 ★★
- 危険度《きけんど》

どうする!?

たたかう
にげる
ペットにする
▶足《あし》につかまる
空《そら》を飛《と》べるかも！？

大量《たいりょう》の犠牲者《ぎせいしゃ》をだした魔獣《まじゅう》

ジェヴォーダンの獣《けもの》

DATA《データ》

- フランス
- 1750年代《ねんだい》なかば～
- 街《まち》
- ウシぐらい
- スター度《ど》 ★★
- 危険度《きけんど》 💀💀💀💀💀

1750年代《ねんだい》なかば、フランスのジェヴォーダン地方《ちほう》にあらわれて次々《つぎつぎ》に人間《にんげん》を襲《おそ》った怪物《かいぶつ》が、ジェヴォーダンの獣《けもの》と呼《よ》ばれる巨大《きょだい》な猛獣《もうじゅう》だ。ウシのように大《おお》きく、イヌかハイエナのような姿《すがた》で、赤《あか》い毛皮《けがわ》に背中《せなか》には黒《くろ》い縞模様《しまもよう》があったという。

どうやらただの獣《けもの》ではないらしく、ねらいすましたかのように女性《じょせい》や子《こ》どもを襲《おそ》い、肉《にく》を食《く》いちぎって殺《ころ》した。その数《かず》は100人《にん》をこえるという。フランス国王《こくおう》ルイ15世《せい》はこれを巨大《きょだい》オオカミと考《かんが》え部下《ぶか》に退治《たいじ》を命令《めいれい》し、大《おお》きなオオカミが射殺《しゃさつ》されたものの、獣《けもの》の襲撃《しゅうげき》はやまなかった。最終的《さいしゅうてき》に聖書《せいしょ》に祈《いの》った猟師《りょうし》に退治《たいじ》された、という話《はなし》が残《のこ》っているが、真相《しんそう》ははっきりしない。

どうする!?

- にげる
- ペットにする
- ▶たたかう

銃《じゅう》を使《つか》って退治《たいじ》!

スペシャル

群《む》れで村《むら》を襲《おそ》ったという記《き》録《ろく》があることから、集団《しゅうだん》で行動《こうどう》しているのではないかとも考《かんが》えられている。

スクープ!!

ジェヴォーダンの獣《けもの》の弱点《じゃくてん》

1764年《ねん》、農場《のうじょう》で女性《じょせい》が襲《おそ》われたが、オスのウシがジェヴォーダンの獣《けもの》を追《お》いはらったという記《き》録《ろく》が残《のこ》っている。牧場《ぼくじょう》にウシがいるとよってこないという話《はなし》も伝《つた》わっており、ウシが弱点《じゃくてん》といわれている。

スペシャル

口《くち》をとじた状態《じょうたい》でもはみでるほど大《おお》きくてするどいキバ。獲物《えもの》にかみついたら、死《し》ぬまではなさい。

空《そら》をただよう奇妙《きみょう》な飛行生物《ひこうせいぶつ》

フライング・ホース

スペシャル

念力《ねんりき》で小《ちい》さな石《いし》などを動《うご》かす超能力《ちょうのうりょく》があるといわれている。

DATA《データ》

イタリアをはじめ、世界各地《せかいかくち》

2005年《ねん》〜

空《そら》

ウマより少《すこ》し大《おお》きい

スター度《ど》 ★★★

危険度《きけんど》

どうする!?

たたかう

にげる

ペットにする

▶マジックの相棒《あいぼう》にする

空中浮遊《くうちゅうふゆう》マジックでお金持《かねも》ちになれるかも？

2005年《ねん》、イタリアで奇妙《きみょう》な飛行物体《ひこうぶったい》が撮影《さつえい》された。不鮮《ふせん》明《めい》で遠《とお》いため姿《すがた》がはっきりしないが、ウマの形《かたち》をした何《なに》かが浮《ふ》遊《ゆう》するように飛行《ひこう》しているのだ。

この物体《ぶったい》は仮《かり》にフライング・ホース（空飛《そらと》ぶウマ）と命名《めいめい》された。奇妙《きみょう》なことに翼《つばさ》らしきものも特《とく》になく、どうやって浮《う》いているのかすらわからない。

似《に》た形《かたち》の生物《せいぶつ》はアメリカなど世界各地《せかいかくち》に出没《しゅつぼつ》している。単《たん》なる風船《ふうせん》にすぎないという説《せつ》もあるが、1880年《ねん》7月《がつ》10日《とおか》づけの「サイエンティフィック・アメリカン」誌《し》は、カナダのオンタリオ州《しゅう》の野原《のはら》を歩《ある》いていたふたりの男性《だんせい》が突然《とつぜん》目《め》の前《まえ》の石《いし》が浮《う》かぶのを目撃《もくげき》したと伝《つた》えている。これが事実《じじつ》なら、世界《せかい》には風《かぜ》やガスなどのほかに物体《ぶったい》を持《も》ち上《あ》げる現象《げんしょう》が存在《そんざい》していて、フライング・ホースもそうした現象《げんしょう》の力《ちから》を利用《りよう》して飛《と》んでいるのかもしれない。

もしも劇場《げきじょう》

フライング・ホースが遊園《ゆうえん》地《ち》ではたらいたら…

空飛《そらと》ぶメリーゴーラウンドが大人《だいにん》気《き》に！

ロシアの奥地《おくち》に生息《せいそく》する猿人《えんじん》

アルマス

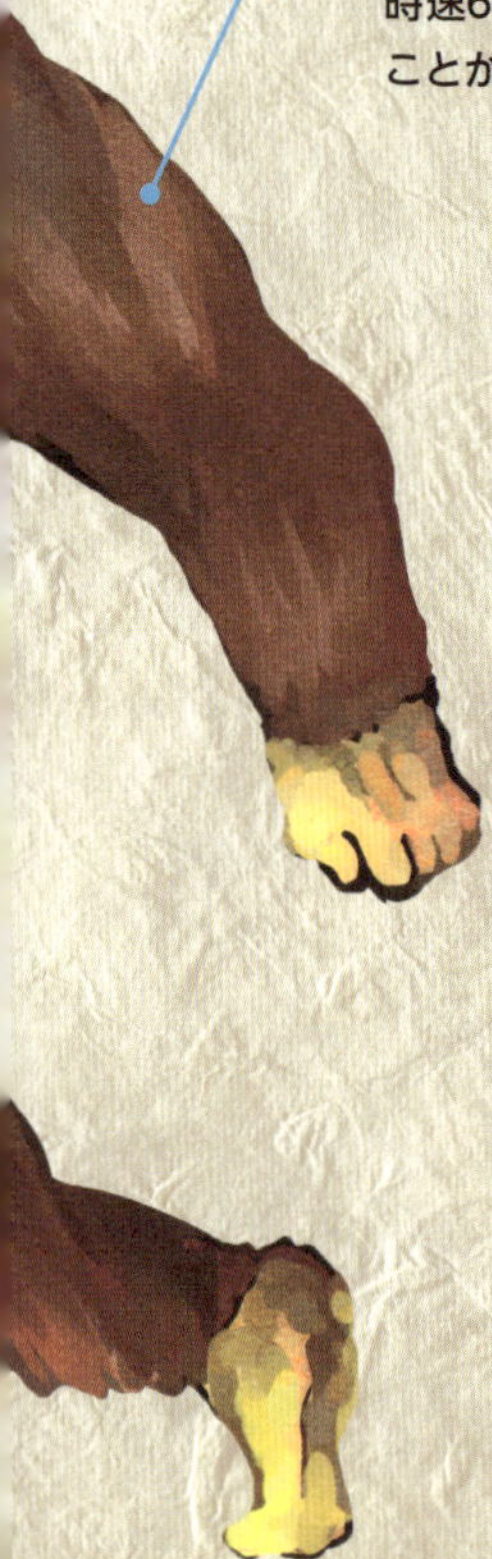

スペシャル

時速《じそく》60キロメートルで走《はし》ることができる。

DATA《データ》

ロシア

1400年代《ねんだい》〜

山《やま》

大人《おとな》の男性《だんせい》とほぼ同《おな》じ

スター度《ど》 ★★

危険度《きけんど》 💀

どうする!?

たたかう

にげる

ペットにする

▶追《お》いかける

自転車《じてんしゃ》に乗《の》れば追《お》いつけるかも？

ロシアのコーカサス地方《ちほう》やシベリア西部《せいぶ》で古《ふる》くから目撃《もくげき》されていた猿人《えんじん》がアルマスだ。身長《しんちょう》は1・6～2メートルと人間《にんげん》と同《おな》じぐらいかやや大《おお》きい。赤茶《あかちゃ》色《いろ》の毛《け》におおわれ、顔《かお》は人間《にんげん》より類人猿《るいじんえん》に近《ちか》い。性格《せいかく》はおとなしく、危険《きけん》がせまると走《はし》ってにげる。そのとき「ブーンブーン」という奇妙《きみょう》な声《こえ》をだすという。

1400年代《ねんだい》ごろからすでに目撃《もくげき》されていたといい、1910年代《ねんだい》にはある村《むら》で飼育《しいく》されていたという記録《きろく》があるようだ。2010年代《ねんだい》以降《いこう》ロシアでの目撃《もくげき》が急増《きゅうぞう》したことから、シベリアのケメロボ州政府《しゅうせいふ》が調査《ちょうさ》したところ、すみからしき洞窟《どうくつ》で体《たい》毛《もう》と足跡《あしあと》が発見《はっけん》された。

もしも劇場《げきじょう》

アルマスが運動会《うんどうかい》で100メートル走《そう》に出場《しゅつじょう》したら…

約《やく》6秒《びょう》で走《はし》ることができる。もちろんぶっちぎりで1位《い》！

ピレネー山脈《さんみゃく》の怪人《かいじん》

バサジュアン

どうする!?

たたかう
にげる
ペットにする
▶ヒゲをしばる

三《み》つ編《あ》みにしたらかわいいかも。

DATA《データ》

- スペインのピレネー山脈《さんみゃく》
- 1400年代《ねんだい》～
- 山《やま》
- 大人《おとな》の男性《だんせい》とほぼ同《おな》じ
- レア度《ど》 ★★
- 危険度《きけんど》

スペインのカタルーニャ地方《ちほう》ピレネー山脈《さんみゃく》周辺《しゅうへん》で、目撃《もくげき》が多発《たはつ》している未確認生物《みかくにんせいぶつ》がバサジュアンだ。全身《ぜんしん》をこげ茶色《ちゃいろ》の毛《け》におおわれた猿人《えんじん》で、身長《しんちょう》は1・5～2メートルと人《にん》間《げん》とさほど変《か》わらない。動《うご》きはすばやく、山《さん》岳《がく》地帯《ちたい》を猛《もう》スピードで走《はし》りぬけるという。

もともとは精霊《せいれい》としてバスク人《じん》に信仰《しんこう》され、人間《にんげん》に小麦《こむぎ》の育《そだ》て方《かた》や鉄器《てっき》の製法《せいほう》を教《おし》えた伝《でん》説《せつ》の存在《そんざい》だったが、どういうわけか近年実際《きんねんじっさい》に目撃《もくげき》が多発《たはつ》している。2014年《ねん》にはピレネー山中《さんちゅう》で撮影《さつえい》された写真《しゃしん》が、2016年《ねん》にはスペインで撮影《さつえい》されたとされる獣人《じゅうじん》の動画《どうが》が公《こう》開《かい》されている。ただし、2016年《ねん》の動画《どうが》では全身《ぜんしん》が白《しろ》い毛《け》におおわれている。正体《しょうたい》はいまのところ不明《ふめい》である。

スペシャル

人間《にんげん》に鉄《てつ》の製造法《せいぞうほう》や農《のう》業《ぎょう》を教《おし》えたとされており、とてもかしこい。

もしも劇場《げきじょう》

バサジュアンが学校《がっこう》の先生《せんせい》だったら…

バサジュアンはとっても物《もの》知《し》り！　きっと生徒《せいと》たちに大人気《だいにんき》の先生《せんせい》になるよ。

アルプス山中《さんちゅう》の怪物《かいぶつ》

タッツェルヴルム

どうする !?

たたかう
にげる
ペットにする
▶しっぽをつかむ

しっぽを切《き》ってにげるかも！？

DATA《データ》

ドイツ、イタリア、フランスなど

1717年《ねん》～　山《やま》、湖《みずうみ》

オオサンショウウオぐらい

レア度《ど》 ★★　危険度《きけんど》

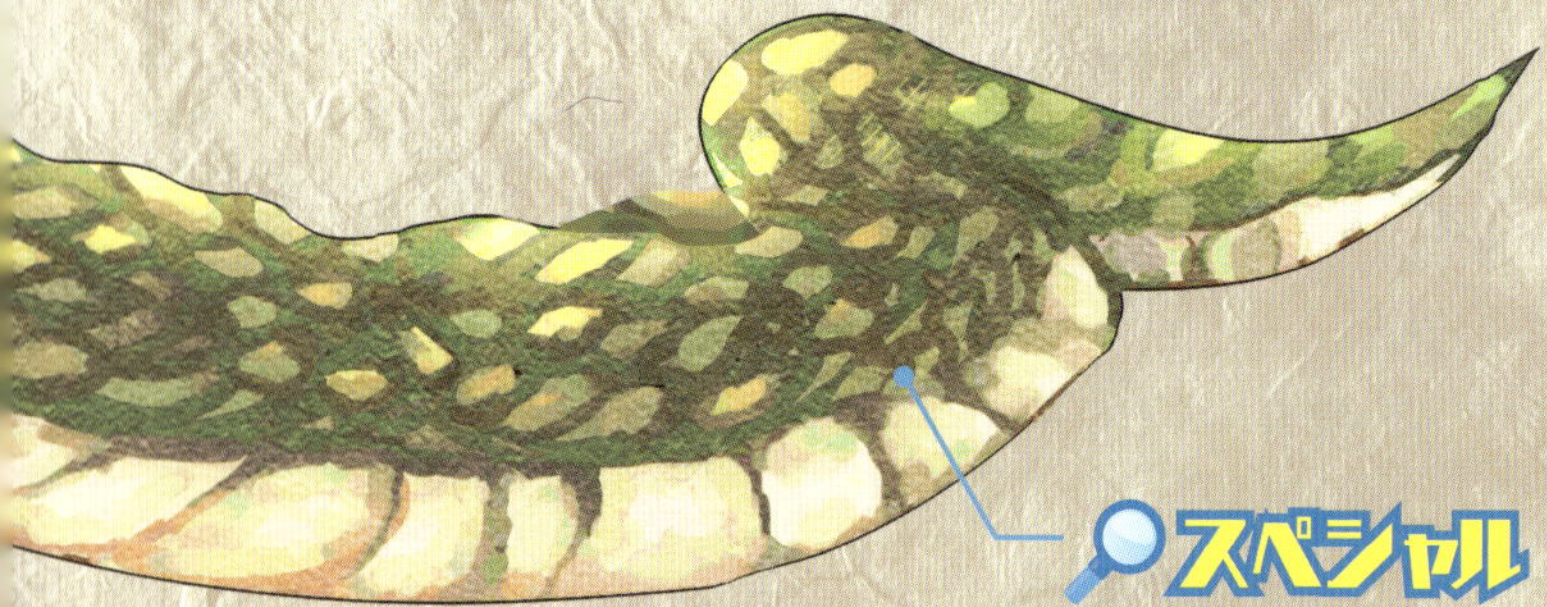

スペシャル

うしろ足《あし》はなく、しっぽをくねらせて動《うご》くとされる。

ドイツ、イタリア、フランスなど、幅広《はばひろ》い地域《ちいき》で古《ふる》くから目撃《もくげき》されてきた怪生物《かいせいぶつ》がタッツェルヴルムだ。ヘビやトカゲに似《に》ている姿《すがた》の水陸両生《すいりくりょうせい》の生《い》き物《もの》で、前足《まえあし》だけしかない。1717年《ねん》には探検家《たんけんか》が「前足《まえあし》のあるヘビ」に遭遇《そうぐう》した、という記録《きろく》を銅版画《どうはんが》に残《のこ》している。2003年《ねん》にもアルプスのマッジョーレ湖《こ》で目撃例《もくげきれい》がある。

その正体《しょうたい》だが、ウナギのような体《からだ》に前足《まえあし》だけを持《も》つサイレンというイモリの仲間《なかま》や、前《まえ》足《あし》だけを持《も》つアホロテトカゲなどとの類似点《るいじてん》があり、未知《みち》の両生類《りょうせいるい》、もしくは爬虫類《はちゅうるい》がアルプス周辺《しゅうへん》に潜《ひそ》んでいる可能性《かのうせい》がある。また、ヨーロッパではすでに絶滅《ぜつめつ》したオオサンショウウオの生《い》き残《のこ》りの可《か》能性《のうせい》も指摘《してき》されている。

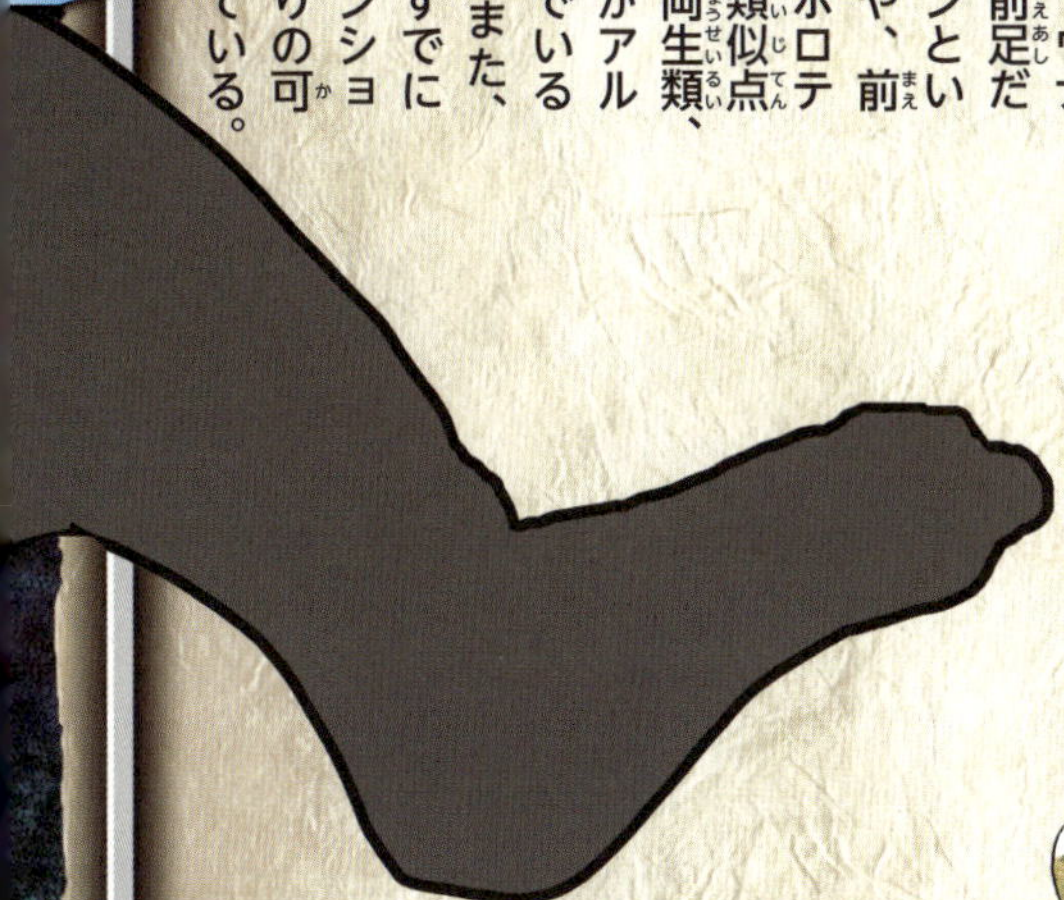

スクープ!!

恐《おそ》ろしい姿《すがた》がまねいた悲劇《ひげき》!

1779年《ねん》、オーストリアのザルツブルク近《ちか》くにタッツェルヴルムがあらわれた。その姿《すがた》を見《み》た人《ひと》が、恐《おそ》ろしさのあまり心臓発作《しんぞうほっさ》で死《し》ぬという事件《じけん》が起《お》こったといわれている。

爆発《ばくはつ》する謎《なぞ》の怪虫《かいちゅう》

エクスプローディング・スネーク

DATA《データ》

ロシア

1997年《ねん》〜

海《うみ》

タヌキぐらい

スター度《ど》 ★★★

危険度《きけんど》 💀💀

どうする!?

たたかう

にげる

ペットにする

▶手《て》でつかむ

爆発《ばくはつ》しないようにそーっとつかめば持《も》てるよ。

ロシアの南西部《なんせいぶ》、カスピ海沿岸《かいえんがん》にいるとされる不気味《ぶきみ》な生物《せいぶつ》がエクスプローディング・スネークだ。姿《すがた》は60センチメートルほどの細長《ほそなが》い虫《むし》のようだという。エクスプローディング(爆発《ばくはつ》)スネーク(ヘビ)という名前《なまえ》のとおり、たたくなど刺激《しげき》をあたえると爆発《ばくはつ》するという特徴《とくちょう》がある。爆発《ばくはつ》した後《あと》にはネバネバした破片《はへん》が残《のこ》るという。

1997年《ねん》に記録《きろく》されて以降《いこう》、目撃証言《もくげきしょうげん》がいくつかでているようだ。奇妙《きみょう》な生態《せいたい》だが、ジバクアリというアリは巣《す》を守《まも》るために腹部《ふくぶ》を破裂《はれつ》させて敵《てき》に毒《どく》のねん液《えき》をあびせるし、日本《にほん》の山地《さんち》に生息《せいそく》するシーボルトミミズは刺激《しげき》を受《う》けると全身《ぜんしん》からねん液《えき》を吹《ふ》きだす習性《しゅうせい》があり、このような習性《しゅうせい》を持《も》つ未《み》知《ち》の生物《せいぶつ》が存在《そんざい》している可能性《かのうせい》は十分《じゅうぶん》にあるだろう。

スペシャル

たたいたりつついたりすると爆《ばく》発《はつ》する。そのあとにネバネバとした布切《ぬのき》れのような破片《はへん》が残《のこ》る。

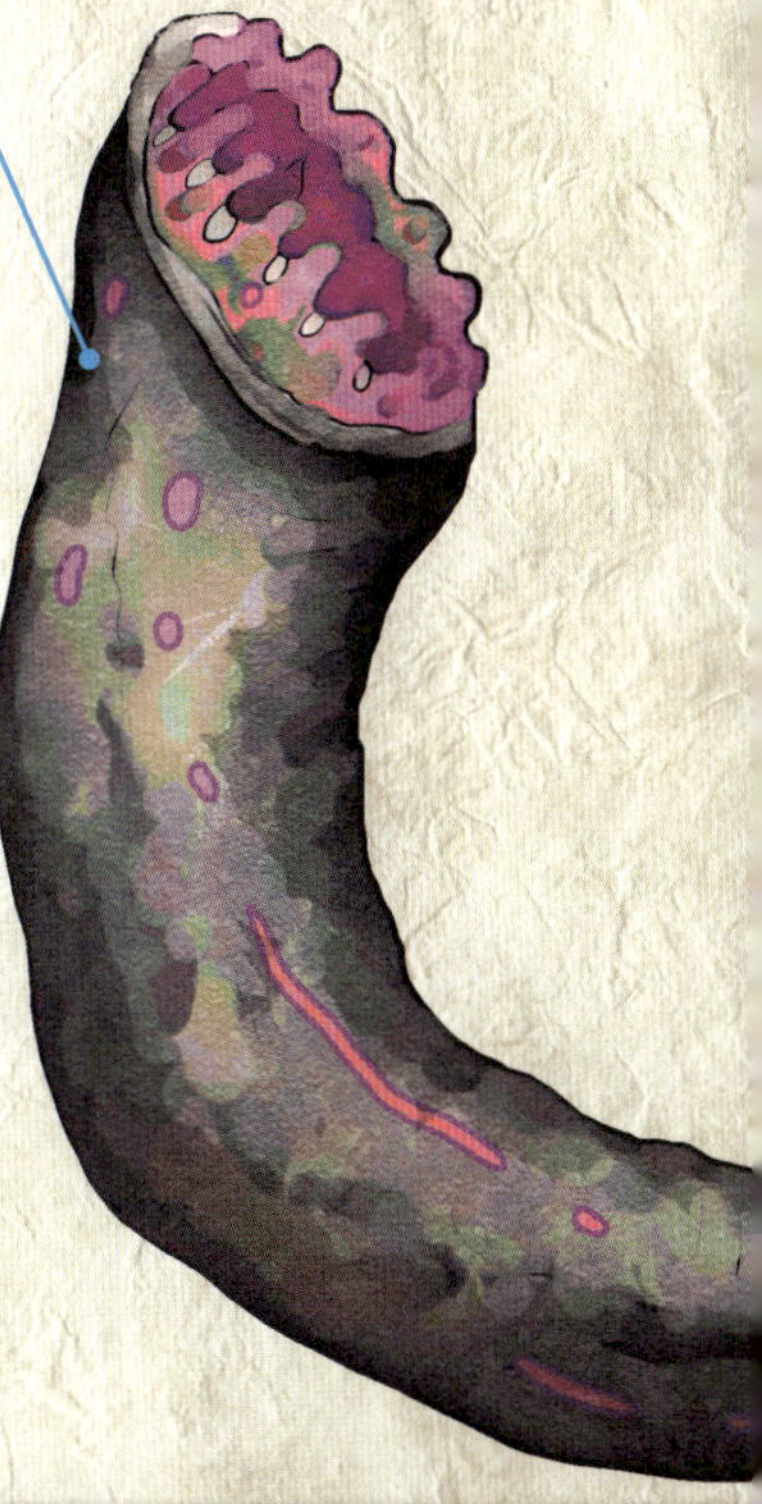

もしも劇場《げきじょう》

アクション映画《えいが》の撮影現場《さつえいげんば》で…

エクスプローディング・スネークがいれば、爆発《ばくはつ》シーンで大《だい》かつやくすること間違《まちが》いなし！

UMA《ユーマ》と テレポートアニマル

本来《ほんらい》ならその土地《とち》にいないはずの生物《せいぶつ》が目撃《もくげき》されることがある。こうした生物《せいぶつ》を「テレポートアニマル」という。これらは異次元《いじげん》から瞬間移動《しゅんかんいどう》してあらわれたのではないかなど、UMA《ユーマ》愛好家《あいこうか》のあいだで議論《ぎろん》が続《つづ》いている。

▶テレポートアニマルとされるUMA《ユーマ》

エイリアンビッグキャット(→48ページ)は、大型《おおがた》ネコがいないはずのイギリスで目撃《もくげき》されている。また、日本古来《にほんこらい》のUMA《ユーマ》とされるツチノコ(→276ページ)も、海外《かいがい》での目撃情報《もくげきじょうほう》がある。

エイリアンビッグキャット

ツチノコ

▶日本《にほん》のテレポートアニマル

日本《にほん》のテレポートアニマルの事例《じれい》を紹介《しょうかい》しよう。1985年《ねん》に野生《やせい》のペンギンが北海道《ほっかいどう》にあらわれたり、2000年代《ねんだい》にカンガルーが宮城県《みやぎけん》にあらわれたりしているようだ。事例《じれい》の多《おお》くは、人《ひと》が海外《かいがい》からつれてきたり見間違《みまちが》ったりしたものとされるが、なかには説明《せつめい》がつかないものもある。もしかしたら、瞬間移動《しゅんかんいどう》の能力《のうりょく》を持《も》つ生物《せいぶつ》が実在《じつざい》するのかもしれない。

ミナミイシガメ

本来《ほんらい》、亜熱帯地方《あねったいちほう》で多《おお》く生息《せいそく》するはずのミナミイシガメが、原因《げんいん》は不明《ふめい》だが京都《きょうと》周辺《しゅうへん》にも生息《せいそく》している。

2章《しょう》

北《きた》アメリカのUMA《ユーマ》

UMA《ユーマ》の目撃情報《もくげきじょうほう》が多《おお》い北《きた》アメリカ。獣人《じゅうじん》タイプや水棲《すいせい》タイプなど、さまざまな種類《しゅるい》のUMA《ユーマ》を捕《つか》まえよう！

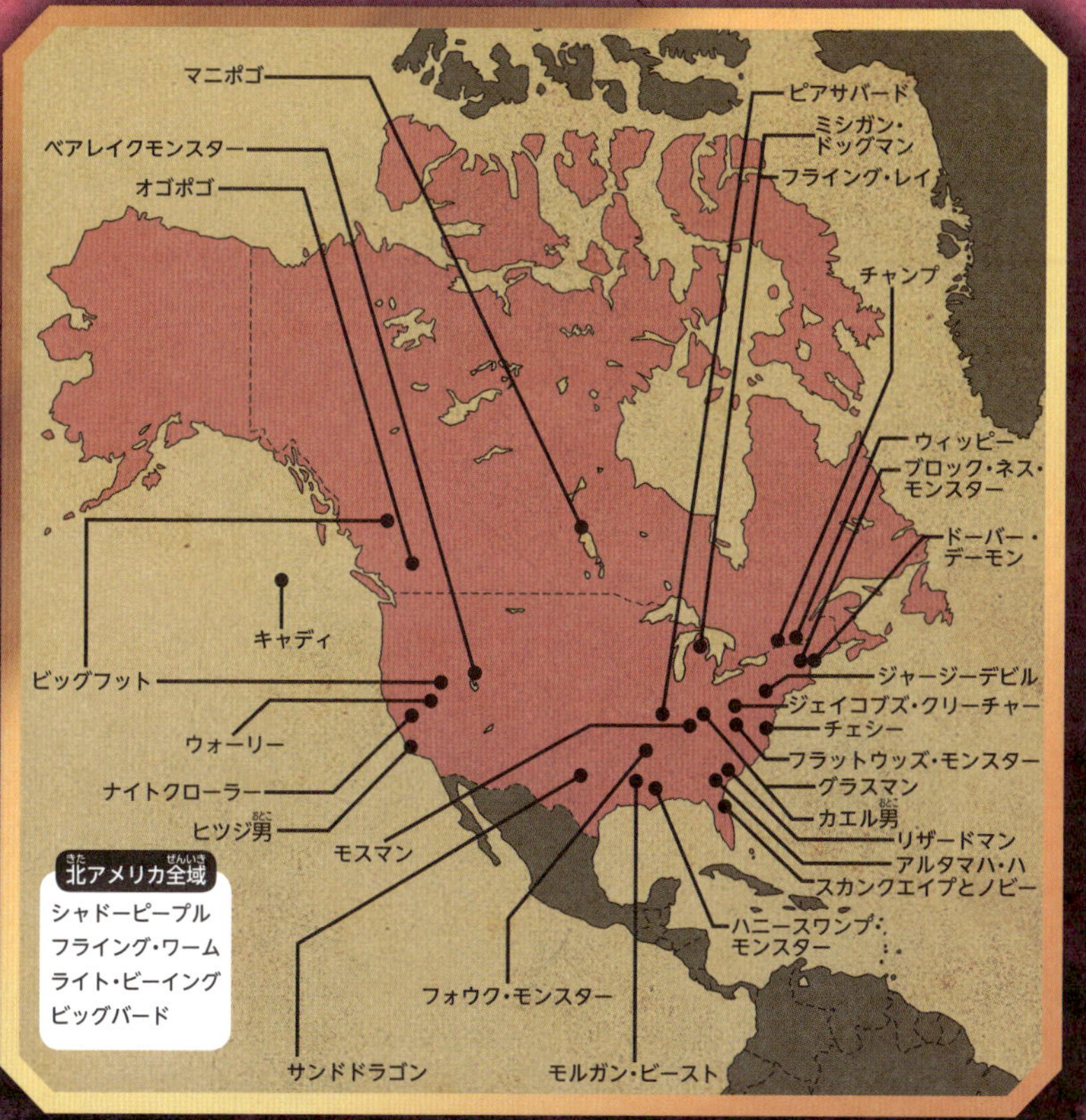

巨《きょ》大《だい》類《るい》人《じん》猿《えん》の生《い》き残《のこ》り!?

ビッグフット

DATA《データ》

- アメリカ、カナダ
- 1958年《ねん》～
- 山《やま》
- バスケットボールのゴールの高《たか》さぐらい

スター度《ど》 ★★★★★

危険度《きけんど》 💀💀

どうする!?

たたかう

にげる

ペットにする

▶声《こえ》をかける

ビッグフットの着《き》ぐるみを着《き》て、声《こえ》をかければ友《とも》だちになれるかも!?

WANTED

2章《しょう》

アメリカおよびカナダの山岳地《さんがくち》帯《たい》に生息《せいそく》する巨大《きょだい》な猿人《えんじん》、ビッグフット。カナダではサスカッチとも呼《よ》ばれるこの猿人《えんじん》は体長《たいちょう》2～3メートル、全身《ぜんしん》が毛《け》でおおわれ筋《きん》骨隆々《こつりゅうりゅう》だ。巨大《きょだい》な足《あし》は名前《なまえ》の由来《ゆらい》となっている。

目撃例《もくげきれい》も多《おお》く、なかでも有名《ゆうめい》なものが1967年《ねん》、ロジャー・パターソンとボブ・ギムリンが、山《さん》中《ちゅう》の枯《か》れた川《かわ》の底《そこ》を歩《ある》くビッグフットをムービーフィルムにおさめたものだ。このフィルムは「パターソン・ギムリン・フィルム」と呼《よ》ばれ現在《げんざい》も研究《けんきゅう》が続《つづ》けられている。ビッグフットの正体《しょうたい》は古代《こだい》の巨大類人猿《きょだいるいじんえん》ギガントピテクスの生《い》き残《のこ》りだという説《せつ》がある。

もしも劇場《げきじょう》

ビッグフットが学校《がっこう》にいたら…

席《せき》はいちばんうしろになるよ。

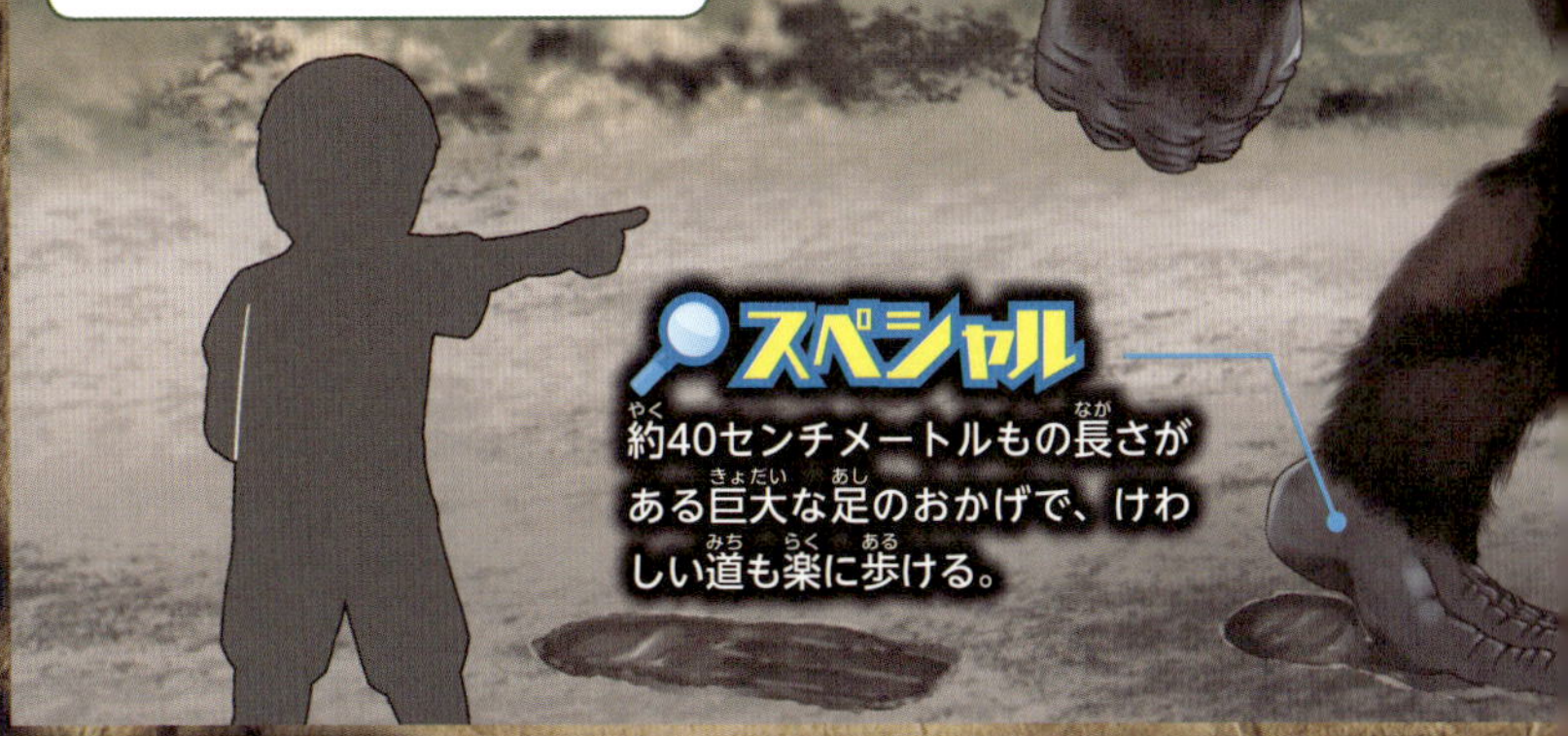

スペシャル

約《やく》40センチメートルもの長《なが》さがある巨大《きょだい》な足《あし》のおかげで、けわしい道《みち》も楽《らく》に歩《ある》ける。

UMA《ユーマ》ハンターMr.《ミスター》X《エックス》の

ビッグフットレポート

ビッグフットの正体《しょうたい》にせまる

ビッグフットはアメリカでとても人気《にんき》のあるUMA《ユーマ》だが、それゆえにいたずらで偽物《にせもの》の足跡《あしあと》をつけて回《まわ》る人《ひと》もいて、研究《けんきゅう》の邪魔《じゃま》になっている。ロジャー・パターソンとボブ・ギムリンによって撮影《さつえい》された、重要《じゅうよう》な研究資料《けんきゅうしりょう》である「パターソン・ギムリン・フィルム」も、本物《ほんもの》とする説《せつ》と人間《にんげん》がはいった着《き》ぐるみにすぎないという説《せつ》がぶつかり合《あ》っている。「私《わたし》が

パターソン・ギムリン・フィルム

カリフォルニア州《しゅう》の北部《ほくぶ》を流《なが》れる川《かわ》のあたりで撮影《さつえい》された。

着《き》ぐるみにはいった」と名乗《なの》りでた人物《じんぶつ》がいる一方《いっぽう》、当時《とうじ》の技術《ぎじゅつ》ではこの着《き》ぐるみはつくれないと指摘《してき》する研究家《けんきゅうか》もいて、結論《けつろん》はまだでそうにもない。

ネアンデルタール人説《じんせつ》とギガントピテクス説《せつ》

ビッグフットが実在《じつざい》したとして、その正体《しょうたい》の候補《こうほ》としてあげられるのが古代人種《こだいじんしゅ》ネアンデルタール人《じん》と、大型類人猿《おおがたるいじんえん》（人間《にんげん》に似《に》た特徴《とくちょう》を持《も》つサルの仲間《なかま》）ギガントピテクスだ。現代人《げんだいじん》とよく似《に》た姿《すがた》だったと判明《はんめい》したネアンデルタール人《じん》よりは、ギガントピテクスのほうが巨大猿人《きょだいえんじん》ビッグフットのイメージに近《ちか》いだろう。

ギガントピテクス予想図《よそうず》

約《やく》120万年前《まんねんまえ》～30万年前《まんねんまえ》ごろまで生息《せいそく》。ゴリラより大《おお》きかったといわれている。

ネアンデルタール人予想図《じんよそうず》

学名《がくめい》は、ホモ・ネアンデルターレンシス。約《やく》25万年前《まんねんまえ》にくらしていた。

クマか猿人《えんじん》か？　謎《なぞ》の生物《せいぶつ》

ジェイコブズ・クリーチャー

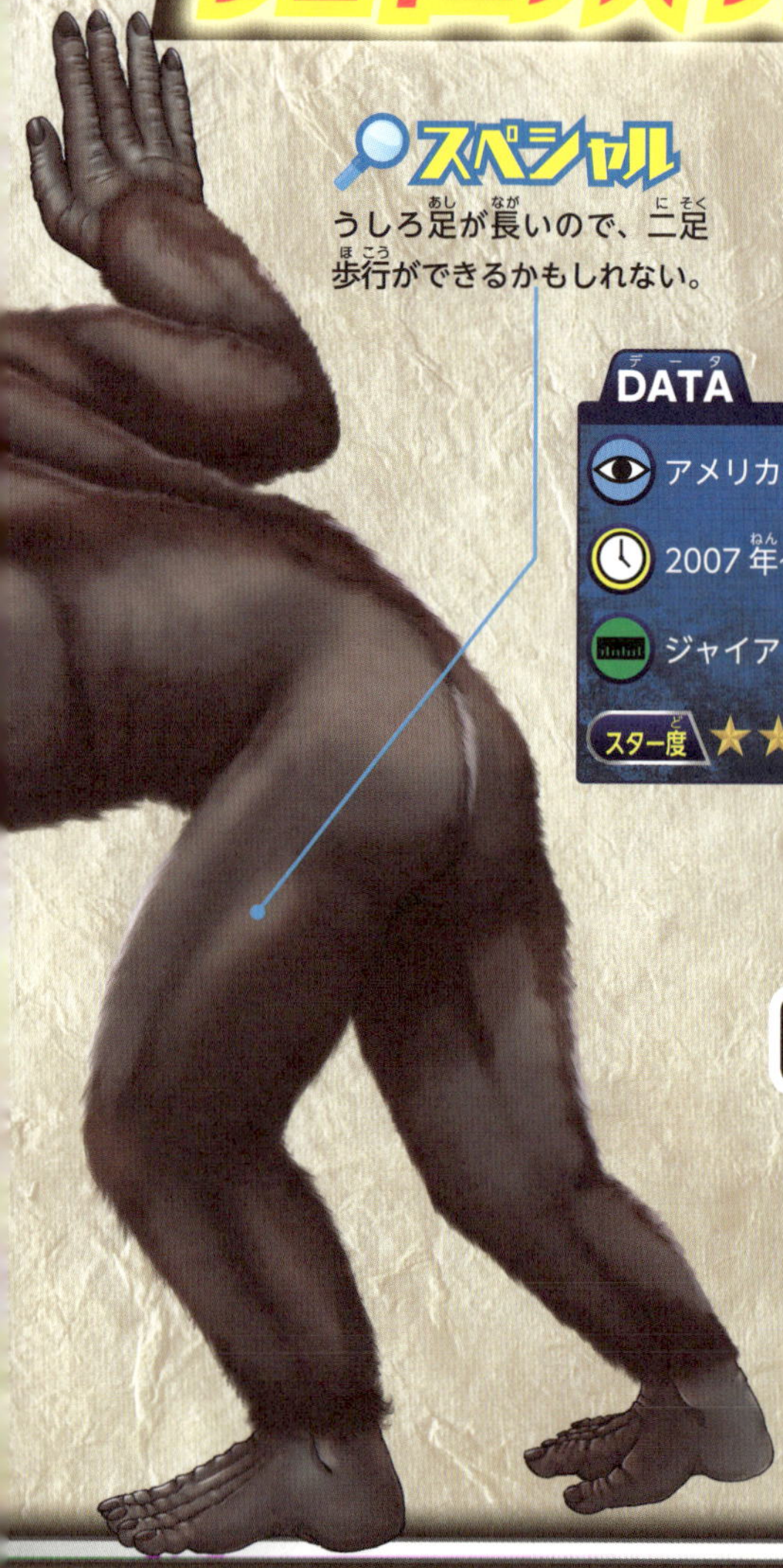

スペシャル

うしろ足《あし》が長《なが》いので、二足《にそく》歩行《ほこう》ができるかもしれない。

DATA《データ》

アメリカのアレゲニー公園《こうえん》

2007年《ねん》～　街《まち》

ジャイアントパンダぐらい

スター度《ど》 ★★★★　危険度《きけんど》

どうする!?

たたかう

にげる

ペットにする

▶親《おや》をさがす

親《おや》からはぐれた迷子《まいご》かもしれない。さがしてあげよう。

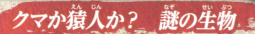

2007年《ねん》、アメリカのペンシルバニア州《しゅう》アレゲニー公園《こうえん》にて、シカ狩《が》りをしようと無《む》人《じん》センサーカメラをしかけたハンターのリック・ジェイコブズは、そのカメラに奇妙《きみょう》な生《せい》物《ぶつ》がうつりこんでいるのに気《き》がついた。それは人間《にんげん》の子《こ》どもぐらいの大《おお》きさであり、毛《け》むくじゃらで四《よ》つ足《あし》ではっているように見《み》えたが、うしろ足《あし》が長《なが》く二足歩行《にそくほこう》の動物《どうぶつ》のようにも見《み》えた。この生物《せいぶつ》は撮影者《さつえいしゃ》の名《な》をとってジェイコブズ・クリーチャー（ジェイコブズの生物《せいぶつ》）と命名《めいめい》された。

その姿《すがた》を見《み》たビッグフットの研究《けんきゅう》家《か》からは、ビッグフットの子《こ》どもではないかとする説《せつ》がでた一方《いっぽう》、毛《け》の短《みじか》いクマにすぎないという説《せつ》もあり、いまだ決着《けっちゃく》はついていない。

もしも劇場《げきじょう》

ジェイコブズ・クリーチャーがクラスメイトだったら…

親《おや》のビッグフットが授業参観《じゅぎょうさんかん》にくるかも!?

アメリカの凶暴猿人《きょうぼうえんじん》

グラスマン

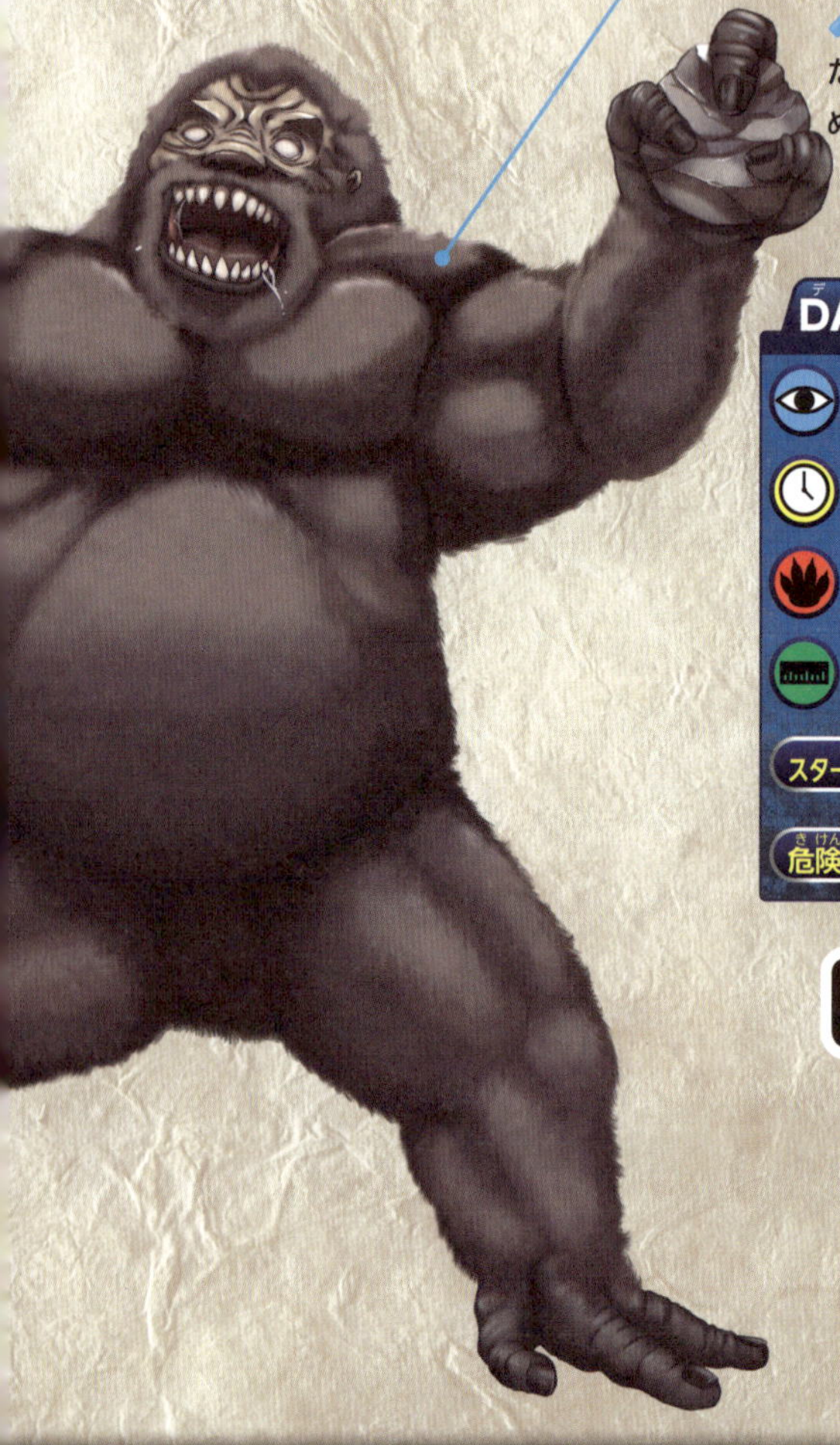

スペシャル

たくましい肩《かた》を持《も》っているため、遠《とお》くまで岩《いわ》を投《な》げられる。

DATA《データ》

アメリカ

1988年《ねん》〜

森《もり》

自動販売機《じどうはんばいき》ぐらい

スター度《ど》 ★★★

危険度《きけんど》 💀💀💀💀💀

どうする!?

にげる

ペットにする

▶たたかう

岩《いわ》を投《な》げてきたら、棒《ぼう》で打《う》ち返《かえ》そう!

1988年《ねん》、アメリカのオハイオ州《しゅう》の森林《しんりん》で、身長《しんちょう》2メートルをこえる毛《け》むくじゃらの怪物《かいぶつ》が人間《にんげん》に岩《いわ》を投《な》げつけて攻撃《こうげき》するという怪事件《かいじけん》が発生《はっせい》した。追《つい》跡《せき》した研究者《けんきゅうしゃ》は草《くさ》を重《かさ》ねたねぐらを発見《はっけん》し、この怪物《かいぶつ》をグラスマンと呼《よ》んだ。イヌが殺《ころ》された事例《じれい》もあることから、グラスマンはかなり凶暴《きょうぼう》なようだ。

ビッグフットと同種《どうしゅ》とする説《せつ》もあるが、グラスマンの足跡《あしあと》は3本指《ぼんゆび》であり、5本指《ほんゆび》のビッグフットとは異《こと》なる。はやく走《はし》れるようになった動物《どうぶつ》は、進化《しんか》するなかで指《ゆび》の数《かず》が減《へ》る傾向《けいこう》がある。例《たと》えば、ウマは進化《しんか》の過程《かてい》で5本指《ほんゆび》から3本指《ぼんゆび》、1本指《ぽんゆび》へと変化《へんか》したことが知《し》られている。

こうしたことから、グラスマンは進化途中《しんかとちゅう》の生物《せいぶつ》ではないかと考《かんが》えられている。

もしも劇場《げきじょう》

グラスマンが野球選手《やきゅうせんしゅ》だったら…

指《ゆび》が3本《ぼん》しかないので、キャッチが苦手《にがて》かも！

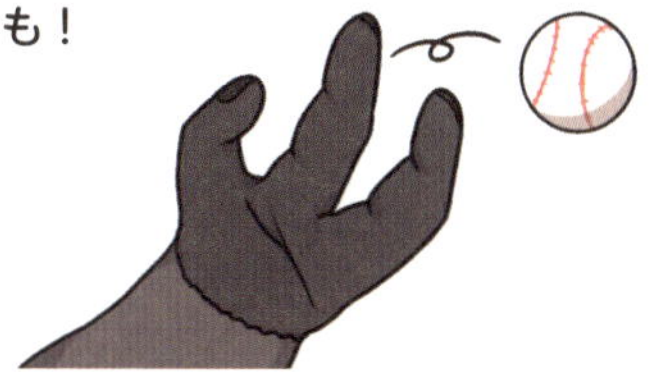

2章《しょう》

WANTED

走《はし》り去《さ》る異様《いよう》な影《かげ》

シャドーピープル

シャドーピープルはアメリカを中心《ちゅうしん》に目撃《もくげき》されている謎《なぞ》の存在《そんざい》である。それは実体《じったい》のない黒《くろ》い影《かげ》としてあらわれ、一瞬《いっしゅん》で走《はし》り去《さ》るという。目撃《もくげき》といってもその場《ば》にいる人間《にんげん》にはほとんど気《き》づかれず、後《あと》から映像《えいぞう》や写真《しゃしん》で確《かく》認《にん》される場合《ばあい》が多《おお》い。霊体説《れいたいせつ》、異次元人説《いじげんじんせつ》などがささやかれているが、現時点《げんじてん》で解明《かいめい》するのは難《むずか》しい。

どうする!?

たたかう

ペットにする

▶にげる

目撃者《もくげきしゃ》は原因不明《げんいんふめい》の高熱《こうねつ》に襲《おそ》われることがあるので、見《み》つけたらすぐににげよう。

DATA《データ》

アメリカ

2006年《ねん》〜

街《まち》

大人《おとな》の男性《だんせい》とほぼ同《おな》じ

スター度《ど》 ★★

危険度《きけんど》 💀💀💀💀

沼《ぬま》の底《そこ》からあらわれる恐怖《きょうふ》の半魚人《はんぎょじん》

ハニースワンプ・モンスター

アメリカのルイジアナ州南部《しゅうなんぶ》の湿地帯《しっちたい》、ハニーアイランド沼《ぬま》では、体長《たいちょう》1・8メートルほどの半水生《はんすいせい》の不気味《ぶきみ》な怪人《かいじん》が目撃《もくげき》されている。手足《てあし》とも3本指《ぼんゆび》で黄色《きいろ》い目《め》を持《も》ち、ウロコにおおわれた半魚人《はんぎょじん》だという。目撃証言《もくげきしょうげん》だけでなく、泥《どろ》につけられた3本指《ぼんゆび》の足跡《あしあと》が石《せっ》こうで型《かた》にとられ、証拠《しょうこ》として保《ほ》管《かん》されている。これが本物《ほんもの》なら貴重《きちょう》な証拠《しょうこ》となるはずだ。

DATA《データ》

- アメリカのハニーアイランド沼《ぬま》
- 1963年《ねん》～
- 沼《ぬま》
- 大人《おとな》の男性《だんせい》とほぼ同《おな》じ
- スター度《ど》 ★★★
- 危険度《きけんど》

どうする!?

たたかう

ペットにする

▶にげる

とてもくさいので、近《ちか》づかないほうがいいよ。

不幸《ふこう》を呼《よ》ぶ怪人《かいじん》

モスマン

DATA《データ》

アメリカの
ポイント・プレザント

1966～1967年《ねん》

街《まち》

ダチョウぐらい

スター度《ど》 ★★★★★

危険度《きけんど》 💀💀💀💀

どうする!?

たたかう

にげる

▶ペットにする

電灯《でんとう》を使《つか》って、ガのようにおびきよせよう。

アメリカのポイント・プレザントで目《もく》撃《げき》されたのがモスマンだ。体長《たいちょう》は2メートルにたっする鳥《とり》のような怪《かい》人《じん》で、頭《あたま》がなく、胸《むね》に赤《あか》い大《おお》きな目《め》があるという目撃談《もくげきだん》が報告《ほうこく》されている。飛行能力《ひこうのうりょく》は高《たか》く自由《じゆう》に空《そら》を飛《と》ぶ。夜行性《やこうせい》で夜《よる》に姿《すがた》をあらわすことが多《おお》い。モスマンに追《お》いかけられたある目撃者《もくげきしゃ》は、時速《じそく》160キロメートルで車《くるま》を走《はし》らせてにげたが、簡単《かんたん》に追《お》いつかれたという。

モスマン（ガ人間《にんげん》）という名《な》前《まえ》は新聞《しんぶん》の記事《きじ》にする際《さい》につけられたものだが、ガに似《に》ているという目撃証言《もくげきしょうげん》はなく、正体《しょうたい》は不明《ふめい》である。一説《いっせつ》では大事故《だいじこ》の前兆《ぜんちょう》としてあらわれるといわれている。

スペシャル

時速《じそく》160キロメートルで走《はし》る車《くるま》にも追《お》いつくことができるほどはやく飛《と》べる。

スクープ!!

モスマンは宇宙人《うちゅうじん》のペット!?

目撃《もくげき》が多発《たはつ》したとき、UFO《ユーフォー》を見《み》たという証言《しょうげん》もあいついだため、モスマンは宇宙人《うちゅうじん》のペットではないかという説《せつ》もある。

不吉《ふきつ》を知《し》らせるモスマンの謎《なぞ》

UMA《ユーマ》ストーリー

「なんだこれは…。」

その町《まち》を調《しら》べていた超常現象研究家《ちょうじょうげんしょうけんきゅうか》のジョン・キールは、ただ立《た》ちつくすしかなかった。単《たん》なる田舎町《いなかまち》にすぎないポイント・プレザントでは最近《さいきん》、町《まち》の人々《ひとびと》が夜中《よなか》に、次々《つぎつぎ》と怪人《かいじん》を目撃《もくげき》する奇怪《きかい》な事件《じけん》が起《お》きていたのだ。

ある若者《わかもの》グループは闇《やみ》のなかに浮《う》かぶふたつの大《おお》きな赤《あか》い目《め》を見《み》た。幼《おさな》い娘《むすめ》をつれた夫人《ふじん》は、灰色《はいいろ》の怪人《かいじん》が翼《つばさ》を広《ひろ》げるのを見《み》た。ある男性《だんせい》は、体《たい》長《ちょう》2メートルの怪人《かいじん》ににらみつけられ、恐怖《きょうふ》のあまり震《ふる》えが止《と》まらなかったという。町《まち》は怪人《かいじん》のうわさで持《も》ちきりとなり、新聞《しんぶん》は「怪人《かいじん》モスマンあ

らわる！」と書《か》きたてた。怪人《かいじん》出現《しゅつげん》は1966年《ねん》11月《がつ》から約《やく》1年《ねん》も続《つづ》いたのだが、ある日《ひ》突然《とつぜん》おさまった。そして人々《ひとびと》のモスマンへの関心《かんしん》がうすれてきた1967年《ねん》12月《がつ》15日《にち》、町《まち》にかかるシルバー橋《きょう》がたくさんの車《くるま》とともに崩落《ほうらく》、46人《にん》が死亡《しぼう》する大惨事《だいさんじ》が起《お》きたのだ。このニュースを見《み》たキールは、モスマンは不吉《ふきつ》を知《し》らせる使《し》者《しゃ》だったのではないかと考《かんが》え、恐《おそ》ろしくなったのだった。

徘徊《はいかい》する謎《なぞ》の悪臭《あくしゅう》猿人《えんじん》

スカンクエイプとノビー

ノビー

DATA《データ》

- アメリカ
- 1942年《ねん》～
- 街《まち》
- 大人《おとな》の男性《だんせい》とほぼ同《おな》じ
- スター度《ど》 ★★★
- 危険度《きけんど》 ☠☠☠☠☠

スペシャル

吐《は》き気《け》をもよおすほどのひどい悪臭《あくしゅう》で、敵《てき》を倒《たお》す。

どうする!?

たたかう

にげる

ペットにする

▶洗《あら》う

少《すこ》しは臭《にお》いがとれるかも!?

北《きた》アメリカには2種類《しゅるい》の性質《せいしつ》がよく似《に》た猿人型《えんじんがた》UMA《ユーマ》がいる。スカンクエイプとノビーだ。スカンクエイプはフロリダ州《しゅう》やアーカンソー州《しゅう》など、ノビーはノースカロライナ州《しゅう》で目撃《もくげき》されていて、どちらも身長《しんちょう》2メートル前後《ぜんご》、こげ茶《ちゃ》色《いろ》の毛《け》におおわれていて姿《すがた》が類人《るいじん》猿《えん》に似《に》ている。

最大《さいだい》の特徴《とくちょう》はどちらも強烈《きょうれつ》な悪《あく》臭《しゅう》をはなっていることだ。それは目《め》を開《あ》けていられないほどの刺激《しげき》臭《しゅう》で、くさったチーズとヤギのフンを混《ま》ぜたようなとんでもない臭《にお》いだという。どちらもアメリカ南《なん》東部《とうぶ》で目撃《もくげき》されていることから、同種《どうしゅ》のUMA《ユーマ》の可能性《かのうせい》がある。スカンクエイプは2000年《ねん》、ノビーは2011年《ねん》に撮影《さつえい》に成功《せいこう》しているが、写真《しゃしん》が本物《ほんもの》かどうかもふくめ、その謎《なぞ》はいまだ解明《かいめい》されていない。

スカンクエイプ

スクープ!!

ペットの大量失踪事件《たいりょうしっそうじけん》

2002年《ねん》、テネシー州《しゅう》にスカンクエイプがあらわれた際《さい》、住民《じゅうみん》の飼《か》っていたペットが行方不明《ゆくえふめい》になった。その数《かず》、なんと100ぴき以上《いじょう》にもなる。スカンクエイプがさらったのではないかといわれている。

写真《しゃしん》だけが残《のこ》る不気味《ぶきみ》な怪物《かいぶつ》

モルガン・ビースト

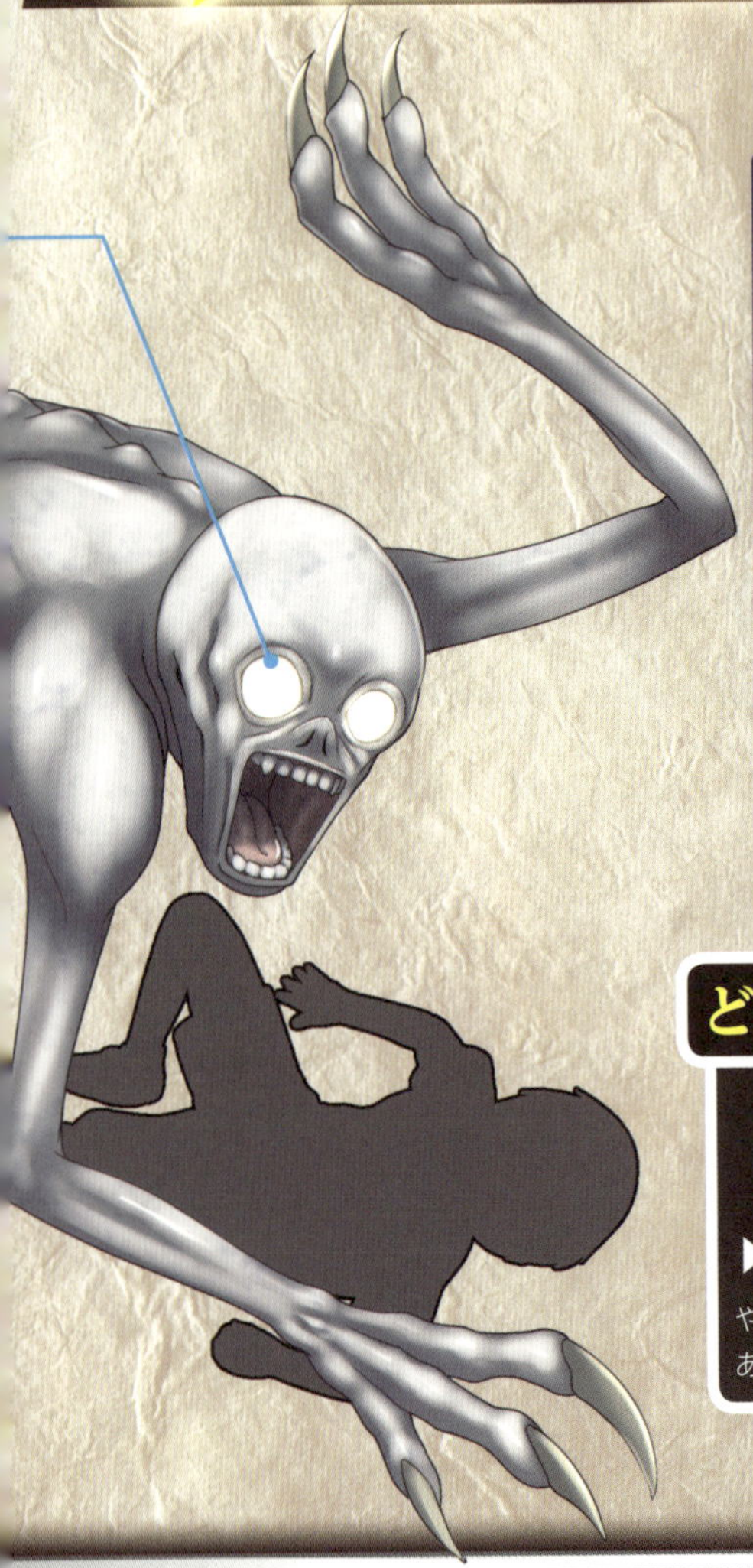

DATA《データ》

- アメリカのモルガンの森《もり》
- 2010年《ねん》〜
- 森《もり》
- 不明《ふめい》

スター度《ど》 ★★★★

危険度《きけんど》

どうする!?

たたかう

にげる

▶ペットにする

やせているので、えさをいっぱいあげよう。

2010年《ねん》4月《がつ》、シカ狩《が》りのハンターがルイジアナ州《しゅう》モルガンの森《もり》のなかに設置《せっち》した自動撮影《じどうさつえい》カメラに、得体《えたい》の知《し》れない異様《いよう》な生物《せいぶつ》がうつっていた。全身《ぜんしん》が白《しろ》くぎらりと光《ひか》る目《め》に細《ほそ》い手《て》足《あし》、四《よ》つんばいだが、明《あき》らかに人間《にんげん》のような二足歩行《にそくほこう》をする動物《どうぶつ》に見《み》えた。この生物《せいぶつ》は沼《ぬま》のそばに出現《しゅつげん》したことからスワンプモンスター、または出現地《しゅつげんち》の名《な》をとってモルガン・ビーストと呼《よ》ばれる。

この怪物《かいぶつ》を撮影《さつえい》したカメラは、メモリーカードとデータは無事《ぶじ》だったものの本体《ほんたい》は粉々《こなごな》に破《は》壊《かい》されていたらしく、このことから怪物《かいぶつ》が凶暴《きょうぼう》な性格《せいかく》であると推測《すいそく》される。目撃例《もくげきれい》もこの1件《けん》だけで情報《じょうほう》も少《すく》なく、そもそも写真《しゃしん》の真偽《しんぎ》すら決着《けっちゃく》がついていないため、正体《しょうたい》は不明《ふめい》だ。

スペシャル

らんらんと光《ひか》る
あやしい瞳《ひとみ》。

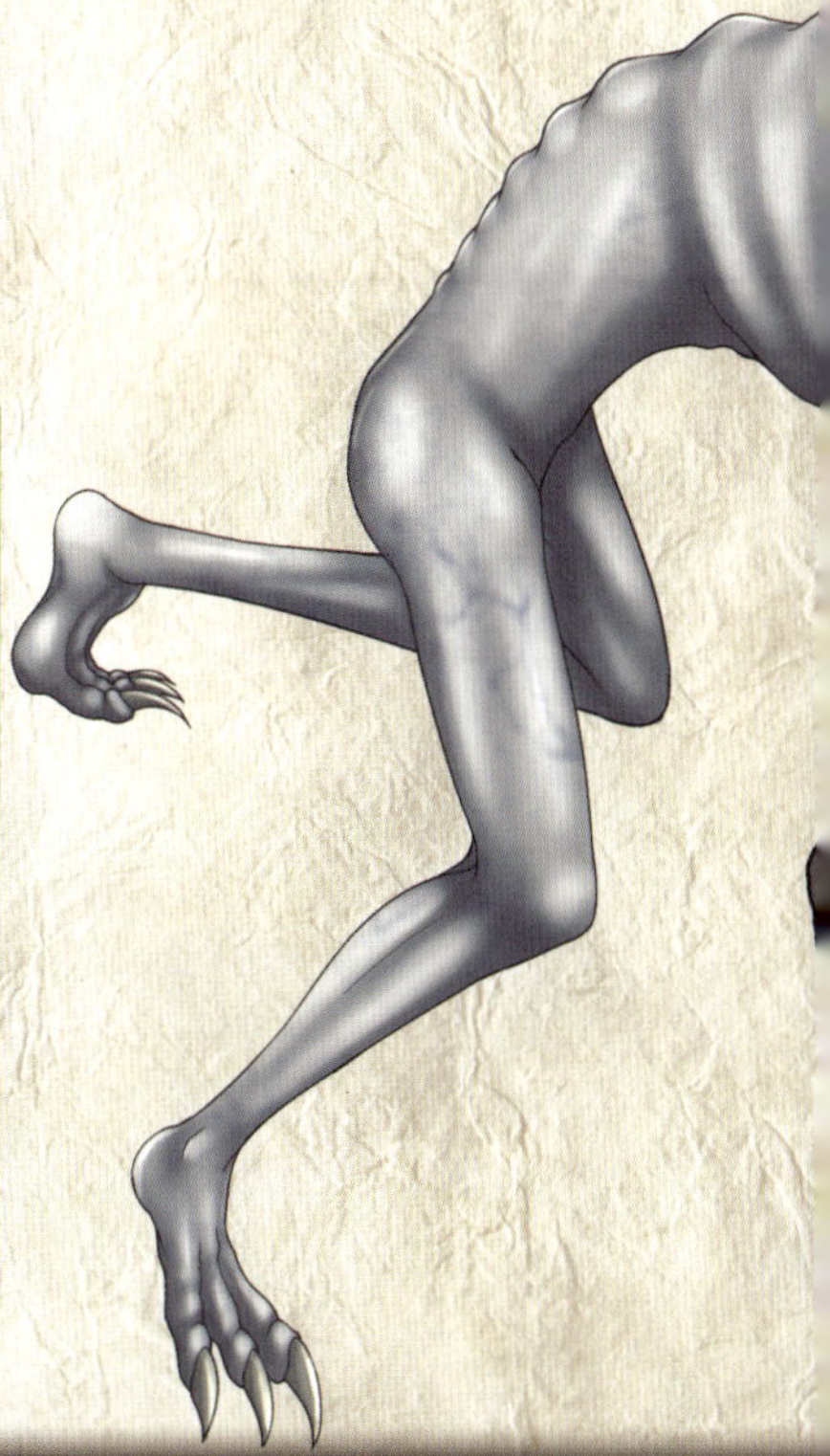

もしも劇場《げきじょう》

モルガン・ビーストがモデルだったら…

細身《ほそみ》の体型《たいけい》と長身《ちょうしん》で人気者《にんきもの》に！

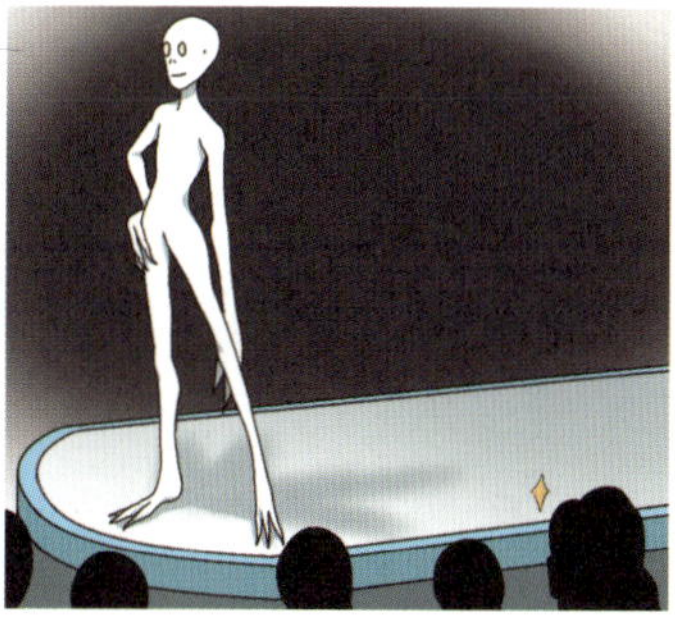

WANTED

2本足《ほんあし》「だけ」の怪生物《かいせいぶつ》

ナイトクローラー

アメリカのヨセミテ国立公園《こくりつこうえん》にある監視《かんし》カメラで、異様《いよう》な物体《ぶったい》が撮影《さつえい》された。それは白《しろ》い布《ぬの》をまとったような姿《すがた》で二足歩行《にそくほこう》しているが、体《からだ》や腕《うで》は見当《みあ》たらず、足《あし》と頭《あたま》しかないコンパスのような姿《すがた》なのだ。親子《おやこ》なのか、大《おお》きいものと小《ち》さいものがいっしょに移動《いどう》している。現地《げんち》に伝《つた》わる精霊《せいれい》ではないかという説《せつ》もある。

DATA

- アメリカの ヨセミテ国立公園《こくりつこうえん》
- 2010年《ねん》～
- 街《まち》
- 小学《しょうがく》1年生《ねんせい》とほぼ同《おな》じ
- スター度《ど》 ★★★
- 危険度《きけんど》

どうする!?

たたかう

にげる

ペットにする

▶跡《あと》をつける

どこへ向《む》かうのか跡《あと》をつけると、ふしぎな世界《せかい》にたどりつくかも!?

WANTED

UFO《ユーフォー》? それともUMA《ユーマ》か? 空《そら》飛《と》ぶエイ

フライング・レイ

2章《しょう》

2004年《ねん》にメイソン郡《ぐん》の道路《どうろ》を車《くるま》で走行中《そうこうちゅう》の男女《だんじょ》が、上空《じょうくう》から降《お》りてくる大《おお》きなイトマキエイのような物体《ぶったい》を目撃《もくげき》、それはフロントガラスごしに道路《どうろ》二車線分《にしゃせんぶん》もの幅《はば》があるように見《み》えたが、ふいに消《き》えてしまった。またテキサス州《しゅう》でも同様《どうよう》の怪物《かいぶつ》が目撃《もくげき》されている。正体《しょうたい》はまったく不明《ふめい》である。

どうする!?

たたかう

にげる

ペットにする

▶撮影《さつえい》する

消《き》える前《まえ》に写真《しゃしん》に残《のこ》しておこう。

DATA《データ》

アメリカのメイソン郡《ぐん》の道路《どうろ》

2004年《ねん》～

空《そら》

エイより少《すこ》し大《おお》きい

スター度《ど》 ★★★★

危険度《きけんど》

宇宙《うちゅう》からやってきた怪物《かいぶつ》!?

フラットウッズ・モンスター

DATA《データ》

アメリカ

1952年《ねん》

森《もり》

ビルの2階《かい》ぐらい

スター度《ど》 ★★★★★

危険度《きけんど》

どうする!?

たたかう

にげる

ペットにする

▶すそをめくる

正体不明《しょうたいふめい》の中身《なかみ》を見《み》てみよう。

1952年《ねん》、アメリカのフラットウッズで、あそんでいた少年《しょうねん》たちが丘《おか》の向《む》こうにUFO《ユーフォー》が降《お》りるのを目撃《もくげき》。そのうちひとりの少年《しょうねん》の母親《ははおや》、キャサリン・メイ夫《ふ》人《じん》とともに少年《しょうねん》たちは夕闇《ゆうやみ》のなか、丘《おか》にのぼった。そこで彼《かれ》らが見《み》たものは、光《ひか》るUFO《ユーフォー》と身長《しんちょう》3メートルの怪物《かいぶつ》だった。

緑《みどり》の体《からだ》と赤《あか》い顔《かお》、するどい爪《つめ》、仏像《ぶつぞう》のような奇怪《きかい》な姿《すがた》、その怪物《かいぶつ》は吐《は》き気《け》をもよおすほどの異臭《いしゅう》をはなちながら浮《う》き上《あ》がり、滑《すべ》るように向《む》かってきた。あまりの恐《おそ》ろしさに少年《しょうねん》たちは一目散《いちもくさん》ににげだし、警察官《けいさつかん》に助《たす》けを求《もと》めた。その警察官《けいさつかん》も、目撃者全員《もくげきしゃぜんいん》が恐怖《きょうふ》で震《ふる》えていたと証言《しょうげん》しており、何《なに》か恐《おそ》ろしいものを見《み》たのは事実《じじつ》のようである。

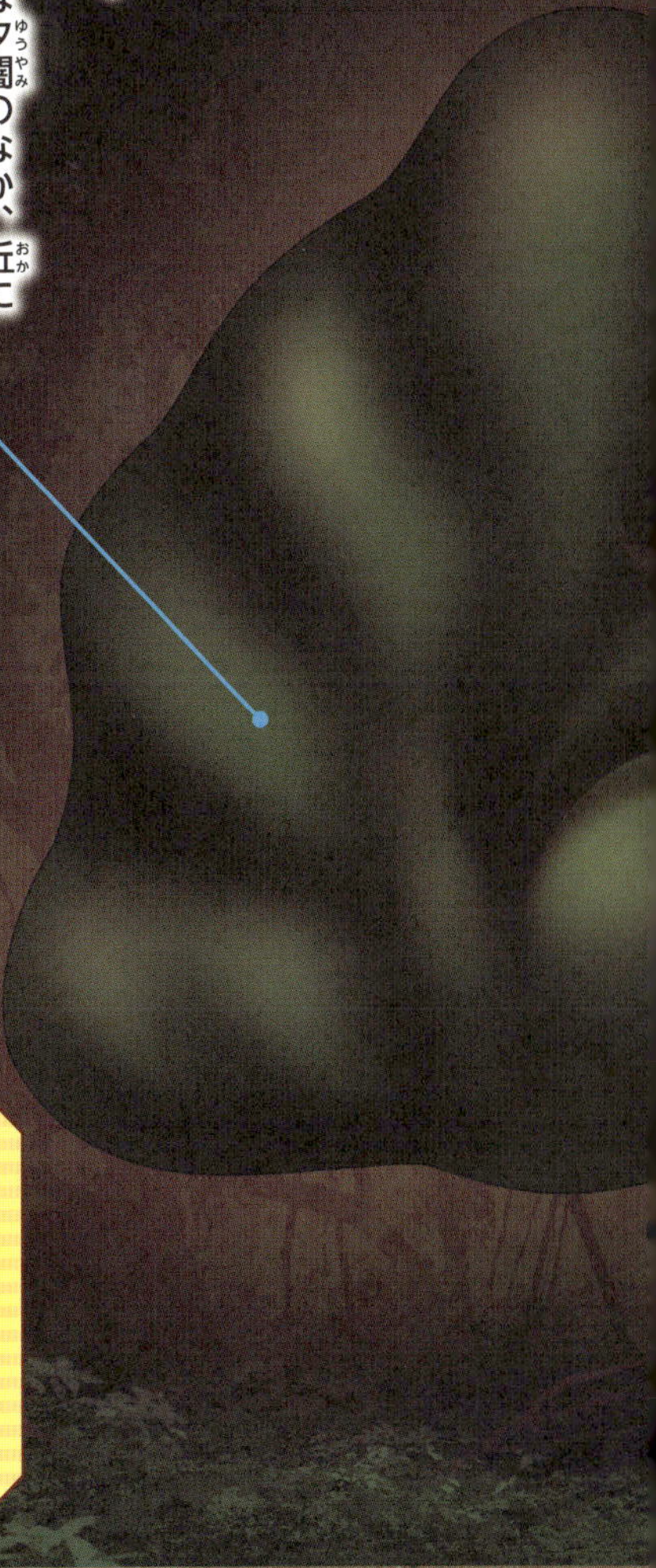

スペシャル

思《おも》わず吐《は》きたくなるような
くさい臭《にお》いをはなつ。

スクープ!!

実《じつ》はロボットか！？

目撃者《もくげきしゃ》の少年《しょうねん》が残《のこ》したメモにロボットのような姿《すがた》で描《えが》かれていたことから、フラットウッズ・モンスターはロボットだとする説《せつ》もある。

UMA《ユーマ》ハンターMr.《ミスター》X《エックス》の

フラットウッズ・モンスターレポート

世界《せかい》の怪奇《かいき》宇宙人《うちゅうじん》事件《じけん》

フラットウッズ・モンスターは、UFO《ユーフォー》との関連性《かんれんせい》から宇宙人《うちゅうじん》だという説《せつ》もある。確《たし》かに世界《せかい》には、一般的《いっぱんてき》に想像《そうぞう》されるような動物《どうぶつ》とは生態《せいたい》がちがった奇妙《きみょう》な宇宙人《うちゅうじん》に遭遇《そうぐう》したという報告《ほうこく》がいくつもある。

1979年《ねん》イギリスのバーミンガムに住《す》むジーン・ヒングリー夫人《ふじん》は、自宅《じたく》にいるときにUFO《ユーフォー》と遭遇《そうぐう》した。羽《はね》が生《は》えた宇宙人《うちゅうじん》が部屋《へや》にはいってきたので、もてなそうとパイを差《さ》しだすと、光線《こうせん》で撃《う》たれ目《め》にきずをおった。

1955年《ねん》アメリカのホプキンスビルには、夜《よる》に銀色《ぎんいろ》のコウモリのような顔《かお》の宇宙人《うちゅうじん》があらわれた。

目撃《もくげき》した男《おとこ》たちは銃《じゅう》で応戦《おうせん》したが、宇宙人《うちゅうじん》は深夜《しんや》まで出没《しゅつぼつ》して消《き》えた。

1954年《ねん》、イタリアのチェンニーナの森《もり》を歩《ある》いていたローザ夫人《ふじん》は謎《なぞ》の乗《の》り物《もの》からあらわれた小人《こびと》と遭遇《そうぐう》、ストッキングと教会《きょうかい》にかざる花束《はなたば》を奪《うば》われた。

こうした宇宙人《うちゅうじん》の事件《じけん》にUMA《ユーマ》とのかかわりがあるかは不明《ふめい》だが、いまも非常《ひじょう》に奇妙《きみょう》な事例《じれい》として研究《けんきゅう》が続《つづ》けられている。

ジーン・ヒングリー事件《じけん》の宇宙人《うちゅうじん》

ライト・ビーイング(→106ページ)に似《に》ている?

ホプキンスビル事件《じけん》の宇宙人《うちゅうじん》

カエル男《おとこ》(→130ページ)に似《に》ている?

チェンニーナ事件《じけん》の宇宙人《うちゅうじん》

モンキーマン(→244ページ)に似《に》ている?

悪魔《あくま》の怪人《かいじん》兵器《へいき》か!?

ヒツジ男《おとこ》

スペシャル

たくましい肩《かた》からくりだされる、強力《きょうりょく》なタックル。

DATA《データ》

アメリカのサンタポーラ

1964年《ねん》～

森《もり》

自動販売機《じどうはんばいき》ぐらい

スター度《ど》 ★★★

危険度《きけんど》

どうする!?

たたかう

にげる

ペットにする

▶かくまう

実験施設《じっけんしせつ》からにげてきたのかもしれない。助《たす》けてあげよう!

アメリカ、カリフォルニア州《しゅう》のサンタポーラで目撃《もくげき》される怪物《かいぶつ》は、筋肉《きんにく》質《しつ》の体《からだ》にヒツジの頭《あたま》を持《も》つヒツジ男《おとこ》だ。身長《しんちょう》は2メートルと大柄《おおがら》で、怒《おこ》らせると体当《たいあ》たりをしてくるという。1964年《ねん》にはハイキング中《ちゅう》の少年《しょうねん》たちがヒツジ男《おとこ》に遭遇《そうぐう》する事件《じけん》があった。いまもサンタポーラではよく知《し》られており、子《こ》どもたちに恐《おそ》れられている。

かつてサンタポーラにはビリワック酪《らく》農場《のうじょう》という酪農研究施設《らくのうけんきゅうしせつ》があり、ここが現在《げんざい》のCIA《シーアイエー》(アメリカ中央情報局《ちゅうおうじょうほうきょく》)のもととなっているOSS《オーエスエス》(戦略諜報局《せんりゃくちょうほうきょく》)の実《じっ》験施設《けんしせつ》として使《つか》われていたといううわさがある。それが本当《ほんとう》なら戦争用《せんそうよう》の怪人兵《かいじんへい》器《き》がつくられていたのかもしれない。アメリカには各地《かくち》に多《おお》くのヒツジ男《おとこ》の目撃《もくげき》例《れい》があり、関連《かんれん》が疑《うたが》われる。

もしも劇場《げきじょう》

冬《ふゆ》、ヒツジ男《おとこ》に出会《であ》ったら…

冬《ふゆ》になると毛《け》が長《なが》くのびるので、腕《うで》がかくれてしまうよ。

WANTED

どう猛《もう》な闇《やみ》の獣人《じゅうじん》

ミシガン・ドッグマン

アメリカのミシガン州北部《しゅうほくぶ》にある森林《しんりん》で、顔《かお》つきはイヌ、体《からだ》は毛《け》むくじゃらだが二足歩行《にそくほこう》する獣人《じゅうじん》、ミシガン・ドッグマンが目撃《もくげき》されている。1880年代《ねんだい》から現代《げんだい》まで、いくつもの目撃情報《もくげきじょうほう》がある。「体長《たいちょう》2メートルほどの野犬《やけん》の群《む》れに襲《おそ》われた際《さい》、そのうちの1頭《とう》が2本足《ほんあし》で走《はし》るのを見《み》た」「車《くるま》のようにはやく走《はし》った」といった証言《しょうげん》が残《のこ》されている。

どうする!?

たたかう

にげる

▶ペットにする

半分《はんぶん》イヌなので、えさをあたえれば意外《いがい》となつくかも?

DATA《データ》

アメリカ

1880年《ねん》〜

森《もり》

自動販売機《じどうはんばいき》ぐらい

スター度《ど》 ★

危険度《きけんど》 💀💀💀

WANTED

2章《しょう》

するどい爪《つめ》を持《も》つ怪物《かいぶつ》

フォウク・モンスター

アメリカのアーカンソー州《しゅう》フォウクの街《まち》に全身《ぜんしん》を毛《け》におおわれ、悪臭《あくしゅう》をはなち、赤《あか》い目《め》にするどい爪《つめ》を持《も》つ巨大《きょだい》な怪物《かいぶつ》の目撃《もくげき》が多発《たはつ》し、街《まち》の名《な》をとってフォウク・モンスターと呼《よ》ばれている。1900年代《ねんだい》のはじめには出没《しゅつぼつ》していたとされ、性質《せいしつ》は凶暴《きょうぼう》で住人《じゅうにん》が攻撃《こうげき》されたり、家畜《かちく》が行方不明《ゆくえふめい》になったりする事件《じけん》が起《お》きているという。

DATA《データ》

アメリカ

1900年《ねん》〜

街《まち》

バスケットボールのゴールの高《たか》さぐらい

スター度《ど》 ★★

危険度《きけんど》 💀💀💀💀💀

どうする!?

たたかう

ペットにする

▶にげる

悪臭《あくしゅう》がしたら、その場《ば》からすぐににげよう。

砂塵《さじん》に潜《ひそ》む怪獣《かいじゅう》

サンドドラゴン

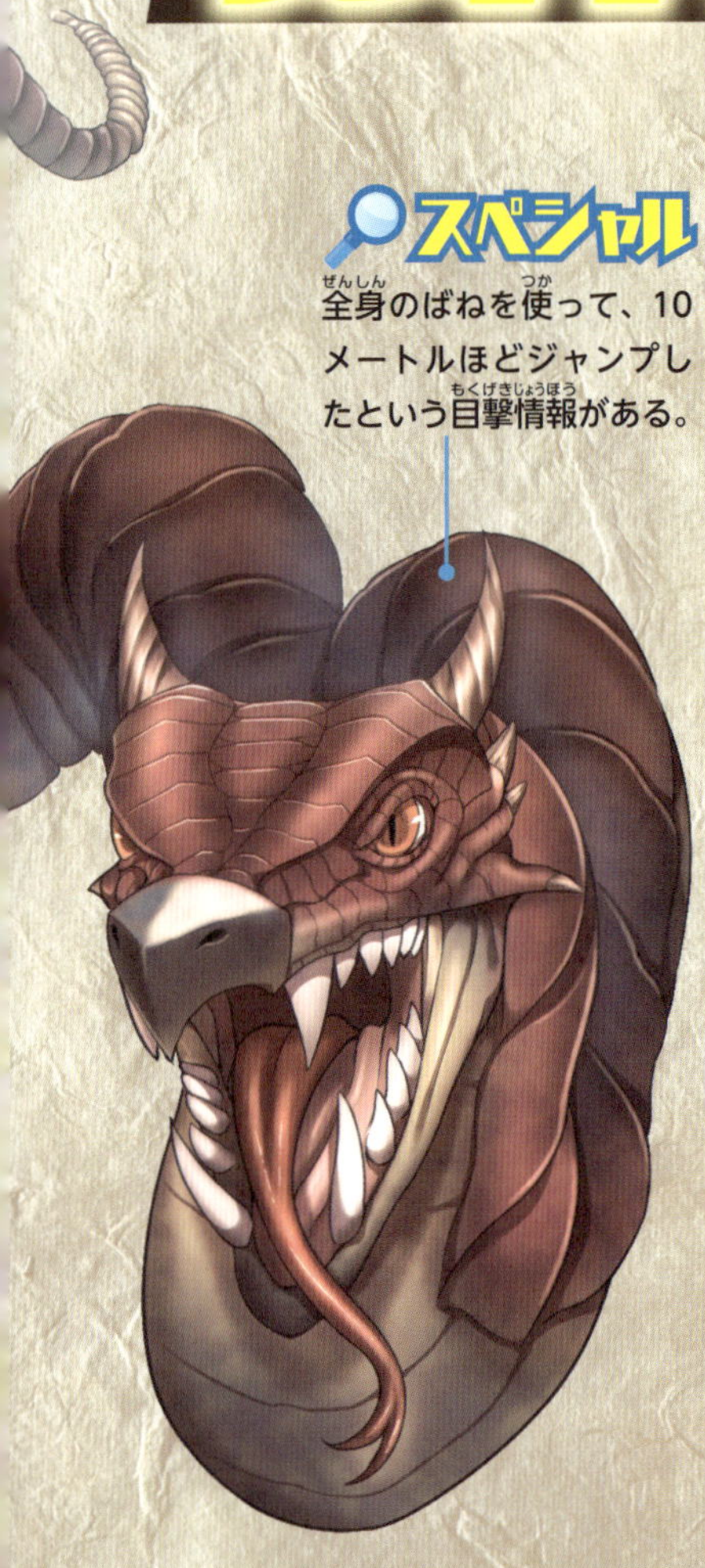

スペシャル

全身《ぜんしん》のばねを使《つか》って、10メートルほどジャンプしたという目撃情報《もくげきじょうほう》がある。

DATA《データ》

アメリカ

2003年《ねん》～

砂漠《さばく》

最小《さいしょう》でオオアナコンダぐらい

スター度《ど》 ★★★★

危険度《きけんど》 💀💀💀💀💀

どうする!?

たたかう

ペットにする

▶にげる

砂《すな》の上《うえ》ではすばやく動《うご》くよ。土《つち》の上《うえ》や岩場《いわば》ににげこもう。

アメリカのテキサス州《しゅう》の砂漠《さばく》地帯《ちたい》で、たびたび巨大《きょだい》ヘビが目撃《もくげき》されている。性質《せいしつ》が凶暴《きょうぼう》で近《ちか》づけないため詳細《しょうさい》は不明《ふめい》だが、その様子《ようす》からサンドドラゴンと呼《よ》ばれている。全長《ぜんちょう》5メートル以上《いじょう》、体《からだ》を上《じょう》下《げ》にくねらせて移動《いどう》するという。

砂漠《さばく》に生息《せいそく》するヘビには、はうのではなく体《からだ》を浮《う》かせてくねらせることで砂《すな》の上《うえ》を移動《いどう》するヨコバイガラガラヘビという種類《しゅるい》がおり、サンドドラゴンも砂《すな》の上《うえ》を移動《いどう》する独自《どくじ》の方法《ほう》をあみだしたのかもしれない。2003年《ねん》に写真撮影《しゃしんさつえい》されたサンドドラゴンは、尺取《しゃくと》り虫《むし》のように体《からだ》をくねらせて移動《いどう》していたという。人間《にんげん》とちがって、少《すく》ない水《みず》とえさでも生《い》きられるヘビは砂漠《さばく》に生息《せいそく》する種《しゅ》も多《おお》く、新種《しんしゅ》が潜《ひそ》んでいるのではないかと考《かんが》えられている。

もしも劇場《げきじょう》

サンドドラゴンが脱皮《だっぴ》をしたら…

体《からだ》が長《なが》いので、皮《かわ》をぬがすのを手伝《てつだ》ってあげよう。

魔女《まじょ》の呪《のろ》いが生《う》んだ悪魔《あくま》!?

ジャージーデビル

DATA《データ》

- アメリカ
- 1735年《ねん》〜
- 空《そら》
- シマウマぐらい

スター度《ど》 ★★★★★

危険度《きけんど》 💀💀💀💀

どうする!?

たたかう

にげる

ペットにする

▶あやす

もともとはあかちゃんだったので、怒《いか》りがおさまるかも!?

アメリカ、ニュージャージー州《しゅう》に出現《しゅつげん》するとうわさされるのが奇獣《きじゅう》ジャージーデビルだ。ウマのような体《からだ》にコウモリのような翼《つばさ》を持《も》つ。伝説《でんせつ》によれば、1735年《ねん》、貧《まず》しい家《いえ》に生《う》まれた13番目《ばんめ》の子《こ》どもが、呪《のろ》いによって悪魔《あくま》となったものだという。

おとぎ話《ばなし》のようだが、1800年《ねん》ごろから実際《じっさい》に目撃《もくげき》したという証言《しょうげん》があらわれはじめ、以降《いこう》現代《げんだい》まで目撃《もくげき》され続《つづ》けている。1925年《ねん》にはカンガルーのように跳《は》ねるキバを持《も》った生物《せいぶつ》が家畜《かちく》を襲撃《しゅうげき》。2006年《ねん》には道路《どうろ》を走行中《そうこうちゅう》のドライバーが翼《つばさ》を持《も》つ恐竜《きょうりゅう》に似《に》た生物《せいぶつ》を目撃《もくげき》している。2010年《ねん》には空《そら》を飛《と》ぶ「何《なに》か」が赤外線暗視《せきがいせんあんし》スコープにとらえられている。その正体《しょうたい》はいまのところまったく不明《ふめい》である。

スペシャル

巨大《きょだい》な翼《つばさ》で遠《とお》くまで飛《と》ぶことができる。

スクープ!!

ジャージーデビルの大襲撃《だいしゅうげき》

1909年《ねん》の1月《がつ》は、ジャージーデビルの襲撃《しゅうげき》があいついだ。なかには電車《てんしゃ》が襲《おそ》われた事件《じけん》が起《お》き、警備員《けいびいん》が出動《しゅつどう》することもあった。

UMA《ユーマ》ハンターMr.《ミスター》X《エックス》の

ジャージーデビルレポート

ジャージーデビルの正体《しょうたい》は？

ジャージーデビルは、むかしから目撃《もくげき》され続《つづ》けているUMA《ユーマ》だ。その特徴《とくちょう》はウマのような顔《かお》にコウモリの羽《はね》を持《も》っていることだ。ウマヅラコウモリのオスは、まさにそのような姿《すがた》をしているため、ジャージーデビルはウマヅラコウモリではないかという説《せつ》をとなえる研究家《けんきゅうか》もいる。ただ、ウマヅラコウモリの生《せい》息地《そくち》はアフリカで、大《おお》きさもジャージーデビルより

ウマヅラコウモリ

オスは繁殖期《はんしょくき》に鼻《はな》とほおをふくらませて鳴《な》き、メスを呼《よ》びよせる。その顔《かお》はウマにそっくりだ。

かなり小《ちい》さい。その正体《しょうたい》は、いまだ謎《なぞ》に包《つつ》まれているのだ。

ジャージーデビル誕生《たんじょう》の秘密《ひみつ》

伝説《でんせつ》によれば、1735年《ねん》、ニュージャージー州《しゅう》パインバレンズにいた貧《まず》しい一家《いっか》の母親《ははおや》「マザー・リーズ」が、13人目《にんめ》の赤《あか》ん坊《ぼう》を出産《しゅっさん》するときに苦《くる》しさのあまり、つい「生《う》まれてくる子《こ》どもが悪魔《あくま》であればいい！」と呪《のろ》ってしまった。すると、生《う》まれてきた赤《あか》ん坊《ぼう》は本当《ほんとう》に悪魔《あくま》だったのだ。悪魔《あくま》は兄弟《きょうだい》をすべて殺《ころ》して飛《と》び去《さ》ったという。それ以来《いらい》この怪物《かいぶつ》は、「リーズの悪魔《あくま》」または「ジャージーデビル」と呼《よ》ばれるようになったという。

リーズ家《け》の看板《かんばん》

現在《げんざい》も、当時《とうじ》とほぼ同《おな》じ場所《ばしょ》にリーズ家《け》が残《のこ》っている。

深《しん》夜《や》にうごめくあやしい影《かげ》

ドーバー・デーモン

DATA《データ》

目撃地	アメリカ
年	1977年《ねん》
場所	街《まち》
大きさ	小学《しょうがく》2年生《ねんせい》ぐらい
スター度《ど》	★★★
危険度《きけんど》	💀

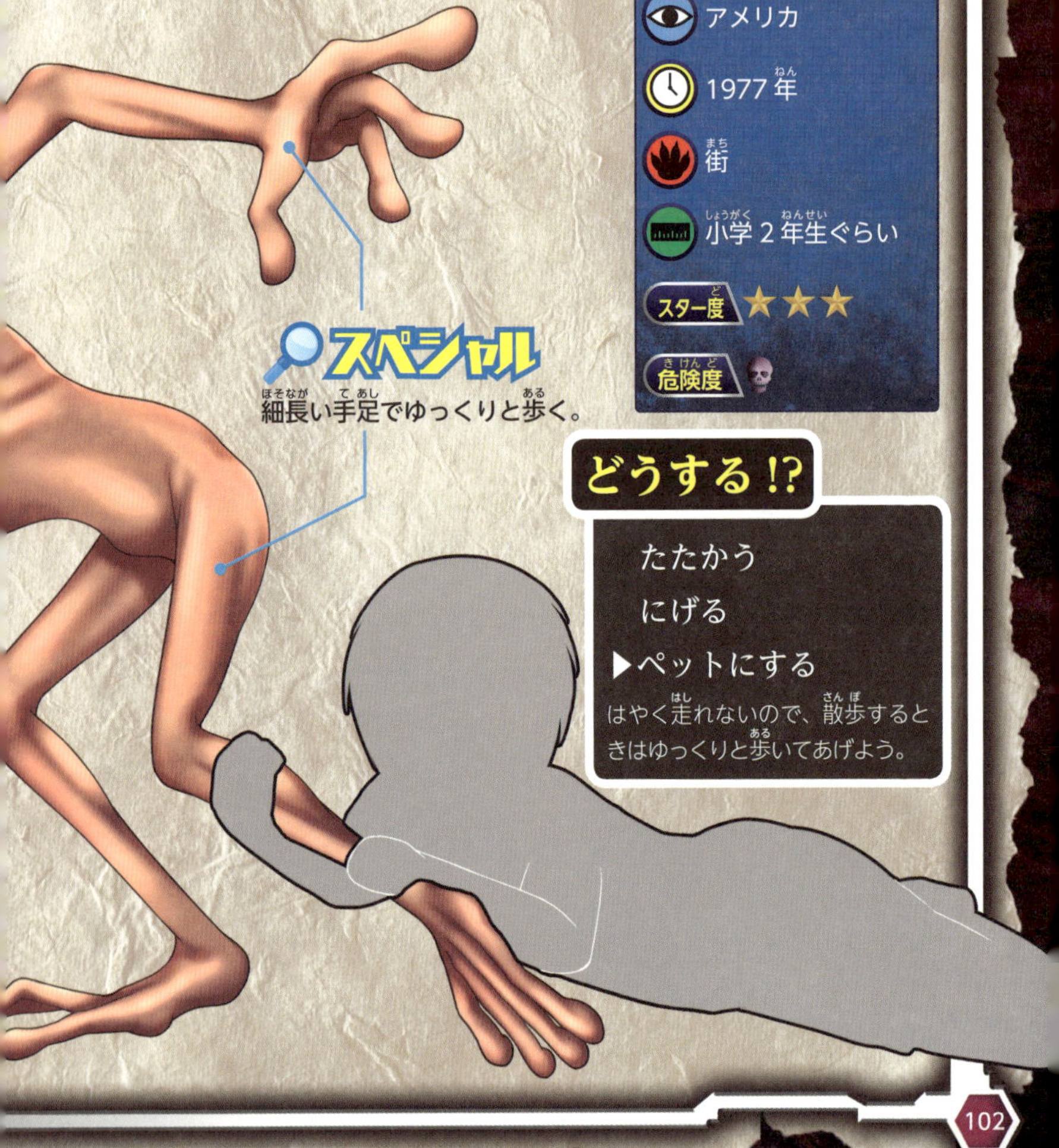

スペシャル

細長《ほそなが》い手《て》足《あし》でゆっくりと歩《ある》く。

どうする!?

たたかう

にげる

▶ペットにする

はやく走《はし》れないので、散歩《さんぽ》するときはゆっくりと歩《ある》いてあげよう。

アメリカのマサチューセッツ州《しゅう》ドーバーには、奇怪《きかい》なUMA《ユーマ》が出現《しゅつげん》している。1977年《ねん》4月《がつ》21～22日《にち》にかけての深夜《しんや》、ドーバーに住《す》む少年《しょうねん》ウィリアム・バーレットとジョン・バクスターが謎《なぞ》の生物《せいぶつ》を目撃《もくげき》。それは身長《しんちょう》1・2メートルほどで、皮《ひ》ふはうすいオレンジ色《いろ》に見《み》えたそうだ。洋《よう》ナシを逆《さか》さにしたような巨大《きょだい》な頭《あたま》に、丸《まる》くて大《おお》きい赤《あか》い目《め》、手足《てあし》は細長《ほそなが》く石垣《いしがき》をつかみ移動《いどう》していたという。23日《にち》の深夜《しんや》にも、ふたりの少年《しょうねん》に目撃《もくげき》されている。

少年《しょうねん》たちが何《なに》かを見《み》たのは事実《じじつ》らしいが、目撃事件《もくげきじけん》はこのふた晩《ばん》だけであり、その後《あと》に怪物《かいぶつ》はあらわれていないため正体《しょうたい》はわからない。生《う》まれたばかりのヘラジカではないかという説《せつ》もあるが、確《たし》かめる方法《ほうほう》はない。

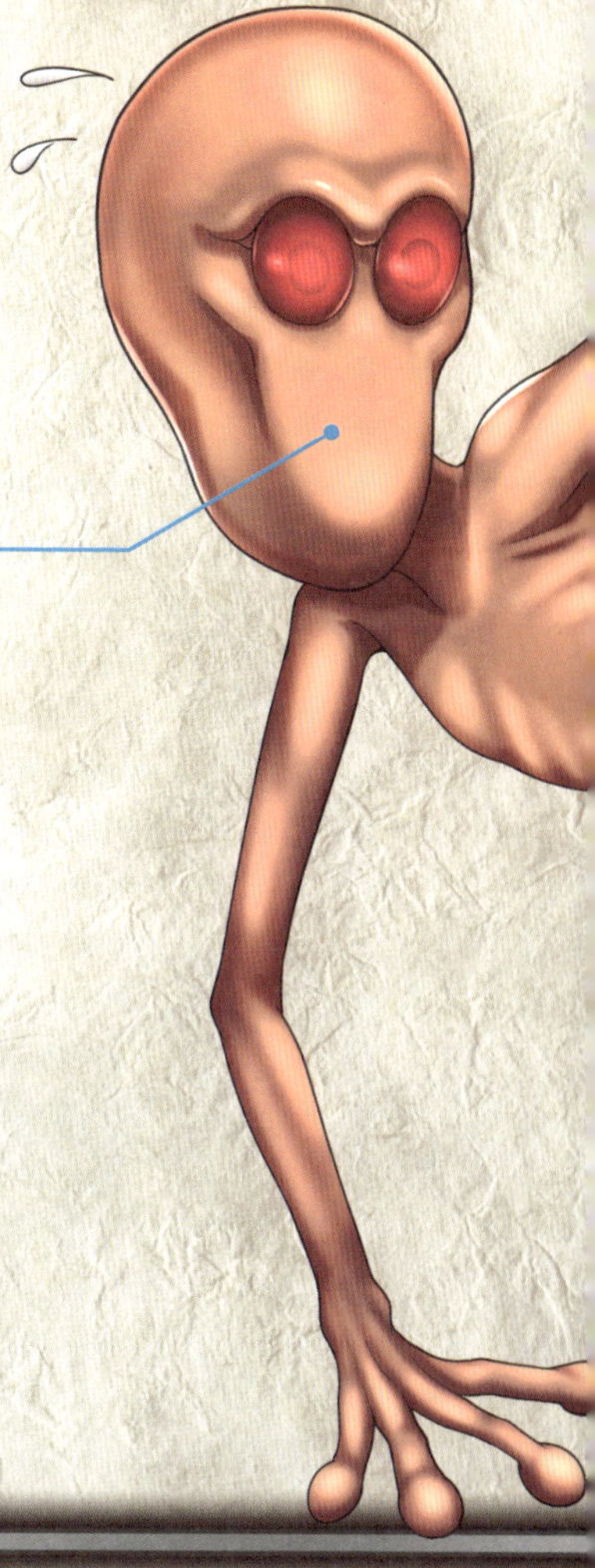

スペシャル

鼻《はな》や口《くち》はないが、生《い》きていられる。

もしも劇場《げきじょう》

ドーバー・デーモンが宇宙《うちゅう》飛行士《ひこうし》になったら…

頭《あたま》が大《おお》きすぎて、宇宙服《うちゅうふく》のヘルメットがはいらない。

WANTED

奇怪《きかい》な空飛《そらと》ぶいも虫《むし》

フライング・ワーム

2000年《ねん》のはじめから、アメリカを中心《ちゅうしん》とした北《きた》アメリカから中央《ちゅうおう》・南《みなみ》アメリカで、空中《くうちゅう》を歩《ある》く奇怪《きかい》な「いも虫《むし》」の目撃《もくげき》があいついだ。比較《ひかく》できる対象物《たいしょうぶつ》がないため大《おお》きさも高度《こうど》もはっきりしないが、かなり巨大《きょだい》なUMA《ユーマ》のようだ。それは空中《くうちゅう》を進《すす》みながら雲《くも》のあいだに消《き》えていったという。これは未知《みち》の飛行生物《ひこうせいぶつ》なのか、それともUFO《ユーフォー》なのかまるで不明《ふめい》だ。

DATA《データ》

- アメリカほか、北《きた》アメリカから中央《ちゅうおう》・南《みなみ》アメリカの各国《かっこく》
- 2000年《ねん》～
- 空《そら》
- 解析不能《かいせきふのう》
- スター度《ど》 ★★
- 危険度《きけんど》

どうする!?

たたかう

にげる

ペットにする

▶さがす

地上《ちじょう》からだと姿《すがた》が小《ちい》さく見《み》えにくいので、望遠鏡《ぼうえんきょう》でさがそう。

沼地《ぬまち》の凶暴《きょうぼう》な爬虫類人《はちゅうるいじん》

リザードマン

アメリカ、サウスカロライナ州《しゅう》の森《もり》にある沼地《ぬまち》には、リザードマンというUMA《ユーマ》があらわれる。身長《しんちょう》2～2・7メートルのがっちりした体格《たいかく》に緑《みどり》のウロコにおおわれた体《からだ》、3本指《ぼんゆび》の手《て》にはするどいかぎ爪《づめ》があるという。遭遇《そうぐう》した人間《にんげん》に爪《つめ》を振《ふ》りかざして襲《おそ》ってくるため、ケガをおわされたものもいる。3本指《ぼんゆび》の足跡《あしあと》も発見《はっけん》されており、実在《じつざい》を信《しん》じる人《ひと》も多《おお》い。

どうする!?

たたかう

ペットにする

▶にげる

ひと振《ふ》りで自動車《じどうしゃ》を破壊《はかい》するほどの力《ちから》を持《も》つ。見《み》つけたらすぐにげよう。

DATA《データ》

アメリカ

1988年《ねん》～

森《もり》

バスケットボールのゴールの高《たか》さ

スター度《ど》 ★★

危険度《きけんど》 ☠☠☠☠☠

ふしぎな光《ひか》る妖精《ようせい》

ライト・ビーイング

DATA《データ》

アメリカ

2000年代後半《ねんだいこうはん》〜

空《そら》

セキセイインコぐらい

スター度《ど》 ★★★

危険度《きけんど》 💀

どうする!?

たたかう

にげる

▶ペットにする

まぶしいので、世話《せわ》をするときはサングラスをつけよう。

スペシャル

全身《ぜんしん》からだす光《ひかり》で、敵《てき》の目《め》をくらませているうちににげる。

2000年代後半《ねんだいこうはん》からその姿《すがた》が写真《しゃしん》にうつりこみはじめ、話題《わだい》となったのがライト・ビーイングと呼《よ》ばれる謎《なぞ》の小型《こがた》UMA《ユーマ》だ。その姿《すがた》は触角《しょっかく》と羽《はね》を持《も》つおとぎ話《ばなし》にでる妖精《ようせい》のような形《かたち》をしているが、全身《ぜんしん》が発光《はっこう》して光《ひかり》におおわれており、細部《さいぶ》まではよくわからない。身長《しんちょう》は20センチメートルにもみたないと思《おも》われる。

デジタルカメラ(携帯電話《けいたいでんわ》のカメラもふくむ)が広《ひろ》まり、写真《しゃしん》を日常的《にちじょうてき》に撮影《さつえい》する人《ひと》が急速《きゅうそく》に増《ふ》えたのが、ライト・ビーイングのうつりこみが激増《げきぞう》した原因《げんいん》と思《おも》われる。その正体《しょうたい》は精霊《せいれい》や妖精《ようせい》といった何《なん》らかの超自然的《ちょうしぜんてき》なものであるという説《せつ》もあれば、カメラの光《ひかり》や太陽《たいよう》の光《ひかり》が当《あ》たった羽虫《はむし》がぼけてうつっただけだという説《せつ》もあり、いまだはっきりしていない。

もしも劇場《げきじょう》

ライト・ビーイングが夏《なつ》の夜《よる》にあらわれたら…

虫《むし》の大群《たいぐん》に追《お》いかけられてしまうかも!?

空《そら》をおおう巨大《きょだい》怪鳥《かいちょう》

ビッグバード

DATA《データ》

- 1960年代《ねんだい》〜
- アメリカ
- 空《そら》
- 翼開長時《よくかいちょうじ》にビル3階《かい》ぐらい

スター度《ど》 ★★★★★

危険度《きけんど》 ☠☠☠☠

どうする!?

たたかう

にげる

▶ペットにする

毎日《まいにち》、大《おお》きな翼《つばさ》の掃除《そうじ》をしてあげよう。

アメリカ各地《かくち》の雄大《ゆうだい》な自然《しぜん》が残《のこ》る場所《ばしょ》で目撃《もくげき》されるのが巨大怪鳥《きょだいかいちょう》ビッグバードだ。別名《べつめい》をサンダーバードともいい、インディアンの伝説《でんせつ》によれば悪天候《あくてんこう》のとき、稲妻《いなずま》とともにあらわれる巨大《きょだい》な鳥《とり》だという。翼開長《よくかいちょう》（翼《つばさ》を広《ひろ》げた長《なが》さ）は10メートルにもなる。

けっして大《おお》むかしのおとぎ話《ばなし》ではなく、アメリカでは1960～1970年代《ねんだい》にはいっても、小型《こがた》飛行機《ひこうき》ほどの大《おお》きさの鳥《とり》が何度《なんど》も目撃《もくげき》されている。翼開長《よくかいちょう》3メートルのカリフォルニアコンドルの見《み》間違《まちが》いという説《せつ》もあるが、大《おお》きさの点《てん》で疑問《ぎもん》が残《のこ》る。1977年《ねん》イリノイ州《しゅう》ローガン郡《ぐん》では2羽《わ》の巨《きょ》大《だい》な鳥《とり》があらわれて、自宅裏庭《じたくうらにわ》であそんでいた3人《にん》の少年《しょうねん》のうちひとりをとらえ、60センチメートルほど持《も》ち上《あ》げたのち、はなして飛《と》び去《さ》ったという。

もしも劇場《げきじょう》

ビッグバードの卵《たまご》を見《み》つけたら…

温泉《おんせん》で大《おお》きなゆで卵《たまご》をつくろう。

UMA《ユーマ》ハンター Mr.《ミスター》X《エックス》の

ビッグバードレポート

古代鳥類《こだいちょうるい》の生《い》き残《のこ》りか!?

ビッグバードの正体《しょうたい》を古代《こだい》の巨大鳥類《きょだいちょうるい》と考《かんが》える研《けん》究家《きゅうか》がいる。かつて地球上《ちきゅうじょう》には、ビッグバードのような大型鳥類《おおがたちょうるい》がいたことが化石《かせき》からわかっている。2500万年前《まんねんまえ》に生息《せいそく》したペラゴルニスは現在《げんざい》のアホウドリに似《に》た海鳥《うみどり》で、なんと翼開長《よくかいちょう》(翼《つばさ》を広《ひろ》げたときの大《おお》きさ)は約《やく》7メートルもあった。また、アルゲンタビスは約《やく》600万年前《まんねんまえ》に生息《せいそく》していたコンド

アルゲンタビス

学名《がくめい》はアルゲンタビス・マグニフィセンス。空《そら》を飛《と》べる最大級《さいだいきゅう》の鳥《とり》といわれている。

ルに近《ちか》い仲間《なかま》の鳥《とり》で、翼開長《よくかいちょう》はやはり7メートル前《ぜん》後《ご》と見《み》られ、両者《りょうしゃ》は飛行《ひこう》できる鳥《とり》としては最大級《さいだいきゅう》の大《おお》きさだった。

現代《げんだい》に生《い》きる巨大《きょだい》な鳥《とり》かも!?

現在《げんざい》もいる鳥類《ちょうるい》で大型《おおがた》のものだと、翼開長《よくかいちょう》3・7メートルのワタリアホウドリや翼開長《よくかいちょう》3メートルのコンドルがいる。ワタリアホウドリやコンドルは、環境《かんきょう》の変化《へんか》や繁殖《はんしょく》などのために長《なが》い距離《きょり》を移動《いどう》する渡《わた》り鳥《どり》である。渡《わた》り鳥《どり》のなかには、ふだん通《とお》るコースからはずれて生息地《せいそくち》以外《いがい》の場所《ばしょ》で発見《はっけん》されるもの（迷鳥《めいちょう》）もいる。例《たと》えばインドの鳥《とり》が青森《あおもり》で見《み》つかったことがあるように、見慣《みな》れない大型《おおがた》の迷鳥《めいちょう》をUMA《ユーマ》と見間違《みまちが》えた可能性《かのうせい》も否定《ひてい》できない。

ワタリアホウドリ

南極周辺《なんきょくしゅうへん》の海《うみ》や島《しま》に生息《せいそく》している。イカや魚《さかな》をとって食《た》べる。

コンドル

南《みなみ》アメリカの高地《こうち》に多《おお》く生息《せいそく》している。動物《どうぶつ》の死肉《しにく》などを食《た》べる。

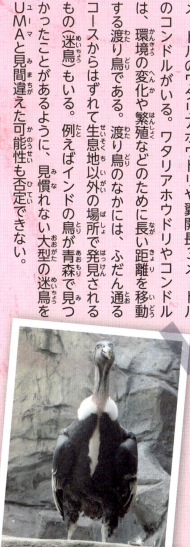

S ジャージーデビル

2ndアタック

ア：次《つぎ》は、ジャージーデビルがかぎ爪《づめ》をかわし、ビッグバードを蹴《け》飛《と》ばした！

X《エックス》：ウマのようなひづめを持《も》つジャージーデビルのキックは強力《きょうりょく》です。

判《はん》定《てい》 ジャージーデビル 勝《かち》

X《エックス》：ビッグバードのほうが体《からだ》は大《おお》きいですが、ジャージーデビルのキックが急所《きゅうしょ》にはいって飛《と》べなくなりましたね。最《さい》初《しょ》の一撃《いちげき》が決《き》まれば、ビッグバードが勝《か》ったかもしれません。

ア：お互《たが》いが空《そら》を飛《と》べるので、接近戦《せっきんせん》の強《つよ》さが重要《じゅうよう》になった戦《たたか》いでした。

ビッグバード V

ミスターX《エックス》の 実況《じっきょう》 解説《かいせつ》

アナウンサー(以下《いか》 ア):
空《そら》を飛《と》ぶ UMA《ユーマ》 同士《どうし》、一体《いったい》どちらに軍《ぐん》配《ばい》が上《あ》がるのでしょうか !?

1st アタック

ア: ビッグバードがかぎ爪《づめ》で襲《おそ》いかかった!

X《エックス》: 上空《じょうくう》から獲物《えもの》を襲《おそ》うビッグバードの得意技《とくいわざ》ですね。捕《とら》えられたら、にげられないでしょう。

恐怖《きょうふ》の食人《しょくじん》怪鳥《かいちょう》

ピアサバード

DATA《データ》

- アメリカ
- 1600年代《ねんだい》〜
- 空《そら》
- 黒板《こくばん》2枚分《まいぶん》ぐらい

スター度《ど》 ★★★★

危険度《きけんど》 💀💀💀💀💀

どうする!?

たたかう

ペットにする

▶にげる

にげるときに、長《なが》いしっぽをふんで、怒《おこ》らせないようにしよう。

WANTED

アメリカ、イリノイ州《しゅう》のアルトン地区《ちく》にある岩《いわ》に描《えが》かれていた怪物《かいぶつ》が、ピアサバードだ。現地《げんち》の先住民《せんじゅうみん》イリニ族《ぞく》のいい伝《つた》えでは、ピアサバードはツノの生《は》えた頭《あたま》と長《なが》い尾《お》を持《も》つ竜《りゅう》のような鳥《とり》で、先住民同士《せんじゅうみんどうし》の戦争《せんそう》ででた死人《しにん》を食《た》べたことから、人肉《じんにく》が好物《こうぶつ》になり村《むら》を襲《おそ》いはじめるようになったという。

あるとき首長《しゅちょう》が得《え》たお告《つ》げにより選《えら》びだした勇者《ゆうしゃ》6人《にん》(20人《にん》ともいわれている)とともに待《ま》ちぶせし、あらわれたピアサバードに毒矢《どくや》を射《い》かけた結果《けっか》、ついにピアサバードは川《かわ》に墜落《ついらく》して死《し》んだという。

ただの伝説《でんせつ》とも思《おも》われるが、1800年代《ねんだい》にこの地《ち》を調査《ちょうさ》した記録《きろく》には人間《にんげん》の骨《ほね》が大量《たいりょう》に残《のこ》された洞窟《どうくつ》を発見《はっけん》したとあり、そこはピアサバードのすみかだった可能性《かのうせい》があると考《かんが》えられている。

スクープ!!

ピアサバードの恐怖《きょうふ》

イリニ族《ぞく》に伝《つた》わる話《はなし》によると、ピアサバードの集団《しゅうだん》にねらわれた村《むら》が一夜《いちや》にして全滅《ぜんめつ》したとある。非常《ひじょう》に凶暴《きょうぼう》な性格《せいかく》であることがわかる。

スペシャル

大人《おとな》の男性《だんせい》を、かぎ爪《づめ》で簡単《かんたん》におさえつけられるほどの強《つよ》い力《ちから》を持《も》つ。

UMA《ユーマ》実寸《じっすん》大図鑑《だいずかん》

実際《じっさい》の大《おお》きさで、UMA《ユーマ》をならべてみたぞ！
きみの手《て》とくらべてみよう。

ケサランパサラン

(→310ページ)

体長約《たいちょうやく》4センチメートル

吸血怪鳥《きゅうけつかいちょう》

(→168ページ)

全長《ぜんちょう》20センチメートル

ビッグフット

(→68ページ)

足《あし》の幅約《はばやく》20センチメートル

ライトビーイング

(→106ページ)

体《たい》長《ちょう》約《やく》20センチメートル

ツチノコ

(→276ページ)

体《からだ》の幅《はば》約《やく》8センチメートル

地《じ》元《もと》愛《あい》され系《けい》UMA《ユーマ》！

チャンプ

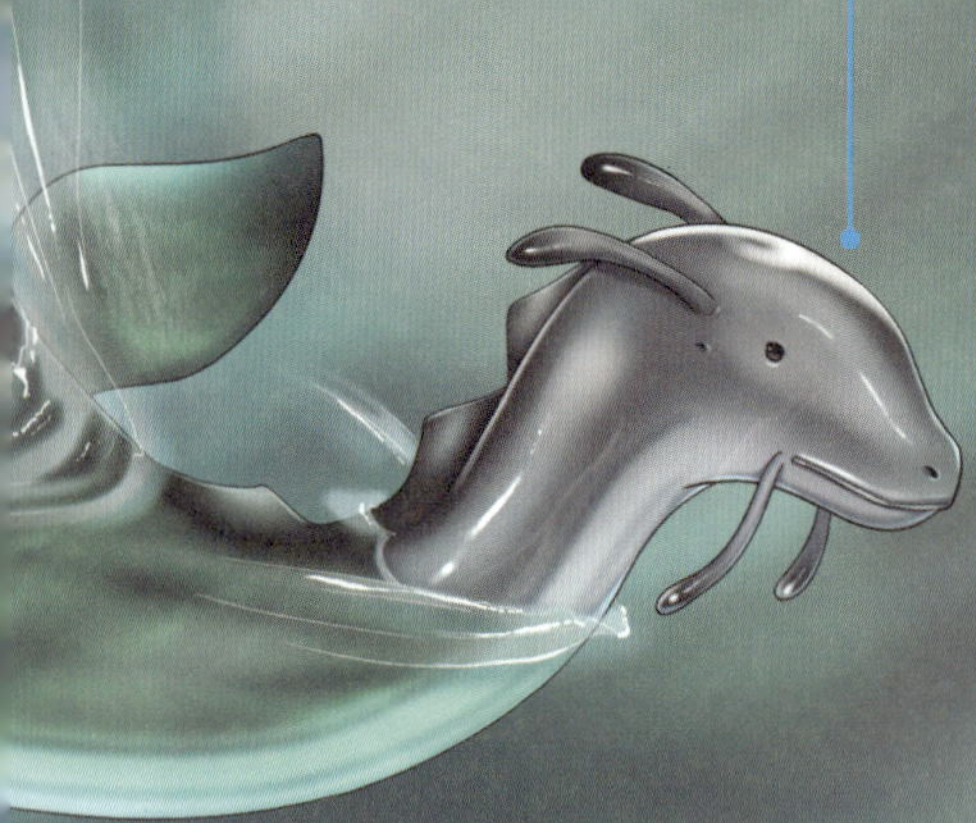

スペシャル

愛《あい》らしい顔《かお》と瞳《ひとみ》が、地元《じもと》の人々《ひとびと》の人気《にんき》を集《あつ》めている。

DATA《データ》

アメリカとカナダにまたがるシャンプレーン湖《こ》

1609年《ねん》～

湖《みずうみ》

電車《でんしゃ》1両《りょう》ぐらい

スター度《ど》★★★★★

危険度《きけんど》

どうする!?

たたかう

ペットにする

▶にげる

船《ふね》にぶつかることがあるので、すぐにはなれよう。

アメリカのバーモント州《しゅう》と、ニューヨーク州《しゅう》、カナダのケベック州《しゅう》にまたがる大《おお》きな湖《みずうみ》、シャンプレーン湖《こ》。そこに生《せい》息《そく》する未確認生物《みかくにんせいぶつ》がチャンプだ。目撃者《もくげきしゃ》によって証言《しょうげん》がちがってはっきりした姿《すがた》はわからないが、ウマのような顔《かお》にたてがみとヒゲを持《も》つ巨大《きょだい》なウミヘビのような怪物《かいぶつ》だという。アメリカでは代表的《だいひょうてき》なUMA《ユーマ》のひとつに数《かぞ》えられ、ニューヨーク州《しゅう》では毎年夏《まいとしなつ》に「チャンプの日《ひ》」というお祭《まつ》りが行《おこな》われるほどだ。

1800年代《ねんだい》にはすでに「シャンプレーン湖《こ》で怪物《かいぶつ》が目撃《もくげき》される」という新聞報道《しんぶんほうどう》がなされていたというが、1977年《ねん》にサンドラ・マンシによって撮影《さつえい》された鮮明《せんめい》なチャンプの写真《しゃしん》が、チャンプを一躍有名《いちやくゆうめい》なUMA《ユーマ》にした。

スクープ!!

法律《ほうりつ》で保護《ほご》されたUMA《ユーマ》

シャンプレーン湖《こ》のあるアメリカのバーモント州《しゅう》とニューヨーク州《しゅう》には、チャンプを保護《ほご》する法律《ほうりつ》がある。

UMA《ユーマ》ハンターMr.《ミスター》X《エックス》の

チャンプレポート

チャンプをめぐる証言《しょうげん》

チャンプについては未知《みち》の怪獣《かいじゅう》がいるのではないかとする説《せつ》がある一方《いっぽう》、あまりにも目撃証言《もくげきしょうげん》がバラバラなため、別《べつ》のものを見間違《みまちが》えているのではないかという説《せつ》もある。１６０９年《ねん》の最初《さいしょ》の記録《きろく》では大魚《たいぎょ》となっているのに、別《べつ》の記録《きろく》では頭《あたま》にツノがある怪獣《かいじゅう》、また別《べつ》の記録《きろく》では大蛇《だいじゃ》、有名《ゆうめい》なサンドラ・マンシの写真《しゃしん》では首長竜《くびながりゅう》のような姿《すがた》である。魚《さかな》については、シャンプレーン湖《こ》には大《おお》きさ２～３メートルになるガーの仲間《なかま》やチョウザメの仲間《なかま》がいることがわかっている。ツノのある怪物《かいぶつ》についてはシカ説《せつ》があり、マンシの写真《しゃしん》は撮影《さつえい》された位置《いち》の水深《すいしん》が４メートルとやや浅《あさ》いため、正体《しょうたい》は怪獣《かいじゅう》ではなく湖《みずうみ》の水面《すいめん》に浮《う》いていた流木《りゅうぼく》だとする説《せつ》がある。

シカ説《せつ》

シカ

チャンプの頭部《とうぶ》は、泳《およ》いでいるシカが起《お》こした波《なみ》と見《み》間違《まちが》えたから？

チョウザメ説《せつ》

チョウザメ

チャンプのヒゲは、チョウザメと見《み》間違《まちが》えたから？

写真提供《しゃしんていきょう》：鳥羽《とば》水族館《すいぞくかん》

美《うつく》しき湖《みずうみ》の怪事件《かいじけん》

ウィッピー

スペシャル

かたいウロコを持《も》っていると考《かんが》えられていて、敵《てき》の攻《こう》撃《げき》から身《み》を守《まも》る。

DATA《データ》

カナダのマサヴィッピ湖《こ》

2005年《ねん》

湖《みずうみ》

解析不能《かいせきふのう》

スター度《ど》 ★★★

危険度《きけんど》

どうする!?

たたかう

にげる

ペットにする

▶さわる

口《くち》もとのヒゲにさわると、えさと間違《まちが》われてかみつかれるかも!?

カナダのケベック州《しゅう》にあるマサヴィッピ湖《こ》では、2005年《ねん》にふしぎな写真《しゃしん》が撮影《さつえい》されている。それは水面《すいめん》から、何《なん》らかの動物《どうぶつ》の頭《あたま》らしきものが突《つ》きでた写真《しゃしん》で、撮影者《さつえいしゃ》から写《しゃ》真《しん》をゆずり受《う》けた湖畔《こはん》のホテルの経営者《けいえいしゃ》ジェフ・スタッフォードは、「これはマサヴィッピ湖《こ》の怪獣《かいじゅう》ウィッピーだ!」と主張《しゅちょう》している。

目撃者《もくげきしゃ》によるとウィッピーはワニかミズヘビのように水面《すいめん》に浮《う》かんでいたというが、科学者《かがくしゃ》は写真《しゃしん》の正体《しょうたい》についてマサヴィッピ湖《こ》に生息《せいそく》するチョウザメではないかと考《かんが》えている。しかしスタッフォードは、魚《さかな》が水面《すいめん》に浮《う》かび続《つづ》けるはずがないと、これを否定《ひてい》している。ケベック州《しゅう》にはほかに、メンフレマゴグ湖《こ》にメンフレという怪獣《かいじゅう》が潜《ひそ》むとされ、関連《かんれん》が疑《うたが》われる。

もしも劇場《げきじょう》

ウィッピーが探偵《たんてい》だったら…

敏感《びんかん》なヒゲを使《つか》って、犯人《はんにん》をすぐ見《み》つけられるぞ！

サケが好物《こうぶつ》!? 謎《なぞ》の怪物《かいぶつ》

ウォーリー

DATA《データ》

- アメリカのワラウア湖《こ》
- 1885年《ねん》～
- 湖《みずうみ》
- 最大《さいだい》でシャチ2頭《とう》ぐらい

スター度《ど》 ★★★

危険度《きけんど》 ☠☠☠☠

スペシャル

何《なん》でも食《た》べられる丈夫《じょうぶ》なアゴ。

どうする!?

たたかう

にげる

ペットにする

▶呼《よ》びかける

ウシのような低《ひく》い声《こえ》をだすといわれている。「モー」と答《こた》えてくれるかも?

アメリカ、オレゴン州《しゅう》の先住民《せんじゅうみん》ネズ・パース族《ぞく》に伝《つた》わる話《はなし》に、ワラウア湖《こ》の怪物《かいぶつ》ウォーリーの伝説《でんせつ》がある。湖《みずうみ》をカヌーで移動《いどう》していた首長《しゅちょう》たちが、大蛇《だいじゃ》のような怪物《かいぶつ》に飲《の》みこまれたというのだ。この怪物《かいぶつ》は伝説《でんせつ》だけではなく、1885年《ねん》に現実《げんじつ》の世界《せかい》でも目撃《もくげき》された。

1950年《ねん》にはバッファローほどの大《おお》きさの頭《あたま》を持《も》つ全長《ぜんちょう》5メートルの怪物《かいぶつ》が、サケを食《た》べている姿《すがた》を確認《かくにん》されている。1978年《ねん》には、湖《みずうみ》を訪《おとず》れたカップルが二度《にど》にわたり「水面《すいめん》をいく3つのコブ」「泳《およ》ぎ回《まわ》るヘビのような動物《どうぶつ》」を目撃《もくげき》、1982年《ねん》には全長《ぜんちょう》15メートル、背中《せなか》に7つのコブがある怪物《かいぶつ》が観《かん》察《さつ》されている。ワラウア湖《こ》は魚《さかな》が豊富《ほうふ》で、サケを食《た》べていたことからもウォーリーの主食《しゅしょく》が魚《さかな》なのは確《たし》かだろう。

スクープ!!

ウォーリーに引《ひ》き裂《さ》かれた恋人《こいびと》

ネズ・パース族《ぞく》が敵対《てきたい》する部族《ぶぞく》と争《あらそ》っていたとき、ネズ・パース族《ぞく》の娘《むすめ》が敵対《てきたい》する部族《ぶぞく》の男《おとこ》と恋人同士《こいびとどうし》になった。ある夜《よる》、ふたりが湖《みずうみ》をわたってにげようとしたところ、怪物《かいぶつ》に飲《の》みこまれてしまったという伝説《でんせつ》がある。これもウォーリーのしわざだったのかもしれない。

カナダを代表《だいひょう》するUMA《ユーマ》のひとつ

オゴポゴ

スペシャル

カナダの切手《きって》で描《えが》かれるぐらい、地元《じもと》では大人気《だいにんき》。

DATA《データ》

カナダのオカナガン湖《こ》

1800年代《ねんだい》〜

湖《みずうみ》

最大《さいだい》で電車《でんしゃ》1両《りょう》ぐらい

スター度《ど》 ★★★★

危険度《きけんど》

どうする!?

たたかう
にげる
ペットにする
▶撮影《さつえい》する

世界《せかい》でも人気《にんき》のUMA《ユーマ》なので、撮影《さつえい》したらみんなに自慢《じまん》できるよ!

カナダのオカナガン湖《こ》に生息《せいそく》するとされるのが、世界《せかい》でも有名《ゆうめい》なUMA《ユーマ》のオゴポゴだ。オゴポゴは1800年代《ねんだい》から目撃《もくげき》され続《つづ》け、証言《しょうげん》も多《おお》いのだが、特《とく》に注目《ちゅうもく》すべき事例《じれい》がある。1974年《ねん》7月《がつ》、湖《みずうみ》で泳《およ》いでいた主婦《しゅふ》バーバラ・クラーク夫人《ふじん》の足《あし》が、何《なに》か得体《えたい》の知《し》れないものに接触《せっしょく》、おどろいた夫人《ふじん》が近《ちか》くにあった飛《と》びこみ用《よう》のイカダにはい上《あ》がると、目《め》の前《まえ》に全長《ぜんちょう》9メートル、クジラのような尾《お》を持《も》つ灰色《はいいろ》の怪物《かいぶつ》が出現《しゅつげん》した。湖《みずうみ》の怪物《かいぶつ》に直接《ちょくせつ》ふれたという この事件《じけん》は、とてもめずらしい。

オゴポゴはウミヘビのような姿《すがた》だがヒレを持《も》ち、尾《お》の先《さき》がクジラのように二股《ふたまた》になっている。そのためオゴポゴの正体《しょうたい》を、古代《こだい》クジラのバシロサウルスと考《かんが》える研究者《けんきゅうしゃ》もいる。

スクープ!!

ふしぎな名前《なまえ》の由来《ゆらい》

オゴポゴの名《な》は、1924年《ねん》につくられた「オゴ・ポゴ　おかしなフォックス・トロット」という歌《うた》を、オカナガン湖《こ》の怪物《かいぶつ》を紹介《しょうかい》する替《か》え歌《うた》にしたところ、カナダで流行《りゅうこう》したことからつけられた。

謎《なぞ》のワニ型《がた》怪獣《かいじゅう》

ベアレイクモンスター

DATA《データ》

アメリカのベア湖《こ》

1960年《ねん》〜

湖《みずうみ》

シロナガスクジラぐらい

スター度《ど》 ★★★

危険度《きけんど》 💀💀💀💀💀

スペシャル

体《からだ》をくねらせてすばやく泳《およ》ぎ、獲物《えもの》を確実《かくじつ》にしとめる。

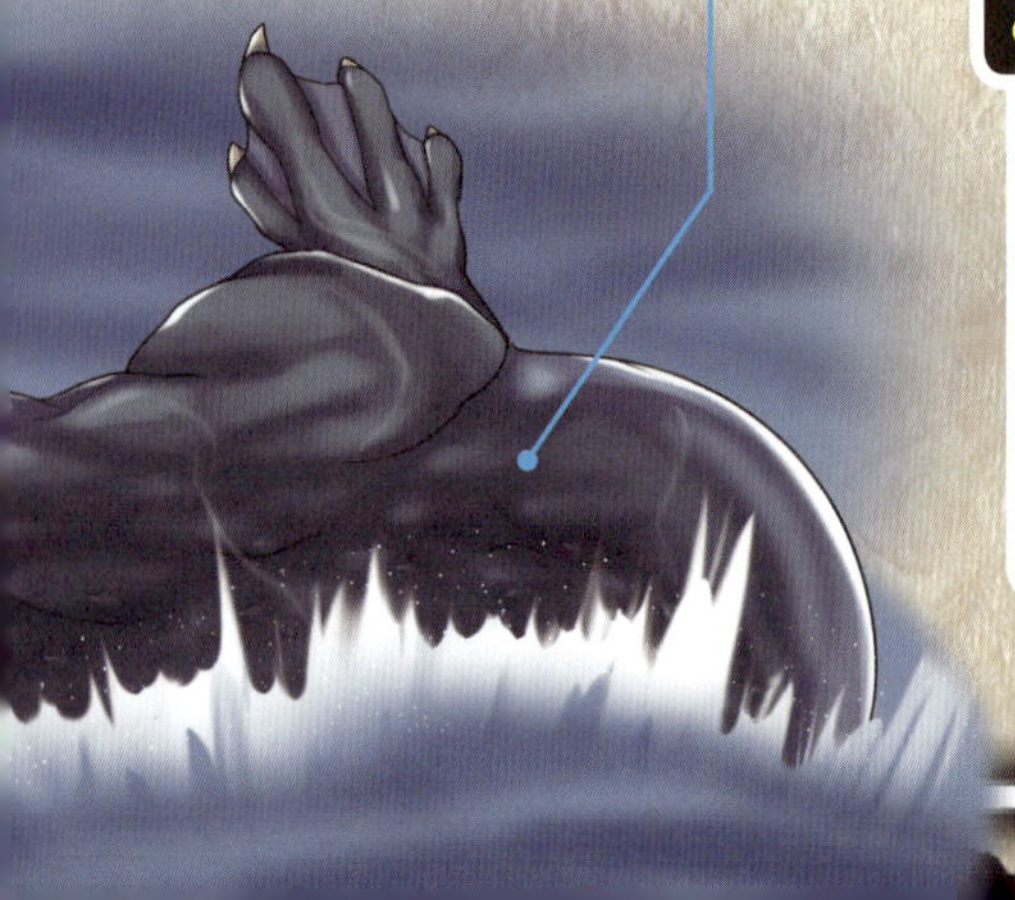

どうする!?

たたかう

ペットにする

▶にげる

とても泳《およ》ぐのがはやくすぐに追《お》いつかれるので、見《み》つけたらにげよう。

WANTED

アメリカのユタ州《しゅう》とアイダホ州《しゅう》にまたがって存在《そんざい》するベア湖《こ》。そこに生息《せいそく》する怪物《かいぶつ》がベアレイクモンスターだ。1960年《ねん》に、頭部《とうぶ》に突起《とっき》がある細長《ほそなが》い怪物《かいぶつ》があいついで目撃《もくげき》される事件《じけん》があった。体《からだ》はヘビのように長《なが》いが、ワニのようにゴツゴツしており、水《みず》かきのある手《て》に、首《くび》にはたてがみのようなものがあるという。体《からだ》をくねらせて非常《ひじょう》にすばやく泳《およ》ぐ。大《おお》きさは20～30メートルもあるとされている。

正体《しょうたい》はいまだ不明《ふめい》だが、恐竜《きょうりゅう》の時代《じだい》にはこのような大型水生《おおがたすいせい》爬虫類《はちゅうるい》がいくつも生息《せいそく》していた。例《たと》えばワニの仲間《なかま》には海《うみ》に適応《てきおう》したメトリオリンクスがいたし、大型爬虫類《おおがたはちゅうるい》としてはモササウルスが有名《ゆうめい》だ。このような古代生物《こだいせいぶつ》がベア湖《こ》にも生《い》き残《のこ》っているのだろうか。

スペシャル

人間《にんげん》を飲《の》みこむことができるくらい、大《おお》きく口《くち》を開《ひら》ける。

もしも劇場《げきじょう》

ベアレイクモンスターが大食《おおぐ》い大会《たいかい》にでたら…

皿《さら》ごと何《なん》でもひと飲《の》みにして、優勝《ゆうしょう》しちゃうかも!?

カッパ？　半魚人《はんぎょじん》？　謎《なぞ》の怪人《かいじん》

カエル男《おとこ》

DATA《データ》

アメリカのリトルマイアミ川《がわ》

1955年《ねん》～　川《かわ》

小学《しょうがく》3年生《ねんせい》ぐらい

スター度《ど》 ★★★　危険度《きけんど》

どうする!?

たたかう

にげる

▶ペットにする

室内《しつない》が冷《ひ》えると冬眠《とうみん》するかもしれないので、いつもあたたかくしておこう。

スペシャル

人間《にんげん》のように二足歩行《にそくほこう》でにげる。

アメリカ、オハイオ州《しゅう》のリトルマイアミ川《がわ》では実《じつ》に奇妙《きみょう》なUMA《ユーマ》目撃談《もくげきだん》がある。1955年《ねん》5月《がつ》25日《にち》の深夜《しんや》、車《くるま》で走行中《そうこうちゅう》の男性《だんせい》が3体《たい》の、顔《かお》がカエルで皮《ひ》ふが湿《しめ》った、背中《せなか》にトゲがある人間《にんげん》を目撃《もくげき》した。それから17年《ねん》後《ご》の1972年《ねん》3月《がつ》3日《か》、パトロール中《ちゅう》の警察官《けいさつかん》が、ふたたびリトルマイアミ川近《がわちか》くでカエル男《おとこ》を目撃《もくげき》。その怪物《かいぶつ》は自動《じどう》車《しゃ》のライトに照《て》らされると、おどろいて川《かわ》に飛《と》びこみ姿《すがた》を消《け》したという。さらに1週間《しゅうかん》後《ご》、また別《べつ》の警察官《けいさつかん》が目撃《もくげき》。危険《きけん》を感《かん》じて発砲《はっぽう》したがにげられた。

半魚人《はんぎょじん》の一種《いっしゅ》か、宇宙人《うちゅうじん》か、アメリカ産《さん》のカッパなのか。独《どく》特《とく》な姿《すがた》をしているため、別《べつ》の動《どう》物《ぶつ》の見間違《みまちが》いとも考《かんが》えにくく、正体《しょうたい》はまったく不明《ふめい》である。

もしも劇場《げきじょう》

カエル男《おとこ》が水泳選手《すいえいせんしゅ》になったら…

平泳《ひらおよ》ぎの世界新記録《せかいしんきろく》をだして優勝《ゆうしょう》！

スペシャル

皮《ひ》ふがぬめぬめしているので、捕《つか》まってもすぐにげられる。

北《きた》の海峡《かいきょう》にうごめく奇獣《きじゅう》

キャディ

スペシャル

時速《じそく》40〜80キロメートルで泳《およ》げる。

DATA《データ》

- カナダ
- 1900年《ねん》〜
- 海《うみ》
- 最大《さいだい》でシャチ2頭《とう》ぐらい
- スター度《ど》 ★★★
- 危険度《きけんど》 💀

どうする!?

たたかう

にげる

▶ペットにする

こわがりですぐにげるので、エンジンを積《つ》んだ大型《おおがた》の船《ふね》に乗《の》ってそっと近《ちか》づこう。

カナダのブリティッシュ・コロンビア州《しゅう》の太平洋岸《たいへいようがん》では、巨大《きょだい》な怪獣《かいじゅう》が目撃《もくげき》されている。ジョージア海峡《かいきょう》やキャドボロ湾《わん》に潜《ひそ》む怪獣《かいじゅう》キャディだ。キャディは全長《ぜんちょう》9～15メートル、ウマのような頭《あたま》にヘビのような体《からだ》、足《あし》はなくヒレがある。

非常《ひじょう》に興味深《きょうみぶか》いのは、キャディには人間《にんげん》に捕獲《ほかく》された事例《じれい》があることだ。1968年《ねん》、パイレーツ湾《わん》で操業《そうぎょう》中《ちゅう》の捕鯨船《ほげいせん》の網《あみ》に40センチメートルほどの奇妙《きみょう》な生物《せいぶつ》がかかった。下《した》アゴにはするどい歯《は》、背中《せなか》はタイル状《じょう》のウロコにおおわれ、腹《はら》はやわらかくちぢれ毛《げ》が生《は》えていた。船員《せんいん》のだれにもそれが何《なに》かはわからなかったが、その生《い》き物《もの》をかわいそうに思《おも》ったクルーのひとりが水槽《すいそう》の扉《とびら》を開《あ》けてにがしてしまったという。この生《せい》物《ぶつ》が、キャディの子《こ》どもだったのではないかと考《かんが》えられている。

もしも劇場《げきじょう》

キャディがアイドルになったら…

つぶらな瞳《ひとみ》が人気《にんき》で、一躍《いちやく》トップアイドルに！

北《きた》国《ぐに》の湖《みずうみ》に潜《ひそ》む神《しん》秘《ぴ》の怪《かい》獣《じゅう》

マニポゴ

DATA《データ》

- カナダのマニトバ湖《こ》
- 1900年代《ねんだい》のなかば～
- 湖《みずうみ》
- ジンベエザメぐらい

スター度《ど》 ★★★

危険度《きけんど》

どうする!?

たたかう

にげる

▶ペットにする

神聖《しんせい》なマニトバ湖《こ》の精霊《せいれい》をつれてきてくれるかも！

カナダのマニトバ湖《こ》で目撃《もくげき》されるのが、謎《なぞ》の巨《きょ》大生物《だいせいぶつ》マニポゴだ。全長《ぜんちょう》は10メートル、黒《くろ》いウミヘビ、もしくはウナギのような姿《すがた》をしており、体《からだ》を縦《たて》にくねらせるように泳《およ》ぐ。1953年《ねん》にはマニトバ州《しゅう》に住《す》むスティーブ一家《いっか》がヘビのような頭《あたま》の謎《なぞ》の生物《せいぶつ》が泳《およ》ぐのを目《もく》撃《げき》。1962年《ねん》には地元《じもと》の漁師《りょうし》がマニポゴと遭遇《そうぐう》し、写真《しゃしん》を撮影《さつえい》することに成功《せいこう》した。残念《ざんねん》ながらこの写真《しゃしん》ははっきりしていなかったため、マニポゴの正体《しょうたい》にせまることはできなかった。

マニポゴは体《からだ》が同《おな》じカナダのオゴポゴ（→126ページ）と似《に》ており、同種《どうしゅ》の生《せい》物《ぶつ》ではないかという説《せつ》がある。また、体《からだ》を縦《たて》に振《ふ》って泳《およ》ぐのはイルカやクジラの特徴《とくちょう》であり、魚《さかな》や爬虫類《はちゅうるい》ではなく哺乳類《ほにゅうるい》だとする説《せつ》もある。

スペシャル

時速《じそく》80キロメートルで泳《およ》げる。

スクープ!!

マニポゴの祭《まつ》り!?

毎年《まいとし》3月《がつ》になると、マニトバ湖《こ》のあるセントローランの町《まち》では、マニポゴフェスティバルが行《おこな》われる。凍《こお》った湖《みずうみ》での釣《つ》り大会《たいかい》が人気《にんき》の祭《まつ》りである。

チェサピーク湾《わん》の怪《かい》生《せい》物《ぶつ》

チェシー

DATA《データ》

アメリカのチェサピーク湾《わん》とポトマック川《がわ》

1978年《ねん》

海《うみ》

ジンベエザメぐらい

スター度《ど》 ★★★

危険度《きけんど》

どうする!?

たたかう

にげる

▶ペットにする

こわがりなのでやさしくしてあげよう。

スペシャル

電信柱《でんしんばしら》と同《おな》じくらい太《ふと》い胴体《どうたい》。

アメリカのメリーランド州《しゅう》チェサピーク湾《わん》とポトマック川《がわ》に、全長《ぜんちょう》12メートルにおよぶ巨大《きょだい》な怪物《かいぶつ》チェシーが出没《しゅつぼつ》する。フットボールのような頭《あたま》、黒《くろ》みがかった茶色《ちゃいろ》の体《からだ》に白《しろ》い斑点《はんてん》、背中《せなか》にコブという奇妙《きみょう》な姿《すがた》で、体《からだ》をくねらせて泳《およ》ぐ。

1978年《ねん》の6月《がつ》28日《にち》と7月《がつ》25日《にち》に、ポトマック川《がわ》で、あいついで目撃《もくげき》された。1982年《ねん》にはビデオカメラによって、チェサピーク湾《わん》を泳《およ》ぐチェシーの3分間《ぷんかん》もの貴重《きちょう》な映像《えいぞう》が撮影《さつえい》されている。しかし、この映像《えいぞう》を解析《かいせき》したスミソニアン協会《きょうかい》(科《か》学者《がくしゃ》の集《あつ》まる組織《そしき》)の結論《けつろん》は、カワウソの群《む》れが泳《およ》いでいる映《えい》像《ぞう》にすぎない、というものだった。大《おお》ウミヘビか、カワウソの群《む》れにすぎないのか、結論《けつろん》はいまだでていない。

スペシャル

丸《まる》くてかわいらしい顔《かお》。

もしも劇場《げきじょう》

チェシーが歌手《かしゅ》になったら…

仲間《なかま》のチェシーとバンドを結《けっ》成《せい》！

ミステリアスな結末《けつまつ》

ブロック・ネス・モンスター

DATA《データ》

アメリカのブロック島《とう》

1996年《ねん》

海《うみ》

体《からだ》の半分《はんぶん》で黒板《こくばん》1枚分《まいぶん》ぐらい

スター度《ど》★★★

危険度《きけんど》

どうする!?

たたかう

にげる

▶ペットにする

水《みず》に浮《う》かんでひなたぼっこしよう。

スペシャル

自分《じぶん》の体《からだ》よりも、口《くち》を大《おお》きく開《あ》けることができるといわれている。

アメリカのロードアイランド州《しゅう》ブロック島《とう》で、アンコウ漁《りょう》をしていた漁師《りょうし》の網《あみ》に、正体《しょうたい》不明《ふめい》の生《い》き物《もの》の死体《したい》が引《ひ》っかかった。1996年《ねん》6月《がつ》のことである。引《ひ》き上《あ》げられた部分《ぶぶん》(おそらく体《からだ》の前半分《まえはんぶん》)だけで長《なが》さ4・2メートル、つらなった背骨《せぼね》の先《さき》に、とがったくちばしのような形《かたち》の頭骨《とうこつ》がついている。実《じつ》に奇妙《きみょう》な骨《ほね》だが、その場《ば》に科学者《かがくしゃ》もいなかったので、この骨《ほね》はしばらく海岸《かいがん》に放置《ほうち》された。

これを調査《ちょうさ》のため回収《かいしゅう》したのが海洋生物学《かいようせいぶつがく》者《しゃ》のリー・スコットだ。ところがスコットが別荘《べっそう》にこの骨《ほね》を保管《ほかん》しているあいだに、何《なん》と盗《ぬす》まれてしまったのだ。結局《けっきょく》この骨《こっ》格《かく》の正体《しょうたい》が何《なん》なのか、科学的《かがくてき》調査《ちょうさ》がされることはなかった。

スクープ!!

T《ティー》シャツが人気《にんき》!?

ブロック・ネス・モンスターが見《み》つかったブロック島《とう》では、ブロック・ネス・モンスターT《ティー》シャツが売《う》られていて、観光客《かんこうきゃく》に人気《にんき》がある。

未知《みち》の淡水《たんすい》クジラか!?

アルタマハ・ハ

スペシャル

体《からだ》を上下《じょうげ》にくねらせて飛《と》ぶように泳《およ》いだという目撃情報《もくげきじょうほう》がある。

DATA《データ》

アメリカのアルタマハ川《がわ》

1800年《ねん》～

川《かわ》

シャチぐらい

スター度《ど》 ★★★

危険度《きけんど》 💀💀

どうする!?

たたかう

ペットにする

▶にげる

イルカのようにえさをねだられると、船《ふね》が沈《しず》んでしまうかも!?

WANTED

2章《しょう》

アメリカ、ジョージア州《しゅう》のアルタマハ川《がわ》には、1800年代以降《ねんだいいこう》から目撃《もくげき》されている中型《ちゅうがた》のUMA《ユーマ》アルタマハ・ハが潜《ひそ》むという。アルタマハ・ハは全長《ぜんちょう》が6メートルほど、胴《どう》回《まわ》りは人間《にんげん》と同《おな》じくらいで、やや細《ほそ》長《なが》い体《からだ》をしているそうだ。その姿《すがた》はイルカやクジラ、ジュゴンのような海牛類《かいぎゅうるい》に似《に》ているという。

現在《げんざい》のところ正体《しょうたい》はわかっていないが、その大《おお》きさや姿《すがた》から、海《うみ》より川《かわ》にのぼってきたイルカやクジラにすぎないという説《せつ》と、未知《みち》のクジラだという説《せつ》がある。世界《せかい》の大河《たいが》にはアマゾンカワイルカ、ヨウスコウカワイルカ、ガンジスカワイルカなど、川《かわ》の水《みず》のような淡水《たんすい》に生息《せいそく》するイルカ類《るい》もいるので、未知《みち》の種類《しゅるい》のイルカが潜《ひそ》んでいる可能性《かのうせい》も考《かんが》えられる。

スペシャル

クジラとくらべてほっそりとした体《からだ》。

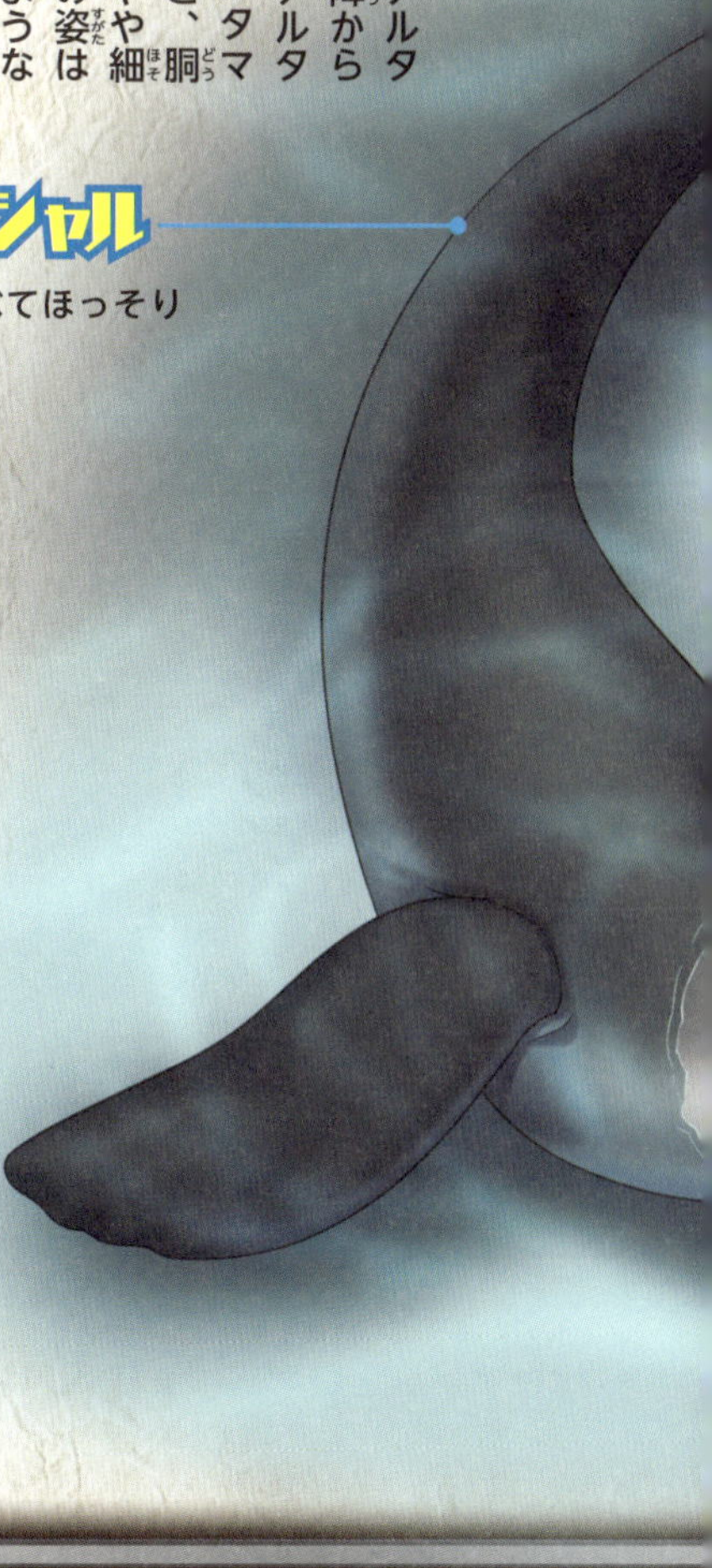

もしも劇場《げきじょう》

アルタマハ・ハが水族館《すいぞくかん》にいたら…

イルカのようにショーをして人気者《にんきもの》になる！

NO.1《ナンバー》はどのUMA《ユーマ》!? ①

UMA《ユーマ》何《なん》でも総選挙《そうせんきょ》

UMA《ユーマ》のいろいろなNo.1《ナンバー》を集《あつ》めてみたぞ！　数《かず》いるUMA《ユーマ》のなかで1位《い》に選《えら》ばれたのはどのUMA《ユーマ》かな？

凶暴《きょうぼう》さ No.1《ナンバー》

ジェヴォーダンの獣《けもの》（→54ページ）
100人以上《にんいじょう》の犠牲者《ぎせいしゃ》をだした恐《おそ》ろしいUMA《ユーマ》だ！

くささ No.1《ナンバー》

スカンクエイプ、ノビー（→82ページ）
臭《にお》いが目《め》にしみるほどくさい。でも、ちょっとかいでみたいかも!?

猛毒《もうどく》 No.1《ナンバー》

モケーレ・ムベンベ（→202ページ）
モケーレ・ムベンベの肉《にく》を食《た》べた人《ひと》が、すべて死《し》んでしまったという伝説《でんせつ》が残《のこ》っているぞ！

スピード No.1《ナンバー》

スカイフィッシュ（→162ページ）
時速《じそく》300キロメートルの猛《もう》スピードで飛行《ひこう》する！

3章《しょう》

中央《ちゅうおう》・南《みなみ》アメリカのUMA《ユーマ》

凶暴《きょうぼう》なものや、すばしっこいものが多《おお》い中央《ちゅうおう》・南《みなみ》アメリカのUMA《ユーマ》。捕《つか》まえるのが難《むずか》しいぞ！

人間《にんげん》や家畜《かちく》を襲《おそ》う吸血《きゅうけつ》UMA《ユーマ》

チュパカブラ

DATA《データ》

- 中央《ちゅうおう》・南《みなみ》アメリカ
- 1995年《ねん》〜
- 街《まち》
- カンガルーぐらい

レア度《ど》 ★★★★★

危険度《きけんど》 💀💀💀💀

どうする!?

たたかう

にげる

▶ペットにする

血液《けつえき》しか飲《の》まないのでえさ代《だい》がかかり、おこづかいがすぐなくなっちゃう。

チュパカブラとは中央《ちゅうおう》・南《みなみ》アメリカの公用語《こうようご》であるスペイン語《ご》で「ヤギの血《ち》を吸《す》うもの」という意味《いみ》である。その姿《すがた》はカンガルーにも宇宙人《うちゅうじん》にも見《み》える奇《き》妙《みょう》なもので、飛《と》び跳《は》ねて移動《いどう》し、背中《せなか》にはトゲが生《は》え、ストローのような口《くち》で獲物《えもの》を突《つ》き刺《さ》し、血《ち》を吸《す》いとるという。1995年《ねん》にプエルトリコにあらわれて以降《いこう》、その目撃事例《もくげきじれい》は中央《ちゅうおう》・南《みなみ》アメリカ各地《かくち》に広《ひろ》がった。

外見《がいけん》が通常《つうじょう》の動物《どうぶつ》からかけはなれているため、遺伝子実験《いでんしじっけん》で人工的《じんこうてき》につくられた生物《せいぶつ》、あるいは宇宙人《うちゅうじん》がつれてきた宇宙生物《うちゅうせいぶつ》という説《せつ》もある。中央《ちゅうおう》・南《みなみ》アメリカはUFO《ユーフォー》の目撃多発地帯《もくげきたはつちたい》でもあり、宇宙生物説《うちゅうせいぶつせつ》を支持《しじ》する研究家《けんきゅうか》も多《おお》い。1990年代《ねんだい》をピークに急速《きゅうそく》に目撃数《もくげきすう》が減《へ》ったのは、宇宙《うちゅう》に帰《かえ》ったからだろうか。

スクープ!!

脅威《きょうい》の身体能力《しんたいのうりょく》

チュパカブラが5メートル近《ちか》くもジャンプしたという目撃《もくげき》情報《じょうほう》がある。UMA《ユーマ》のなかでは小柄《こがら》なほうだが、身体能力《しんたいのうりょく》は非常《ひじょう》にすぐれている。

スペシャル

自分《じぶん》より大《おお》きな獲物《えもの》でもかみ切《き》れるほど強《つよ》いアゴと、するどいキバを持《も》つ。

UMA《ユーマ》ハンターMr.《ミスター》X《エックス》の

チュパカブラレポート

チュパカブラのオスとメス

チュパカブラには翼《つばさ》があり飛《と》べるものと、翼《つばさ》がないものが報告《ほうこく》されている。これを説明《せつめい》する仮説《かせつ》のひとつが「性《せい》的《てき》二《に》形《けい》」である。性《せい》的《てき》二《に》形《けい》とは同《おな》じ種類《しゅるい》の生物《せいぶつ》でもオスとメスで姿《すがた》がちがうことで、例《たと》えばグリーンバシリスクというトカゲは、オスには背面《はいめん》に大《おお》きなトサカのような帆《ほ》があるが、メスにはない。チュパカブラもオスとメスで姿《すがた》が異《こと》なるのかもしれない。

グリーンバシリスクのオス(上《うえ》)とメス(下《した》)

正体《しょうたい》は病気《びょうき》のコヨーテ？

アメリカにはコヨーテというやや小型《こがた》のイヌ科《か》動物《どうぶつ》が生息《せいそく》している。コヨーテはダニなどが原因《げんいん》で起《お》きる皮《ひ》ふの病気《びょうき》（疥癬《かいせん》）にかかることがあり、これにかかると毛《け》がぬけて露出《ろしゅつ》した皮《ひ》ふがゴワゴワにあれてしまい、遠《とお》くからだと謎《なぞ》の動物《どうぶつ》に見《み》えることがある。

コヨーテ

脱走《だっそう》したサルかも？

アカゲザルというサルは実験《じっけん》動物《どうぶつ》として各国《かっこく》の研究《けんきゅう》機関《きかん》で飼育《しいく》されている。チュパカブラが出現《しゅつげん》したとされるプエルトリコでも、島《しま》のひとつにアカゲザルが定着《ていちゃく》しているのが確認《かくにん》されており、これらの見間違《みまちが》いだろうとする説《せつ》もある。

アカゲザル

正《しょう》体《たい》不《ふ》明《めい》！　不《ぶ》気《き》味《み》な写《しゃ》真《しん》の真《しん》相《そう》は？

チリの小《こ》型《がた》UMA《ユーマ》

DATA《データ》

- チリ
- 2004年《ねん》
- 街《まち》
- コアラぐらい
- スター度《ど》 ★★★★
- 危《き》険《けん》度《ど》 ☠☠

スペシャル

体《からだ》の色《いろ》がうすく、あたりにまぎれることができるといわれている。

どうする!?

たたかう
にげる
ペットにする
▶追《お》いかける

小《ちい》さなすみかを見《み》つけられるかも！？

もしも劇場《げきじょう》

チリの小型《こがた》UMA《ユーマ》とかくれんぼしたら…

小《ち》さなすきまにかくれることができるので、見《み》つけるのが大変《たいへん》だよ。

2004年《ねん》5月《がつ》10日《とおか》、チリのコンセプシオンの街《まち》で開《ひら》かれた祭《まつ》りを見物《けんぶつ》にきたひとりの男性《だんせい》が、勇《いさ》ましく走《はし》る騎馬隊《きばたい》を写真《しゃしん》におさめた。ところが、そのとき撮影《さつえい》された写真《しゃしん》を後《あと》から見《み》てみると、奇妙《きみょう》な生《い》き物《もの》らしきものがうつりこんでいた。

カメラのシャッタースピードをおそく設定《せってい》していたため写真全体《しゃしんぜんたい》がブレており、はっきりとはうつっていないが、身長《しんちょう》60センチメートルほどの、頭《あたま》の大《おお》きな二足歩行《にそくほこう》の生物《せいぶつ》が、騎馬隊《きばたい》のウマの横《よこ》をすりぬけようとしているではないか。ひどくぼけていて正体《しょうたい》はわからないが、その姿《すがた》はドーバー・デーモン（→102ページ）に似《に》ているようにも見《み》える。このUMA《ユーマ》に関《かん》する証拠《しょうこ》はこの写真《しゃしん》のみであり、残念《ざんねん》ながらこれ以上研究《いじょうけんきゅう》を進《すす》めるのは難《むずか》しいのが現状《げんじょう》だ。

幻《まぼろし》となってしまった猿人《えんじん》

モノス

DATA《データ》

- ベネズエラ
- 1920年《ねん》
- 森《もり》
- 大人《おとな》の女性《じょせい》とほぼ同《おな》じ
- レア度《ど》 ★★★★
- 危険度《きけんど》

どうする!?

たたかう

にげる

ペットにする

▶あそぶ

投《な》げるのが得意《とくい》なので、キャッチボールをしてみよう。

スペシャル

木《き》の棒《ぼう》や動物《どうぶつ》のフンなどを投《な》げつける攻撃《こうげき》が得意《とくい》。

1920年《ねん》、地質学者《ちしつがくしゃ》フランソワ・ド・ロワひきいるスイスの探検《たんけん》チームが、ベネズエラの奥地《おくち》にあるジャングルを探検《たんけん》していたとき、いきなり2ひきの猿人《えんじん》に襲撃《しゅうげき》された。枝《えだ》やフンを投《な》げて攻撃《こうげき》してくる猿人《えんじん》に対《たい》して一行《いっこう》は銃《じゅう》で応戦《おうせん》、1ぴきをしとめることに成功《せいこう》する。そのとき、しとめられた猿人《えんじん》の写《しゃ》真《しん》が、世界的《せかいてき》にも有名《ゆうめい》な「モノス」である。はっきりした証拠写真《しょうこしゃしん》があるめずらしいUMA《ユーマ》であるが、現在《げんざい》ではド・ロワの証言《しょうげん》は大《おお》げさにいわれており、内容《ないよう》もウソだらけで、写真《しゃしん》もサルの一《いっ》種《しゅ》であるブラウンケナガクモザルにすぎないとされている。UMA《ユーマ》に好意的《こういてき》な研究家《けんきゅうか》からも本物《ほんもの》とは見《み》なされていないのが現実《げんじつ》で、残念《ざんねん》ながらモノスというUMA《ユーマ》は存在《そんざい》しない可能性《かのうせい》が高《たか》い。

もしも劇場《げきじょう》

モノスがボクシングの選手《せんしゅ》だったら…

手《て》が長《なが》いから相手《あいて》のパンチが当《あ》たらないぞ！

使《つか》われなくなった鉱山《こうざん》に潜《ひそ》む魔獣《まじゅう》

ビルコ・モンスター

DATA《データ》

チリ

不明《ふめい》

山《やま》

カンガルーぐらい

スター度《ど》 ★★★★

危険度《きけんど》

どうする!?

たたかう

ペットにする

▶にげる

骨《ほね》を投《な》げてビルコ・モンスターの気《き》を引《ひ》いているうちににげよう!

スペシャル

強靭《きょうじん》な足腰《あしこし》を持《も》っていて、けわしい山中《さんちゅう》でも自由《じゆう》に動《うご》くことができる。

チュパカブラ（→144ページ）の集中目撃《しゅうちゅうもくげき》があった1990年代《ねんだい》～2000年《ねん》代《だい》に、チリにある金鉱山《きんこうざん》の集《しゅう》落《らく》セロ・カリペウモで、奇妙《きみょう》な怪物《かいぶつ》が目撃《もくげき》された。それはカンガルーにそっくりな姿《すがた》をしていてうしろ足《あし》で飛《と》び跳《は》ね、口《くち》はオオカミのように長《なが》い。しかし、チュパカブラとちがい、目《め》は赤《あか》ではなく黒《くろ》だという（赤《あか》い目《め》を見《み》たという証言《しょうげん》もある）。首《くび》のうしろがふくらんでいて、たてがみかコブがあるようだ。

地元《じもと》のバスの運転手《うんてんしゅ》など目撃者《もくげきしゃ》は多《おお》く、山中深《さんちゅうふか》くにわけいった人《ひと》は、この怪物《かいぶつ》に襲《おそ》われて帰《かえ》ってこないとうわさされていた。怪物《かいぶつ》は放棄《ほうき》された金鉱《きんこう》にかくれ潜《ひそ》むといい、使《つか》われなくなった穴《あな》にはいっていくところを見《み》た目撃者《もくげきしゃ》もいる。その正体《しょうたい》は不明《ふめい》だが、チュパカブラとの関連《かんれん》が疑《うたが》われる。

スペシャル

オオカミのようにするどいキバ。

スクープ!!

バスの目《め》の前《まえ》に怪物《かいぶつ》が!?

地元《じもと》のバスの運転手《うんてんしゅ》、ホアン・ベリオス氏《し》が、運転中《うんてんちゅう》70メートル前方《ぜんぽう》に奇妙《きみょう》な怪物《かいぶつ》を目撃《もくげき》した。その怪物《かいぶつ》はいったん茂《しげ》みにかくれたかと思《おも》うと、突然《とつぜん》バスの目《め》の前《まえ》にあらわれたという。かなり動《うご》きのはやいUMA《ユーマ》であることが推測《すいそく》される。

WANTED

あやしい形《かたち》の死体《したい》の謎《なぞ》

ヒューマノイド型《がた》UMA《ユーマ》

2014年《ねん》ブラジルで撮影《さつえい》されたとされる映像《えいぞう》が公開《こうかい》された。それは密林《みつりん》のなかで、複数《ふくすう》の男《おとこ》たちが奇妙《きみょう》な死体《したい》を囲《かこ》んでいるというものである。

その生物《せいぶつ》は身長《しんちょう》60センチメートルほどと見《み》られ、巨大《きょだい》な頭《あたま》に鼻《はな》と口《くち》らしきものがあるが目《め》は確認《かくにん》できない。はっきりした情報《じょうほう》がなく、だれがどのように撮影《さつえい》したのかなどもまったくわかっていない。

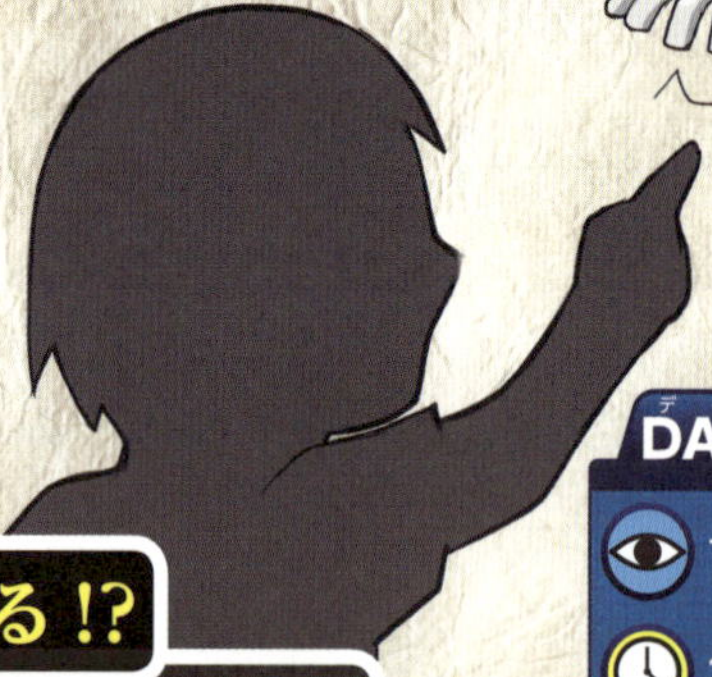

DATA《データ》

- ブラジル
- 2014年《ねん》〜
- 森《もり》
- コアラぐらい
- スター度《ど》 ★★
- 危険度《きけんど》

どうする!?

- たたかう
- にげる
- ペットにする
- ▶にらめっこする

目《め》がないから、笑《わら》わせるのが難《むずか》しいぞ！

WANTED

3章《しょう》

古代《こだい》巨獣《きょじゅう》の生《い》き残《のこ》りか

マピングアリ

アマゾンの密林《みつりん》で目撃《もくげき》される怪物《かいぶつ》がマピングアリだ。クマのように大《おお》きく、長《なが》くするどいかぎ爪《づめ》で獲物《えもの》を殺《ころ》して食《た》べるという。その正体《しょうたい》のひとつとして、古代《こだい》に絶滅《ぜつめつ》した地《ち》上《じょう》でくらすナマケモノの仲間《なかま》の生《い》き残《のこ》りという説《せつ》がある。現在《げんざい》は木《き》の上《うえ》でくらすナマケモノしか生《い》き残《のこ》っていないが、かつて実在《じつざい》した地上《ちじょう》でくらすナマケモノの仲間《なかま》のメガテリウムは実《じつ》に6メートルもあったのだ。

DATA《データ》

- アマゾン
- 2003年《ねん》〜
- 森《もり》
- 最大《さいだい》で自動車用信号機《じどうしゃようしんごうき》の高《たか》さぐらい
- スター度《ど》 ★★
- 危険度《きけんど》 💀💀💀💀

どうする!?

たたかう

ペットにする

▶にげる

襲《おそ》いかかるときにうなり声《こえ》をあげるぞ。声《こえ》を聞《き》いたらすぐににげよう。

伝説《でんせつ》の巨大《きょだい》ミミズか!?

ミニョコン

DATA《データ》

ブラジル

1849 年《ねん》〜

山《やま》

電車約《でんしゃやく》 2 両分《りょうぶん》ぐらい

スター度《ど》 ★★★★

危険度《きけんど》 💀💀💀💀

どうする!?

たたかう

にげる

ペットにする

▶待《ま》つ

はっているところにでくわしたら、道《みち》をふさがれてしまう。おとなしく通《とお》りすぎるまで待《ま》とう。

スペシャル

短《みじか》くて太《ふと》い毛《け》を使《つか》って、土《つち》のなかを掘《ほ》り進《すす》む。

WANTED

ブラジルの高地《こうち》では、地面《じめん》を掘《ほ》り返《かえ》されてできた幅《はば》3メートル、長《なが》さ数《すう》キロメートルにわたる謎《なぞ》のみぞが見《み》つかることがある。これを現地《げんち》の人々《ひとびと》は、巨大《きょだい》ミミズ「ミニョコン」のしわざだと信《しん》じている。ミニョコンは全長《ぜんちょう》45メートル、肉食性《にくしょくせい》で家畜《かちく》を襲《おそ》いながら地表付近《ちひょうふきん》のやわらかい土《つち》を掘《ほ》り返《かえ》し移動《いどう》するという。現在確認《げんざいかくにん》されている最大《さいだい》のミミズはオーストラリアのメガスコリデスで（諸説《しょせつ》あり）、長《なが》さは3・5メートルとされているのでそれよりはるかに巨大《きょだい》だ。

ただし、謎《なぞ》のみぞとミニョコンが本当《ほんとう》に関係《かんけい》があるのかはわかっていない。みぞを掘《ほ》ったミニョコンの正体《しょうたい》は、ミミズではなくグリプトドンという古代《こだい》のアルマジロに近《ちか》い動物《どうぶつ》の生《い》き残《のこ》りだという説《せつ》もあり、いまだ真相《しんそう》はわかっていない。

3章《しょう》

もしも劇場《げきじょう》

ミニョコンに畑《はたけ》をたがやしてもらったら…

大《おお》きな畑《はたけ》もすぐたがやせるので、農家《のうか》の人《ひと》がとても助《たす》かる！

スペシャル

水中《すいちゅう》を泳《およ》ぐことができるといわれている。ミニョコンが泳《およ》ぐと川《かわ》の流《なが》れが変《か》わるといわれるぐらい、はげしく泳《およ》ぐ。

泥《どろ》の怪《かい》人《じん》

バビア・ビースト

DATA《データ》

- ブラジル
- 2007年《ねん》
- 沼《ぬま》・川《かわ》
- 大人《おとな》の男性《だんせい》とほぼ同《おな》じ
- スター度《ど》 ★★★★
- 危険度《きけんど》 💀💀💀

どうする!?

たたかう

にげる

ペットにする

▶おふろにいれる

泥《どろ》を落《お》としてきれいな体《からだ》にしてあげよう。

2007年《ねん》にブラジルのバイーア州《しゅう》ポルト・セグーロ付近《ふきん》のぬかるんだ泥《どろ》の岸辺《きしべ》で、アメリカのミシガン州《しゅう》から旅行《りょこう》にきていた15歳《さい》の少女《しょうじょ》が、岸辺《きしべ》でうごめくあやしい人影《ひとかげ》を見《み》つけ写真《しゃしん》におさめた。それは身長《しんちょう》こそ人間《にんげん》と変《か》わらないが、黒《くろ》いはだに盛《も》り上《あ》がった筋肉《きんにく》、何《なに》より頭《あたま》に悪魔《あくま》のようなツノが生《は》えていた。手《て》には食《た》べるつもりなのか魚《さかな》らしきものを持《も》っている。その怪人《かいじん》は少女《しょうじょ》に気《き》がつくと、すぐに姿《すがた》をかくしてしまった。

やがて目撃地《もくげきち》の地名《ちめい》からバヒア・ビーストと命名《めいめい》され、怪人《かいじん》を一目《ひとめ》見《み》ようと人々《ひとびと》がおしかけたが、二度《にど》とあらわれることはなかった。その正体《しょうたい》は不明《ふめい》だが未知《みち》の人種《じんしゅ》あるいは、単《たん》に泥《どろ》でよごれ、かみの毛《け》がかたまった人間《にんげん》だという説《せつ》がある。

スペシャル

2本《ほん》のするどいツノがあるが、攻撃《こうげき》に使《つか》うかどうかは不明《ふめい》。

もしも劇場《げきじょう》

バヒア・ビーストが田《た》植《う》えをしていたら…

泥《どろ》だらけになってもへっちゃら。田《た》んぼの泥《どろ》にかくれて、姿《すがた》が見《み》えなくなりそうだね！

S チュパカブラ

2nd アタック

ア：おっと！　一瞬《いっしゅん》のすきをついてチュパカブラが跳《と》びかかって、かみついた！

X《エックス》：チュパカブラのジャンプ力《りょく》なら、はなれていても一気《いっき》に近《ちか》づけます。

判《はん》定《てい》 チュパカブラ 勝《かち》

X《エックス》：モノスの遠距離《えんきょり》攻撃《こうげき》も、すばやいチュパカブラには効果《こうか》がいまひとつのようでしたね。かみつかれて血《ち》を吸《す》われてしまってはどうしようもありません。

ア：すばやい動《うご》きで相手《あいて》にかみつき血《ち》を吸《す》う……。チュパカブラは恐《おそ》ろしいですね。

モノス V

ミスターX《エックス》の 実況《じっきょう》 解説《かいせつ》

アナウンサー(以下《いか》 ア):
どちらも小柄《こがら》ですが凶暴《きょうぼう》なUMA《ユーマ》、はげしい戦《たたか》いになるでしょう!

1st アタック

ア: まずはモノスの先制攻撃《せんせいこうげき》! 近《ちか》くにあるものを手当《てあ》たり次第《しだい》に投《な》げつけています!

X《エックス》: モノスは長《なが》い手足《てあし》を使《つか》ってものを投《な》げつけ、遠《とお》くから攻撃《こうげき》できるのです。

目《め》にも止《と》まらない高速《こうそく》UMA《ユーマ》

スカイフィッシュ

DATA《データ》

中央《ちゅうおう》・南《みなみ》アメリカ、北《ほく》アメリカの各国《かっこく》

1994年《ねん》

空《そら》

最大《さいだい》でシマウマぐらい

スター度《ど》 ★★★★★

危険度《きけんど》 ☠

どうする!?

たたかう

にげる

ペットにする

▶食《た》べる

すぐに消《き》えてしまうので、はやく食《た》べよう。

ビデオカメラが世界中《せかいじゅう》に広《ひろ》まった近年《きんねん》、急速《きゅうそく》に中央《ちゅうおう》・南《みなみ》アメリカや北《きた》アメリカなどを中心《ちゅうしん》に世界中《せかいじゅう》で発見《はっけん》があいついだUMA《ユーマ》がスカイフィッシュだ。十数《じゅうすう》センチメートル〜2メートルの棒状《ぼうじょう》の体《からだ》に波《なみ》打《う》つヒレを持《も》ち、肉眼《にくがん》では追《お》えないほどの高速《こうそく》で飛《と》ぶ。そのため、スロー再生《さいせい》が可能《かのう》なカメラができるまで発見《はっけん》されなかったのだ。

最初《さいしょ》の報告《ほうこく》は1994年《ねん》、アメリカ人《じん》のホセ・エスカミーラが撮影《さつえい》した映像《えいぞう》に謎《なぞ》の飛行体《ひこうたい》がうつりこんでいたことにはじまる。同《どう》様《よう》の事例《じれい》がないか調査《ちょうさ》した結果《けっか》、世界中《せかいじゅう》からスカイフィッシュが報《ほう》告《こく》されるようになったのだ。その正体《しょうたい》としては未知《みち》のプラズマ生命《せいめい》体《たい》という説《せつ》や、古代生物《こだいせいぶつ》のアノマロカリスが進化《しんか》して誕生《たんじょう》したという説《せつ》も提唱《ていしょう》されている。

スクープ!!

日本《にほん》にもスカイフィッシュの生息地《せいそくち》がある!?

スカイフィッシュは世界中《せかいじゅう》で撮影《さつえい》されているが、日本《にほん》でも目撃《もくげき》情報《じょうほう》が多《おお》い地域《ちいき》がある。兵庫県《ひょうごけん》の六甲山《ろっこうさん》は、スカイフィッシュが撮影《さつえい》されやすい場所《ばしょ》として有名《ゆうめい》である。

UMA《ユーマ》ハンターMr.《ミスター》X《エックス》の

スカイフィッシュレポート

写真《しゃしん》や映像《えいぞう》でしか見《み》られない!?

スカイフィッシュの正体《しょうたい》として、有力《ゆうりょく》な仮説《かせつ》のひとつが「モーションブラー」説《せつ》である。モーションブラーとは、はやく動《うご》く物体《ぶったい》を撮影《さつえい》したとき、残像《ざんぞう》が残《のこ》ってブレてうつってしまう現象《げんしょう》である。シャッターをおした瞬間《しゅんかん》、はやく飛《と》ぶ虫《むし》がカメラのレンズの前《まえ》を横切《よこぎ》ると、スカイフィッシュ状《じょう》の写真《しゃしん》になってしまうことがわかっている。

飛行中《ひこうちゅう》の虫《むし》を撮《と》った写真《しゃしん》

コガネムシの仲間《なかま》であるドウガネブイブイが、モーションブラーによって、体《からだ》の残像《ざんぞう》がつらなってうつっている。

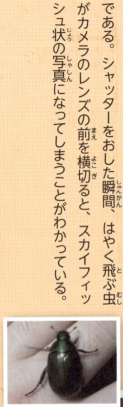

アノマロカリス説《せつ》

スカイフィッシュは約《やく》5億年前《おくねんまえ》の海《うみ》に生息《せいそく》していたアノマロカリスという生物《せいぶつ》が進化《しんか》して、空《そら》を飛《と》ぶようになったものだ、という説《せつ》もある。確《たし》かにムカデ状《じょう》の胴体《どうたい》から左右《さゆう》にヒレをのばした形《かたち》はスカイフィッシュにそっくりだ。しかし、実際《じっさい》にはアノマロカリスがスカイフィッシュの想像図《そうぞうず》に何《なん》となく似《に》ているだけで、この説《せつ》に生物学的《せいぶつがくてき》な根拠《こんきょ》はなく、スカイフィッシュの正体《しょうたい》とするには難《むずか》しいと思《おも》われる。

アノマロカリスの想像図《そうぞうず》

エビやカニなどの節足動物《せっそくどうぶつ》の一種《いっしゅ》。最大《さいだい》で1メートルのものがいた。

神秘《しんぴ》の海底洞窟《かいていどうくつ》の主《ぬし》

ルスカ

DATA《データ》

- バハマ
- 1990年《ねん》〜
- 海《うみ》
- 電車《でんしゃ》1両半《りょうはん》ぐらい

スター度《ど》 ★★★

危険度《きけんど》 💀💀💀💀💀

どうする!?

たたかう

ペットにする

▶にげる

海底洞窟《かいていどうくつ》に近《ちか》づかなければ、襲《おそ》ってこないよ。気《き》をつけよう。

アメリカの南東部《なんとうぶ》にあるバハマ諸島《しょとう》には、ブルーホールと呼《よ》ばれる巨大《きょだい》な海底《かいてい》洞窟《どうくつ》がある。まだ海面《かいめん》が低《ひく》かった古代《こだい》に、陸上《りくじょう》で誕生《たんじょう》した洞窟《どうくつ》がその後《あと》の海面上昇《かいめんじょうしょう》で水没《すいぼつ》してできたものだ。そのため周囲《しゅうい》は浅瀬《あさせ》なのにブルーホールだけ水深《すいしん》200メートルと深《ふか》く、美《うつく》しくも不気《ぶき》味《み》な海底地形《かいていちけい》である。そこに地元《じもと》の漁師《りょうし》たちがうわさする怪物《かいぶつ》「ルスカ」がすむ。

ふだんはブルーホールのなかにかくれ、触腕《しょくわん》をのばして船《ふね》を沈《しず》めてしまうという。ルスカの姿《すがた》ははっきりとしないが、タコに似《に》ているともいわれる。わかっているのは30メートルをこえる恐《おそ》ろしく巨大《きょだい》な体《からだ》を持《も》つということと、何人《なんにん》もの人《ひと》がブルーホール周辺《しゅうへん》で行方不明《ゆくえふめい》になっているということだけだ。

スペシャル

するどいキバ。ルスカの頭部《とうぶ》はサメに似《に》た姿《すがた》ともいわれていて、かみつく力《ちから》が強《つよ》い。

もしも劇場《げきじょう》

ルスカでタコの干物《ひもの》をつくったら…

干《ほ》すために巨大《きょだい》なクレーンが必要《ひつよう》だ。

チュパカブラの親戚《しんせき》？

吸《きゅう》血《けつ》怪《かい》鳥《ちょう》

スペシャル

するどいキバを使《つか》って、血《ち》を吸《す》うための傷口《きずぐち》を開《あ》ける。

DATA《データ》

- プエルトリコ
- 1989年《ねん》〜
- 空《そら》
- セキセイインコぐらい
- スター度《ど》 ★★★
- 危険度《きけんど》 ☠☠☠

どうする!?

たたかう

にげる

▶ペットにする

えさのたびに貧血《ひんけつ》になってしまう。

プエルトリコはUFO《ユーフォー》の目撃《もくげき》が多《おお》い地域《ちいき》である。1989年《ねん》、家《いえ》で飼《か》っていたニワトリの様子《ようす》を見《み》にいった農民《のうみん》が、ニワトリの首《くび》に奇怪《きかい》な鳥《とり》が食《く》いついているのを発見《はっけん》。あわてて引《ひ》きはがしてその怪鳥《かいちょう》を捕獲《ほかく》した。外見《がいけん》は普通《ふつう》の鳥《とり》のようだが、口《くち》には長《なが》いキバがあり、これを獲物《えもの》に突《つ》き立《た》てて血《ち》を吸《す》うらしい。しかし、この鳥《とり》は現《げん》在行方不明《ざいゆくえふめい》だ。政府関係者《せいふかんけいしゃ》を名乗《なの》る男《おとこ》が調査《ちょうさ》のためと称《しょう》して持《も》ち去《さ》ってしまったのだ。

中央《ちゅうおう》・南《みなみ》アメリカのガラパゴス諸島《しょとう》には栄養《えいよう》をおぎなうためにほかの鳥《とり》の血《ち》を吸《す》う「吸血《きゅうけつ》フィンチ」がいるので、吸血怪鳥《きゅうけつかいちょう》がいてもおかしくはない。ただ、吸血怪鳥《きゅうけつかいちょう》があらわれたころは中央《ちゅうおう》・南《みなみ》アメリカでチュパカブラ（→144ページ）が出没《しゅつぼつ》していた時《じ》期《き》でもあり関連性《かんれんせい》が疑《うたが》われる。UFO《ユーフォー》とチュパカブラと怪鳥《かいちょう》の関連《かんれん》やいかに？

もしも劇場《げきじょう》

吸血怪鳥《きゅうけつかいちょう》が歯医者《はいしゃ》にいったら…

かじられないように、突《つ》っかえ棒《ぼう》をいれてから治療《ちりょう》されるよ。

WANTED

飛行《ひこう》UMA《ユーマ》の卵《たまご》なのか!?

フライング・ストリングス

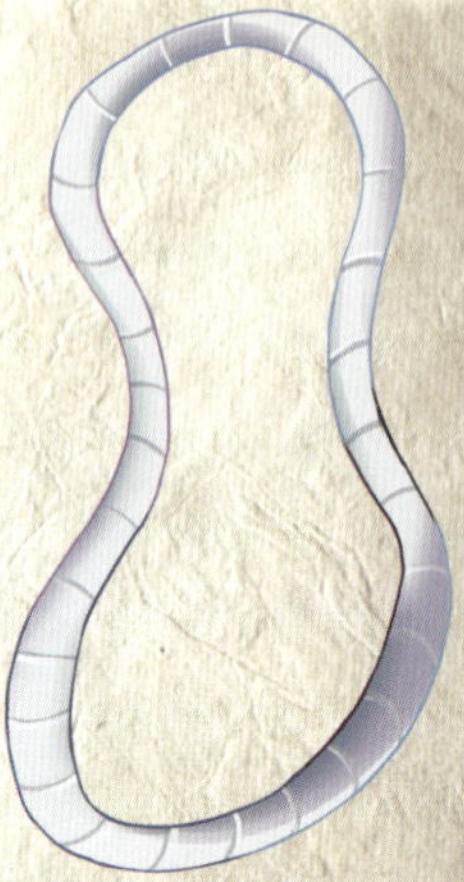

2003年《ねん》、メキシコで上《じょう》空《くう》をただよう謎《なぞ》の物体《ぶったい》が目撃《もくげき》されている。それはひものような形状《けいじょう》をしているが、よく見《み》ると何《なに》かつぶのようなものの集合体《しゅうごうたい》のようにも見《み》えるのだ。スカイフィッシュ(↓162ページ)など空《そら》に浮《う》かぶUMA《ユーマ》の目撃証言《もくげきしょうげん》は多《おお》く、それらの卵《たまご》が何《なん》らかの原因《げんいん》で、はるか上空《じょうくう》から地表《ちひょう》に見《み》えるあたりまで降《お》りてきたものではないかという説《せつ》がある。

どうする!?

たたかう
にげる
ペットにする
▶あそぶ

輪《わ》になっているところに、当《あ》たらないようくぐってみよう。

DATA《データ》

- メキシコ
- 2003年《ねん》
- 空《そら》
- 解析不能《かいせきふのう》
- スター度《ど》 ★★
- 危険度《きけんど》

WANTED

3章《しょう》

不気味《ぶきみ》なコウモリ怪人《かいじん》

マンバット

メキシコのチワワ州《しゅう》に、身長約《しんちょうやく》2メートルのコウモリ男《おとこ》「マンバット」が出現《しゅつげん》した。深夜《しんや》の道端《みちばた》で「毛布《もうふ》にくるまって倒《たお》れた人《ひと》」を見《み》かけた男性《だんせい》が心配《しんぱい》して近《ちか》よったところ、それは毛布《もうふ》などではなく翼《つばさ》を折《お》りたたんでいた怪人《かいじん》で、男性《だんせい》の目《め》の前《まえ》で羽《は》ばたき飛《と》び去《さ》った。この地域《ちいき》には古《ふる》くからコウモリ男《おとこ》の伝説《でんせつ》があり、目撃者《もくげきしゃ》が何人《なんにん》もいるという。

どうする!?

たたかう

にげる

▶ペットにする

好物《こうぶつ》といわれる虫《むし》を捕《つか》まえてあげよう。

DATA《データ》

メキシコ

2006年《ねん》

街《まち》

自動販売機《じどうはんばいき》ぐらい

スター度《ど》 ★★

危険度《きけんど》

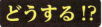

数千人《すうせんにん》が目撃《もくげき》！　謎《なぞ》の飛行《ひこう》UMA《ユーマ》

フライング・ヒューマノイド

DATA《データ》

メキシコほか、世界各地《せかいかくち》

1999年《ねん》～

空《そら》

バスケットボールのゴールの高《たか》さぐらい

スター度《ど》 ★★★★

危険度《きけんど》 💀💀💀💀

どうする！？

たたかう

にげる

▶ペットにする

いろいろな形《かたち》がいるので集《あつ》めてみよう。

スペシャル

人以外《ひといがい》の形《かたち》をしていたという目撃情報《もくげきじょうほう》もあることから、変《へん》化能力《かのうりょく》を持《も》つ可能性《かのうせい》がある。

1999年《ねん》3月《がつ》、メキシコのテオティワカン遺跡《いせき》で春分《しゅんぶん》の日《ひ》を祝《いわ》う祭《まつ》りが行《おこな》われていた。そこに集《あつ》まった数千人《すうせんにん》の人々《ひとびと》の前《まえ》で、奇妙《きみょう》な事件《じけん》が起《お》こる。人々《ひとびと》の上空《じょうくう》に突然《とつぜん》人影《ひとかげ》が出現《しゅつげん》し、ゆるやかに降《お》りてきたかと思《おも》うと、ひらりと上昇《じょうしょう》して、かなたへと飛《と》び去《さ》ったという。この怪物《かいぶつ》はフライング・ヒューマノイドと呼《よ》ばれるようになる。

それから各地《かくち》で目撃《もくげき》されるようになり、2000～2005年《ねん》にかけて、次々《つぎつぎ》とビデオに撮影《さつえい》されている。2004年《ねん》には警察官《けいさつかん》が乗《の》った車《くるま》がフライング・ヒューマノイドに襲《おそ》われた。それはこげ茶色《ちゃいろ》の人型《ひとがた》の物体《ぶったい》で、真《ま》っ黒《くろ》な目《め》を持《も》っていたという。その正体《しょうたい》について宇宙生物説《うちゅうせいぶつせつ》などがでているが、はっきりしたことはわからない。

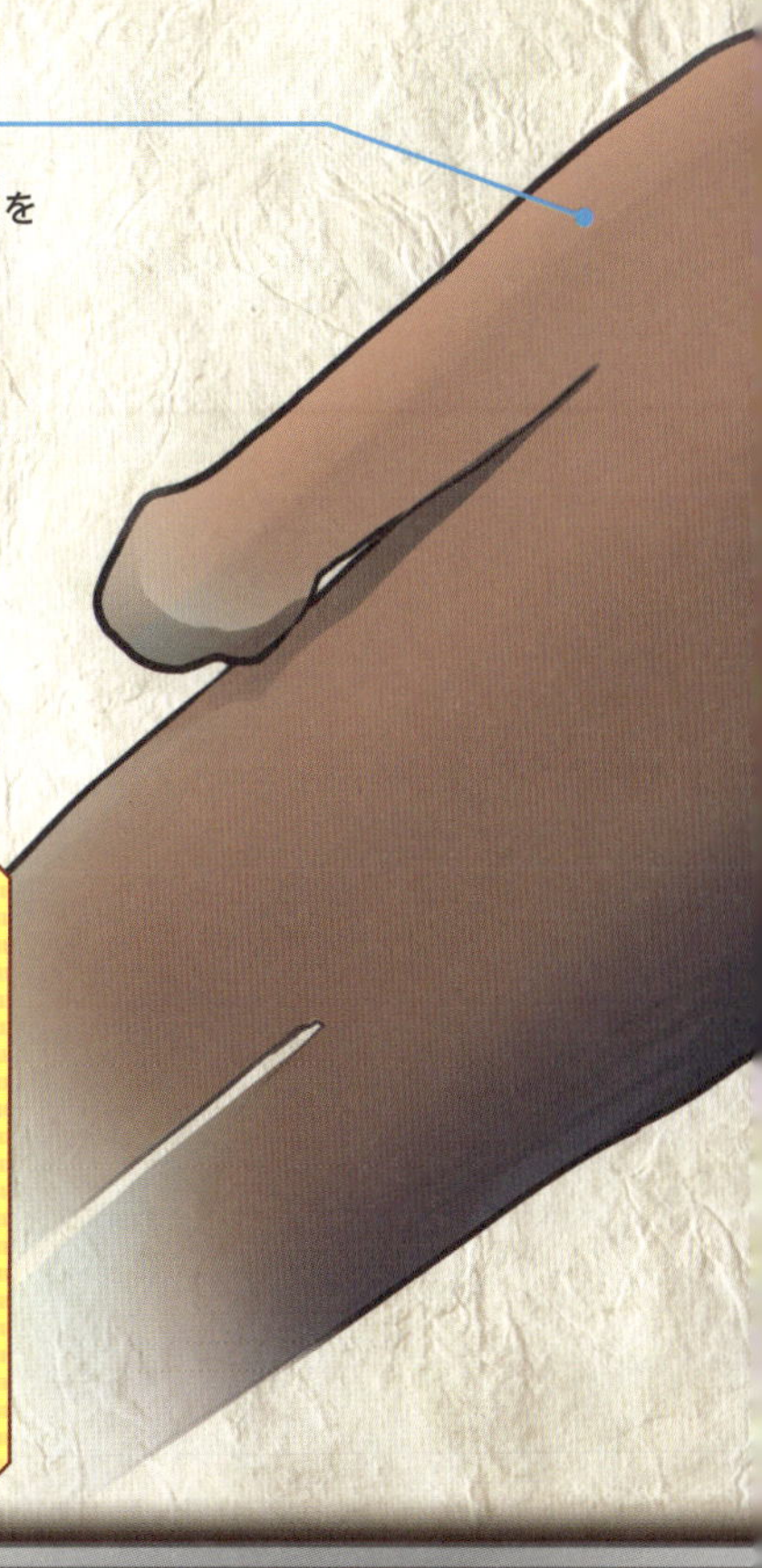

スペシャル

性格《せいかく》は凶暴《きょうぼう》。なぐって攻撃《こうげき》をする。

スクープ!!

フライング・ヒューマノイドの侵略《しんりゃく》!?

中央《ちゅうおう》・南《みなみ》アメリカで目撃《もくげき》されたフライング・ヒューマノイドは、現在《げんざい》、中国《ちゅうごく》やアメリカなどでも目撃《もくげき》されるようになっている。いつかきみの街《まち》でも見《み》かける日《ひ》がくるかもしれない。

飛《ひ》行《こう》UMA《ユーマ》首《しゅ》都《と》襲《しゅう》撃《げき》！

チリの翼《よく》竜《りゅう》型《がた》UMA《ユーマ》

DATA《データ》

チリのブスタマンテ公園《こうえん》

2013年《ねん》

空《そら》

翼開長《よくかいちょう》時《じ》シマウマぐらい

スター度《ど》

危《き》険《けん》度《ど》

どうする!?

たたかう

にげる

▶ペットにする

友《とも》だちの家《いえ》にあそびにいくとき、送《おく》ってもらおう。

2013年《ねん》9月《がつ》29日《にち》午後《ごご》9時《じ》ごろ、チリの首都《しゅと》サンティアゴのブスタマンテ公園《こうえん》の上空《じょうくう》を、コウモリのような怪生物《かいせいぶつ》がまい飛《と》ぶのを複数《ふくすう》の人々《ひとびと》が目撃《もくげき》した。翼開長《よくかいちょう》（翼《つばさ》を広《ひろ》げたときの大《おお》きさ）2メートルで姿《すがた》はコウモリによく似《に》ているが、凶暴《きょうぼう》な肉食動物《にくしょくどうぶつ》らしく、教会《きょうかい》の屋根《やね》にとまりイヌらしき動物《どうぶつ》をむさぼり食《た》べていたという。

ビデオに撮影《さつえい》されたその姿《すがた》は、おとぎ話《ばなし》にでるドラゴンにそっくりだ。この怪獣《かいじゅう》の正体《しょうたい》としてオオコウモリ説《せつ》がとなえられているが、オオコウモリは果実《かじつ》を食《た》べるので、イヌを襲《おそ》うことはない。恐竜《きょうりゅう》の時代《じだい》から生《い》き残《のこ》った翼竜《よくりゅう》だという説《せつ》もある。南《みなみ》アメリカでよく目撃《もくげき》されていたフライング・ヒューマノイド（→172ページ）との関連性《かんれんせい》も疑《うたが》われる。

スペシャル

獲物《えもの》ののど元《もと》にかみついてしとめる。

スペシャル

するどい爪《つめ》で敵《てき》を引《ひ》っかいて攻撃《こうげき》する。

もしも劇場《げきじょう》

チリの翼竜型《よくりゅうがた》UMA《ユーマ》が消防士《しょうぼうし》だったら…

高《たか》いところにとり残《のこ》された人々《ひとびと》を、すぐに助《たす》けにいくことができるぞ。

アマゾンでうわさの超《ちょう》巨《きょ》大《だい》ヘビ

ジャイアント・スネーク

スペシャル

子《こ》どもぐらいなら、ひと飲《の》みにできるほど大《おお》きな口《くち》。

DATA《データ》

アマゾン

1997年《ねん》

森《もり》

最大《さいだい》で電車《でんしゃ》2両《りょう》ぐらい

スター度《ど》 ★★★★

危険度《きけんど》

どうする!?

たたかう

にげる

ペットにする

▶乗《の》る

ジェットコースターのようなスリルを味《あじ》わえるかも!?

　アマゾンの奥《おく》地《ち》には大《おお》きさが20～40メートルという超巨大《ちょうきょだい》ヘビのうわさがある。これらは総《そう》称《しょう》してジャイアント・スネークと呼《よ》ばれている。もともとアマゾンには全《ぜん》長《ちょう》が10メートル前後《ぜんご》になるオオアナコンダが生息《せいそく》している。このヘビ自体恐《じたいおそ》ろしい生《せい》物《ぶつ》だが、1952年《ねん》に消息《しょうそく》をたったパーシー・フォーセットという探検家《たんけんか》は、18メートルのアナコンダを射殺《しゃさつ》したと書《か》き残《のこ》している。

　1997年《ねん》にはジャングルの奥地《おくち》の村《むら》でサッカーをしていた人々《ひとびと》の前《まえ》に、全長《ぜんちょう》40メートルはあろうかという大蛇《だいじゃ》が出現《しゅつげん》。その大蛇《だいじゃ》が去《さ》った跡《あと》にはトラックが通《とお》れるほどの道《みち》ができていたという。この大蛇《だいじゃ》に関《かん》しては常識《じょうしき》はずれな大《おお》きさのため、道路《どうろ》をつくる建設機械《けんせつきかい》と見間違《みまちが》えたという説《せつ》もある。

スペシャル

太《ふと》い体《からだ》でしめあげて、獲物《えもの》の自由《じゆう》を奪《うば》う。

もしも劇場《げきじょう》

ジャイアント・スネークが警《けい》察官《さつかん》だったら…

一度捕《いちどつか》まえた犯人《はんにん》は、しばりつけてにがさないぞ。

アマゾンの肉食背《にくしょくせ》ビレ怪獣《かいじゅう》

ホラディラ

スペシャル

のこぎりのような
するどい背《せ》ビレ。

DATA《データ》

👁	アマゾン
🕐	1993年《ねん》
🔥	湖《みずうみ》
📊	解析不能《かいせきふのう》
スター度《ど》	★★★★
危険度《きけんど》	💀💀💀

どうする!?

たたかう

にげる

▶ペットにする

空腹《くうふく》でなければ襲《おそ》ってこないので、えさをやり続《つづ》けよう！

1993年《ねん》8月《がつ》、アマゾン奥地《おくち》の湖《みずうみ》において1枚《まい》の写真《しゃしん》が撮影《さつえい》された。撮影者《さつえいしゃ》はジャーナリストのジェレミー・ウェイド。その写真《しゃしん》にうつっていたものを地元《じもと》の人々《ひとびと》は怪獣《かいじゅう》ホラディラだと証言《しょうげん》する。写真《しゃしん》には波《なみ》を立《た》てて水《すい》面《めん》に浮《う》かぶ、大型動物《おおがたどうぶつ》の背中《せなか》らしきものがうつっている。特徴的《とくちょうてき》なのはその背《せ》にギザギザの背《せ》ビレのようなものがならんでいることだ。残念《ざんねん》ながら写真《しゃしん》からわかることはそこまでだが、現地《げんち》の人《ひと》によるとホラディラは肉食《にくしょく》の恐《おそ》ろしい怪物《かいぶつ》で、むかしはホラディラをしずめるため生贄《いけにえ》の人間《にんげん》をささげていたという。

ホラディラの正体《しょうたい》はワニではないかという説《せつ》もあるが、写真《しゃしん》にうつったものが本当《ほんとう》に伝説《でんせつ》の怪獣《かいじゅう》ホラディラなのかはっきりせず、解明《かいめい》は困難《こんなん》だ。

スペシャル

地元《じもと》では、その恐《おそ》ろしさから守護神《しゅごしん》ともあがめられた。

もしも劇場《げきじょう》

ホラディラをのこぎりにしたら…

頭側《あたまがわ》にいるとかみつかれて危険《きけん》だ。背中側《せなかがわ》を使《つか》おう！

南《みなみ》アメリカの巨《きょ》大《だい》カワウソ

マイポリナ

DATA《データ》

フランス領《りょう》ギアナのマロニ川《がわ》

1962年《ねん》　川《かわ》

サイぐらい

スター度《ど》 ★★　危《き》険《けん》度《ど》 💀💀💀💀

スペシャル

するどい爪《つめ》で獲物《えもの》を切《き》りさく。

どうする!?

たたかう

にげる

ペットにする

▶だきつく

カワウソの毛皮《けがわ》は、とてもやわらかくて気持《きも》ちがいいよ。

WANTED

フランス領《りょう》ギアナからスリナムは、川《かわ》と湿地《しっち》が広《ひろ》がる密林地帯《みつりんちたい》だ。そこを流《なが》れるマロニ川《がわ》で目撃《もくげき》されるのが、マイポリナと呼《よ》ばれる凶《きょう》暴《ぼう》な怪物《かいぶつ》だ。全長《ぜんちょう》は3メートル、黄色《きいろ》がかった毛《け》に太《ふと》い尾《お》、足《あし》にはするどい爪《つめ》が生《は》えている。その姿《すがた》はカワウソそっくりで、たくみに泳《およ》ぎ、陸上《りくじょう》をかけ回《まわ》ることもできる。

カワウソは普通《ふつう》1メートルにもみたない中型《ちゅうがた》の哺乳類《ほにゅうるい》だが、身体《しんたい》能力《のうりょく》の高《たか》い肉食動物《にくしょくどうぶつ》としても知《し》られ、活発《かっぱつ》に動《うご》き回《まわ》り魚《さかな》などをとらえて食《た》べる。南《みなみ》アメリカにはオオカワウソという全長《ぜんちょう》が2メートル近《ちか》くになる世界最大《せかいさいだい》のカワウソが生息《せいそく》しており、自分《じぶん》と同《おな》じ大《おお》きさならワニでも襲《おそ》って食《た》べる。もし人間《にんげん》を襲《おそ》えるサイズのカワウソがいたら、ヒグマやトラに匹敵《ひってき》する猛獣《もうじゅう》となるはずだ。

もしも劇場《げきじょう》

マイポリナが漁師《りょうし》になったら…

釣《つ》ったそばから、魚《さかな》を全《ぜん》部《ぶ》食《た》べてしまうよ！

WANTED

アルゼンチンのプレシオサウルス

ナウエリート

アルゼンチンのナウエル・ウアピ湖《こ》に生息《せいそく》するとされるのがナウエリートだ。外見《がいけん》は典型的《てんけいてき》なネッシー型《がた》の怪《かい》獣《じゅう》で、1900年代《ねんだい》のはじめにたびたび目撃《もくげき》されていたという。2006年《ねん》には「ナウエリートの写真《しゃしん》」とされるものが匿名《とくめい》の人物《じんぶつ》によって新聞社《しんぶんしゃ》に持《も》ちこまれたが、この写《しゃ》真《しん》の真偽《しんぎ》については議論《ぎろん》が続《つづ》いている。

どうする!?

たたかう

にげる

▶ペットにする

ネッシーにくらべると小《ちい》さいので、まだ子《こ》どもかもしれない。育《そだ》ててみよう!

DATA《データ》

- アルゼンチンのナウエル・ウアピ湖《こ》
- 1900年代《ねんだい》〜
- 湖《みずうみ》
- 自動車用信号機《じどうしゃようしんごうき》の高《たか》さぐらい
- スター度《ど》 ★★
- 危険度《きけんど》 💀💀

WANTED

3章《しょう》

海底《かいてい》からひびく謎《なぞ》の鳴《な》き声《ごえ》の主《ぬし》は？

ブループ

1977年《ねん》、地球《ちきゅう》の環境《かんきょう》を調査《ちょうさ》する組織《そしき》NOAA《ノア》(アメリカ海洋大気庁《かいようたいきちょう》)が設置《せっち》していた探知装置《たんちそうち》が、異様《いよう》な巨大《きょだい》低周波音《ていしゅうはおん》をとらえた。この音《おと》は、アメリカ海軍《かいぐん》の潜水艦探《せんすいかんたん》知装置《ちそうち》でもとらえられたという。分析《ぶんせき》すると、この謎《なぞ》の音《おと》は考《かんが》えられるどの現象《げんしょう》でも説明《せつめい》がつかず、未知《みち》の超巨大生《ちょうきょだいせい》物《ぶつ》が海底《かいてい》に潜《ひそ》んでいる可能性《かのうせい》を示《しめ》しているという。

DATA《データ》

- チリ
- 1977年《ねん》
- 海《うみ》
- 推定《すいてい》、電車《でんしゃ》5両《りょう》ぐらい
- スター度《ど》 ★★
- 危険度《きけんど》

どうする!?

たたかう
にげる
ペットにする
▶もぐる

謎《なぞ》の多《おお》いUMA《ユーマ》だ。声《こえ》の聞《き》こえたあたりをもぐって調査《ちょうさ》しよう。

NO.1《ナンバー》はどのUMA《ユーマ》!? ❷

UMA《ユーマ》何《なん》でも総選挙《そうせんきょ》

UMA《ユーマ》のNo.1《ナンバー》はまだまだあるぞ！　No.1《ナンバー》のUMA《ユーマ》のなかに、きみのお気《き》に入《い》りUMA《ユーマ》はいるかな？

大《おお》きさNo.1《ナンバー》

ブループ(→183ページ)

声《こえ》の大《おお》きさから、最低《さいてい》でも体長《たいちょう》が100メートル以上《いじょう》あるといわれているぞ！

仲間《なかま》の多《おお》さNo.1《ナンバー》

ケサランパサラン(→310ページ)

おしろいがあれば、仲間《なかま》がどんどん増《ふ》えていくよ。

技《わざ》の数《かず》No.1《ナンバー》

モンゴリアン・デスワーム(→248ページ)

毒《どく》や電撃《でんげき》、しめつけなど、多彩《たさい》な技《わざ》を持《も》っているよ。

捕《つか》まえやすさNo.1《ナンバー》

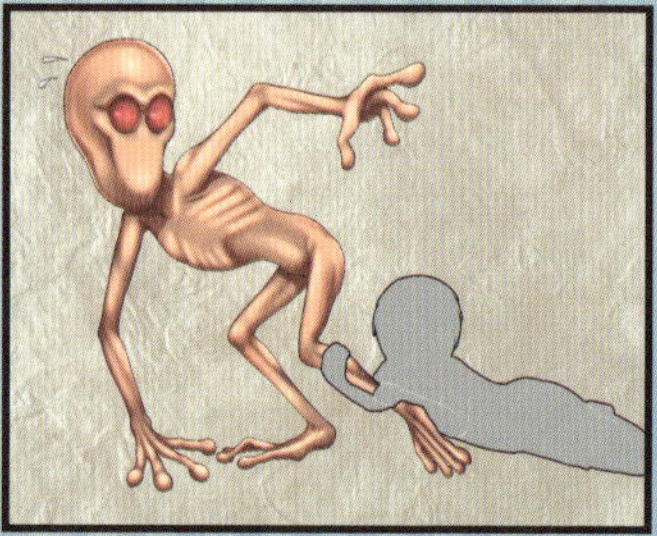

ドーバー・デーモン(→102ページ)

見《み》た目《め》は不気味《ぶきみ》だが、動《うご》きがゆっくりなので捕《つか》まえやすいかも!?

4 章《しょう》

アフリカのUMA《ユーマ》

先住民《せんじゅうみん》の伝説《でんせつ》にもなっているアフリカのUMA《ユーマ》。きみは伝《でん》説《せつ》のUMA《ユーマ》を見《み》つけられるかな？

船《ふね》を襲《おそ》う恐怖《きょうふ》の翼竜《よくりゅう》

コンガマトー

DATA《データ》

- アフリカ南西部《なんせいぶ》
- 1923年《ねん》〜
- 空《そら》
- 翼開長《よくかいちょう》時《じ》ビル2階《かい》の高《たか》さ
- スター度《ど》 ★★★★★
- 危険度《きけんど》 💀💀💀💀💀

どうする!?

たたかう

にげる

ペットにする

▶大《おお》きな船《ふね》に乗《の》る

引《ひ》っくり返《かえ》されないぐらい巨大《きょだい》なタンカーに乗《の》れば大丈夫《だいじょうぶ》。

アフリカの南西部《なんせいぶ》で目撃《もくげき》される謎《なぞ》の飛行生物《ひこうせいぶつ》、コンガマトー。翼《よく》開長《かいちょう》（翼《つばさ》を広《ひろ》げたときの大《おお》きさ）は2〜3メートル、イヌに似《に》た顔《かお》、口《くち》には歯《は》が生《は》えている。その名《な》は現地語《げんちご》で「船《ふね》を引《ひ》っくり返《かえ》し沈《しず》めるもの」という意味《いみ》だという。

原住民《げんじゅうみん》のあいだではむかしから知《し》られていたが、UMA《ユーマ》として特《とく》に有名《ゆうめい》になったのは1932年《ねん》、超常現象研究家《ちょうじょうげんしょうけんきゅうか》のアイヴァン・T《ティー》・サンダースン博士《はかせ》が目撃《もくげき》し、その姿《すがた》を本《ほん》にして紹介《しょうかい》したのがきっかけだ。その怪鳥《かいちょう》は「シュシュシュ」と機関車《きかんしゃ》のような音《おと》をだしながら飛《と》んでいたという。その後《ご》も目撃事件《もくげきじけん》があいついだが、現在《げんざい》でも正体《しょうたい》はわかっていない。巨大《きょだい》なコウモリだという説《せつ》もあれば、古代《こだい》の翼竜《よくりゅう》だという説《せつ》もある。

スペシャル

強力《きょうりょく》な足《あし》で、小《ちい》さな船《ふね》なら簡単《かんたん》に引《ひ》っくり返《かえ》すことができる。

スクープ!!

コンガマトーは巨大《きょだい》コウモリ！？

コンガマトーはウマヅラコウモリ（→100ページ）ではないかとされているが、ウマヅラコウモリは最大約《さいだいやく》1メートルで、コンガマトーより小《ちい》さい。現在《げんざい》、ウマヅラコウモリではない、未知《みち》の大型《おおがた》コウモリがいるのではないかと考《かんが》えられている。

コンガマトーとの戦《たたか》い

UMA《ユーマ》ストーリー

1932年《ねん》、アメリカの動物学者《どうぶつがくしゃ》アイヴァン・T《ティー》・サンダースン博士《はかせ》は、カメルーンのアスンボ山中《さんちゅう》で渓谷《けいこく》を小舟《こぶね》で移動《いどう》しながら、コウモリの調査《ちょうさ》を行《おこな》っていた。そのとき突然《とつぜん》、現地《げんち》でやとった荷物《にもつ》を運《はこ》ぶ運搬係《うんぱんがかり》たちがさわぎだした。

「オリチアウだ！」

博士《はかせ》が見上《みあ》げると、巨大《きょだい》な翼《つばさ》を広《ひろ》げたコウモリのような2ひきの怪物《かいぶつ》が大《おお》きな羽音《はおと》を立《た》てて突進《とっしん》してきた。運搬係《うんぱんがかり》たちがライフルをとりだし怪物《かいぶつ》を撃《う》ったところ、銃弾《じゅうだん》は1ぴきの怪物《かいぶつ》に命中《めいちゅう》したらしく、それは川《かわ》に落《お》ちた。

しかし、死体《したい》を確認《かくにん》する余裕《よゆう》などない。怒《おこ》ったもう1ぴきがはげしく暴《あば》れ、博士《はかせ》たち一行《いっこう》は必《ひっ》死《し》ににげるしかなかったのだ。後《あと》で調《しら》べて見《み》ると、アフリカ各《かく》地《ち》に「コンガマトー」という凶暴《きょうぼう》な飛行《ひこう》UMA《ユーマ》のうわさがあり「オリチアウ」とはその別名《べつめい》のひとつだった。なぜ2ひきで飛《と》んでいたのか。ひょっとしたら2ひきは夫婦《ふうふ》で、奥地《おくち》にはコンガマトーの繁殖地《はんしょくち》があるのだろうか。

アフリカの眼光《がんこう》するどい飛行《ひこう》UMA《ユーマ》

ジーナフォイロ

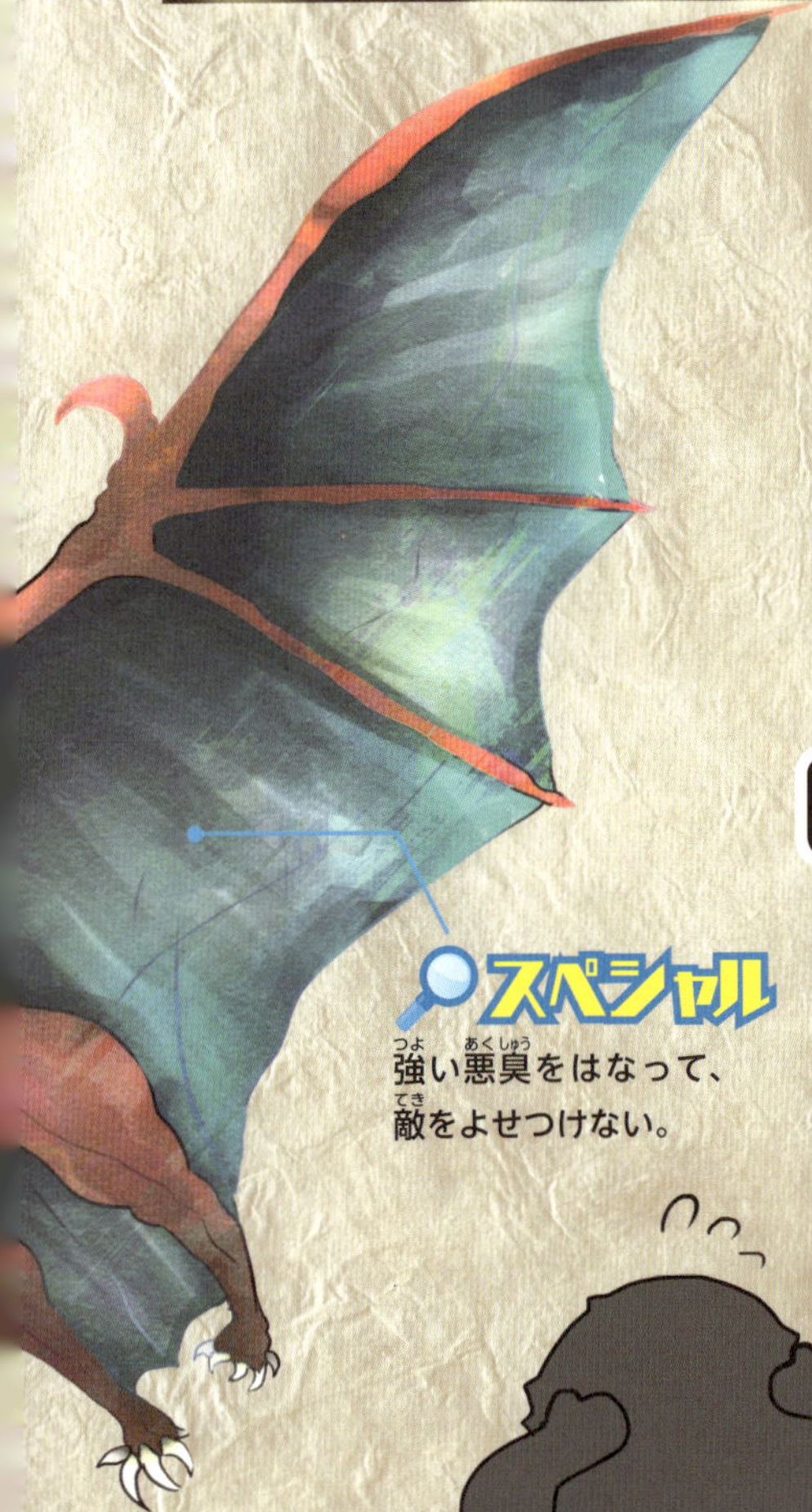

🔍スペシャル

強《つよ》い悪臭《あくしゅう》をはなって、
敵《てき》をよせつけない。

DATA《データ》

セネガル

1990年《ねん》〜

空《そら》

ラッコぐらい

スター度《ど》 ★★★★

危険度《きけんど》 💀💀💀💀💀

どうする!?

たたかう
にらめっこする
ペットにする
▶にげる

目《め》を合《あ》わせる前《まえ》ににげないと、
動《うご》けなくなって危険《きけん》！

WANTED

セネガル南部《なんぶ》にくらすマティンガ族《ぞく》には、恐《おそ》るべき妖獣《ようじゅう》ジーナフォイロの伝説《でんせつ》が伝《つた》わる。体長《たいちょう》1・2メートルのコウモリに似《に》た姿《すがた》だが、体《からだ》が光《ひか》ったり、体《からだ》の大《おお》きさを家《いえ》ほどに巨大化《きょだいか》させたり、姿《すがた》を消《け》して建物《たてもの》に自由《じゆう》に侵入《しんにゅう》できたりするなど、妖怪《ようかい》のような特徴《とくちょう》を持《も》つ。ジーナフォイロには目撃者《もくげきしゃ》をにらみつけて金《かな》しばりにする能力《のうりょく》があり、さらにジーナフォイロに遭遇《そうぐう》したものは体《からだ》が衰弱《すいじゃく》し、死《し》ぬこともあるという。

1995年《ねん》にはジーナフォイロに遭遇《そうぐう》した目撃者《もくげきしゃ》が意識不明《いしきふめい》になって倒《たお》れ、病院《びょういん》で検査《けんさ》したところ、なんと放射線《ほうしゃせん》による被害《ひがい》が確認《かくにん》されたという。放射線《ほうしゃせん》がほかの物質《ぶっしつ》を通《とお》るとき青《あお》い光《ひかり》をだすことがあることから、ジーナフォイロの体《たい》内《ない》には放射線《ほうしゃせん》をだす物質《ぶっしつ》があるのかもしれない。

4章《しょう》

スペシャル

金《かな》しばりにできるほどの、するどい眼光《がんこう》。

もしも劇《げき》場《じょう》

ジーナフォイロがキャンプ好《ず》きだったら…

巨大化《きょだいか》してもらって、大《おお》きな羽《はね》のテントで休《やす》もう。いっしょに夜空《よぞら》の星《ほし》をながめるのもいいね。

アフリカ奥地《おくち》の巨竜《きょりゅう》

ニンキナンカ

どうする!?

たたかう

にげる

ペットにする

▶死《し》んだふりをする

目《め》をつむって、どこかにいくまでじーっとたえよう。

DATA《データ》

ガンビアのガンビア川《がわ》

2003年《ねん》～

川《かわ》

シロナガスクジラ2頭《とう》ぐらい

スター度《ど》 ★★★★

危険度《きけんど》

スペシャル

体《からだ》から強力《きょうりょく》な毒《どく》を発《はっ》している。

ガンビアを流《なが》れるガンビア川《がわ》には、正体《しょうたい》不明《ふめい》のドラゴン型《がた》怪獣《かいじゅう》ニンキナンカがすむ。ニンキナンカの外見《がいけん》は中国《ちゅうごく》の竜《りゅう》に似《に》ており、ウマのような顔《かお》に3本《ぼん》のツノ、キリンのような長《なが》い首《くび》、ワニに似《に》た体《からだ》はキラキラとかがやく鏡状《かがみじょう》のウロコでおおわれているという。周囲《しゅうい》に毒《どく》を発《はっ》しているのか、ニンキナンカを見《み》たほとんどの目撃者《もくげきしゃ》は病気《びょうき》になって死《し》んでしまうため、くわしい姿《すがた》はわからないという。

2003年《ねん》にはニンキナンカを見《み》た自然保護官《しぜんほごかん》が、イスラムの聖者《せいじゃ》からもらった果実《かじつ》を食《た》べて死《し》なずにすんだ、と証言《しょうげん》している。その人物《じんぶつ》の情報《じょうほう》によると、ニンキナンカの全長《ぜんちょう》は50メートルもあったという。ただしこの証言《しょうげん》が正《ただ》しいかは不明《ふめい》であり、正体《しょうたい》はいまもわからないままだ。

もしも劇場《げきじょう》

ニンキナンカのウロコで手《て》鏡《かがみ》をつくったら…

とてもきれいにうつると大人《だいにん》気《き》で、売《う》り切《き》れ続出《ぞくしゅつ》だよ！

WANTED

恐怖《きょうふ》の巨大《きょだい》ヒヒ

ウォーター・ボベジャン

南《みなみ》アフリカ共和国《きょうわこく》にはサルの一種《いっしゅ》であるヒヒ科《か》の動物《どうぶつ》ような怪物《かいぶつ》、ウォーター・ボベジャンが出現《しゅつげん》する。大《おお》きさは2・5メートルにたっし、足《あし》の大《おお》きさは40センチメートル。長《なが》いキバで家《か》畜《ちく》や作物《さくもつ》を食《く》いあらすという。ヒヒ科《か》の動物《どうぶつ》にはほかの動物《どうぶつ》を捕《つか》まえて食《く》い殺《ころ》すものもいる。普通《ふつう》のヒヒ科《か》の動物《どうぶつ》よりさらに巨大《きょだい》なこの怪物《かいぶつ》は、かなり危険《きけん》な存在《そんざい》といえるだろう。

DATA《データ》

- 南《みなみ》アフリカ共和国《きょうわこく》
- 1800年《ねん》～
- 街《まち》
- 歩行者用信号機《ほこうしゃようしんごうき》ぐらい
- スター度《ど》 ★★
- 危険度《きけんど》 💀💀💀💀

どうする!?

たたかう

ペットにする

▶にげる

大《おお》きな声《こえ》でびっくりさせたすきに、急《いそ》いでにげよう！

WANTED

コンゴ奥地《おくち》の巨大《きょだい》グモ

チバ・フーフィー

4章《しょう》

チバ・フーフィーはコンゴ奥地《おくち》にいるとされる巨大《きょだい》なクモだ。レッグスパン(足《あし》を広《ひろ》げたときの最大《さいだい》の長《なが》さ)が1・5メートルにもなる怪物《かいぶつ》グモで、1938年《ねん》に旅行中《りょこうちゅう》のイギリス人《じん》によって目撃《もくげき》されている。現在《げんざい》、知《し》られる最大《さいだい》のクモは南米《なんべい》のルブロンオオツチグモのレッグスパン28センチメートルであり、捕獲《ほかく》できれば世界記録更新《せかいきろくこうしん》だ。

DATA《データ》

- コンゴ
- 1938年《ねん》～
- 森《もり》
- ウシぐらい
- スター度《ど》 ★★
- 危険度《きけんど》

どうする!?

たたかう
にげる
ペットにする
▶毒《どく》を採取《さいしゅ》する
毒《どく》から新《あたら》しい薬《くすり》がつくれるかも!?

突進《とっしん》する巨獣《きょじゅう》UMA《ユーマ》

エメラ・ントゥカ

DATA《データ》

コンゴやザンビア

1850年《ねん》～

沼《ぬま》

ゾウより少《すこ》し大《おお》きい

スター度《ど》 ★★★

危険度《きけんど》 💀💀

スペシャル

鎧《よろい》のようにかたい皮《ひ》ふ。

どうする!?

たたかう

にげる

▶ペットにする

いろいろな果物《くだもの》をあげて、好《この》みのえさを見《み》つけよう。

コンゴやザンビアなどアフリカ中部《ちゅうぶ》の森《もり》に囲《かこ》まれた沼地《ぬまち》にいるとされる、正体不明《しょうたいふめい》の怪物《かいぶつ》がエメラ・ントゥカだ。名前《なまえ》には先住民《せんじゅうみん》のことばで「ゾウ殺《ごろ》し」という意味《いみ》があり、全長《ぜんちょう》は7メートル以上《いじょう》、鼻先《はなさき》に巨大《きょだい》な1本《ぽん》のツノを持《も》ち、ゾウにさえ突進《とっしん》して突《つ》き殺《ころ》してしまうという。皮《ひ》ふは厚《あつ》く鎧《よろい》のようで、体《からだ》はがっしりしている。攻撃力《こうげきりょく》は高《たか》いが草食《そうしょく》で温厚《おんこう》な性格《せいかく》をしており、ふだんは植物《しょくぶつ》を食《た》べて静《しず》かにすごしているようだ。

1910年《ねん》にイギリスの新聞《しんぶん》で紹介《しょうかい》されて有名《ゆうめい》になった。その正体《しょうたい》は古代《こだい》サイの生《い》き残《のこ》りだという説《せつ》や、恐竜時代《きょうりゅうじだい》の角竜類《つのりゅうるい》の生《い》き残《のこ》り、特《とく》に1本《ぽん》ツノのセントロサウルスの仲間《なかま》だという説《せつ》がある。

スペシャル

怒《おこ》ると、ものすごいスピードで突進《とっしん》して、相手《あいて》を突《つ》き刺《さ》す。

もしも劇場《げきじょう》

エメラ・ントゥカが道路《どうろ》づくりをしたら…

得意《とくい》の突進《とっしん》で障害物《しょうがいぶつ》をなぎ倒《たお》してくれるので、道《みち》づくりがはかどるよ！

アフリカの脳《のう》食《ぐ》い猛獣《もうじゅう》

ナンディベア

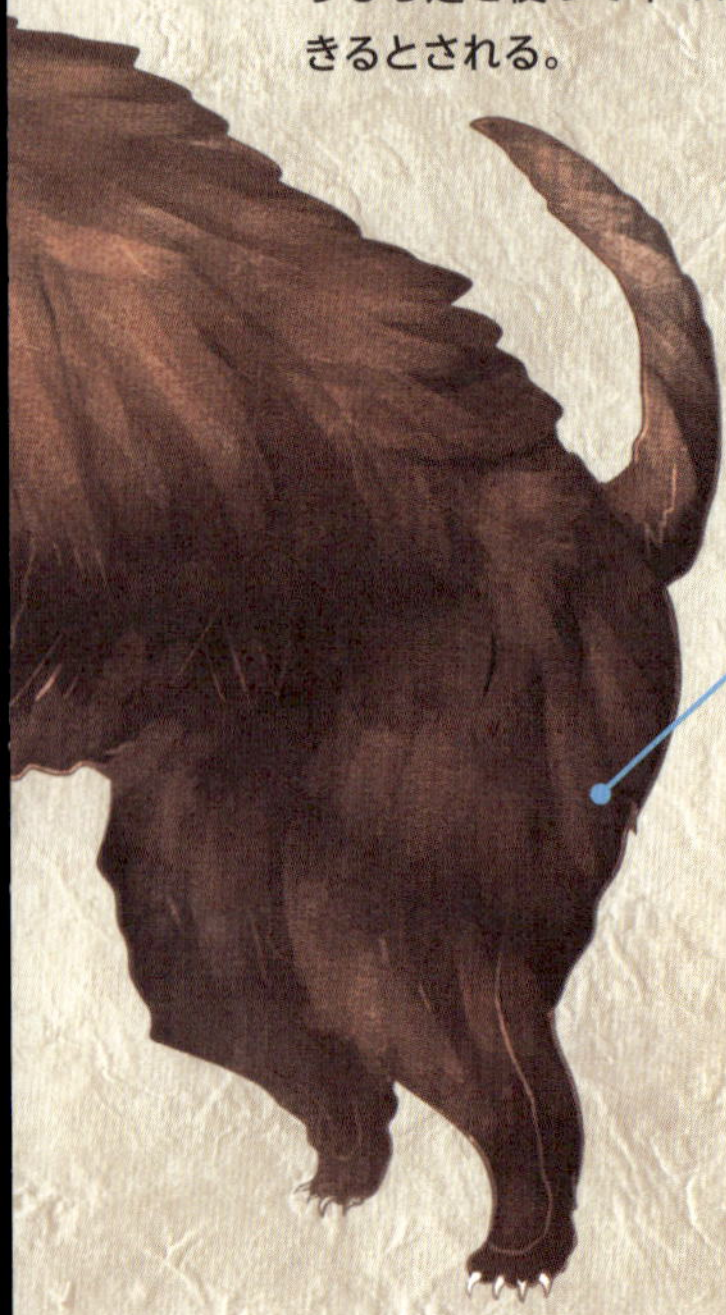

スペシャル

うしろ足《あし》を使《つか》って木《き》のぼりもできるとされる。

DATA《データ》

ケニア

1900年代《ねんだい》のはじめ〜

草原《そうげん》

トラより少《すこ》し大《おお》きい

スター度《ど》 ★★★

危険度《きけんど》

どうする!?

にげる

ペットにする

▶たたかう

ヘルメットをかぶって、頭《あたま》を守《まも》りながらたたかおう!

ケニアのナンディ地方《ちほう》には「獲物《えもの》を襲《おそ》いその脳《のう》を食《く》いちぎる猛獣《もうじゅう》」の伝説《でんせつ》がある。この怪物《かいぶつ》はナンディベアと呼《よ》ばれており、身長《しんちょう》3・5メートルで黒《くろ》みをおびた茶色《ちゃいろ》の毛《け》におおわれ、たくましいクマのような体《からだ》をしているという。体型《たいけい》はハイエナに似《に》ており、うしろ足《あし》にくらべて前足《まえあし》が長《なが》い。1900年代《ねんだい》はじめごろにはアフリカに進出《しんしゅつ》した西洋人《せいようじん》にも目《もく》撃《げき》され、農場《のうじょう》のヒツジが襲《おそ》われ脳《のう》を食《く》われる事《じ》件《けん》まであったという。

その正体《しょうたい》はハイエナにすぎないという説《せつ》もあるが、古代《こだい》の動物《どうぶつ》カリコテリウムだという説《せつ》や、古代《こだい》グマの生《い》き残《のこ》りだという説《せつ》もある。脳《のう》を好《この》む理由《りゆう》は謎《なぞ》だが、単《たん》にナンディベアの好《この》みの問《もん》題《だい》かもしれない。

スクープ!!

恐《おそ》ろしい名前《なまえ》

ナンディベアは、地元《じもと》では「ケシモット(悪魔《あくま》)」や「ゲテイト(脳食《のうく》い)」と呼《よ》ばれていて、とても恐《おそ》れられている。

スペシャル

するどい爪《つめ》。一撃《いちげき》で頭《あたま》をわることができる。

古代《こだい》の遺物《いぶつ》にも描《えが》かれる怪獣《かいじゅう》

サーポパード

どうする!?

たたかう
にげる
ペットにする
▶マフラーをあげる
首《くび》が冷《ひ》えるから、巻《ま》いてあげよう。

DATA《データ》

エジプトやケニア
紀元前《きげんぜん》3200年《ねん》～
森《もり》
キリンより少《すこ》し小《ちい》さい
スター度《ど》 ★★★★
危険度《きけんど》

スペシャル

遺跡《いせき》から見《み》つかる石板《せきばん》に古代人《こだいじん》とサーポパードがいっしょに描《えが》かれていることから、古代人《こだいじん》の家畜《かちく》だったのではないかとも考《かんが》えられている。

エジプトには、むかしからいい伝《つた》えられるドラゴンのような怪獣《かいじゅう》がいる。体《からだ》は大型《おおがた》のネコ科《か》動物《どうぶつ》のようで四足歩行《よんそくほこう》をするにもかかわらず、首《くび》はヘビのように長《なが》く、頭《あたま》はヒョウに似《に》ている。この怪物《かいぶつ》には特《とく》に名《な》はなかったが、遺跡《いせき》から発掘《はっくつ》される石板《せきばん》などによく姿《すがた》が描《えが》かれていたため、後世《こうせい》の研究者《けんきゅうしゃ》によってサーペント（大蛇《だいじゃ》）とレパード（ヒョウ）を足《た》してサーポパードと命名《めいめい》された。単《たん》なる伝説上《でんせつじょう》の怪獣《かいじゅう》というわけではない。1998年《ねん》、アフリカのケニアに「首《くび》の長《なが》い猛獣《もうじゅう》」が出現《しゅつげん》し、アメリカ軍《ぐん》に捕獲《ほかく》されつれ去《さ》られたという情報《じょうほう》があり、サーポパードの発見《はっけん》かと思《おも》われた。しかし、このときに撮影《さつえい》された写真《しゃしん》とされているものが、どの程度《ていど》信頼《しんらい》できるかは不明《ふめい》だ。現時点《げんじてん》で正体《しょうたい》はわからないが、首長竜《くびながりゅう》の生《い》き残《のこ》りではないかという説《せつ》がある。

もしも劇場《げきじょう》

サーポパードがクラスメイトだったら…

公園《こうえん》ですべり台《だい》になってもらってあそぼう！

謎《なぞ》の湖《みずうみ》に潜《ひそ》む伝説《でんせつ》の巨獣《きょじゅう》

モケーレ・ムベンベ

どうする!?

たたかう

ペットにする

▶にげる

しっぽでたたかれる前《まえ》ににげよう。

DATA《データ》

コンゴのテレ湖《こ》

1700年代《ねんだい》〜

湖《みずうみ》

ジンベエザメぐらい

レア度《ど》 ★★★★★

危険度《きけんど》 💀💀💀💀💀

コンゴにあるテレ湖《こ》に潜《ひそ》むという巨大《きょだい》な怪獣《かいじゅう》がモケーレ・ムベンベだ。全長《ぜんちょう》は約《やく》10メートル、体《からだ》はゾウくらいの大《おお》きさで色《いろ》は灰色《はいいろ》、長《なが》い首《くび》と尾《お》を持《も》つという。1700年代《ねんだい》以降《いこう》にはすでに探検家《たんけんか》や伝道師《でんどうし》によってその存在《そんざい》が報告《ほうこく》されていたが、科学的調査《かがくてきちょうさ》がはいるようになったのは1980年《ねん》のシカゴ大学調査隊《だいがくちょうさたい》以降《いこう》である。

日本《にほん》からは1988年《ねん》に早稲田大学探検部《わせだだいがくたんけんぶ》が50日《にち》にわたる調査《ちょうさ》を行《おこな》っている。1992年《ねん》には日本《にほん》のテレビ局《きょく》の取材班《しゅざいはん》が、湖《みずうみ》を進《すす》む何《なに》かの映像《えいぞう》をとらえることに成功《せいこう》した。ただし、あまりに遠《とお》すぎて何《なに》がうつっているのかわからなかった。モケーレ・ムベンベの正体《しょうたい》としてはアパトサウルスのような草食性《そうしょくせい》の恐竜《きょうりゅう》だという説《せつ》がある。

スペシャル
かたい皮《ひ》ふで敵《てき》から身《み》を守《まも》ることができる。

スクープ!!

テレ湖《こ》はすみかではない!?

探検隊《たんけんたい》の調査《ちょうさ》によると、テレ湖《こ》はいちばん深《ふか》くて3メートルほどなため、モケーレ・ムベンベがかくれるのには難《むずか》しいのではないかとも考《かんが》えられている。

UMA《ユーマ》ハンターMr.《ミスター》X《エックス》の

モケーレ・ムベンベレポート

モケーレ・ムベンベの目撃談《もくげきだん》

モケーレ・ムベンベの記録《きろく》は1700年代《ねんだい》にはすでにあり、1900年代《ねんだい》はじめのドイツ人探検家《じんたんけんか》は、草食《そうしょく》の怪獣《かいじゅう》がいて、その怪獣《かいじゅう》は凶暴《きょうぼう》で人間《にんげん》を殺《ころ》すという報告書《ほうこくしょ》を残《のこ》している。1800年代末《ねんだいまつ》ごろとされる話《はなし》によると、畑《はたけ》をあらす数頭《すうとう》の怪獣《かいじゅう》に手《て》をやいたピグミー族《ぞく》が柵《さく》をつくったが、それを1頭《とう》がふみこえてきたため大勢《おおぜい》でとり囲《かこ》んで槍《やり》で攻撃《こうげき》して殺《ころ》

テレ湖《こ》

世界中《せかいじゅう》の調査隊《ちょうさたい》がモケーレ・ムベンベをさがすために訪《おとず》れている。

し、その肉《にく》をわけて食《た》べてしまった。しかし、毒《どく》なのか祟《たた》りなのか、食《た》べたものは全員《ぜんいん》死《し》んでしまったという。

モケーレ・ムベンベの正体《しょうたい》

モケーレ・ムベンベがいるとされるテレ湖《こ》は、実際《じっさい》には大型動物《おおがたどうぶつ》が潜《ひそ》むには浅《あさ》すぎることがわかっており、モケーレ・ムベンベも水中《すいちゅう》に生息《せいそく》する動物《どうぶつ》ではなく、ジャングルに潜《ひそ》む草食恐竜《そうしょくきょうりゅう》の生《い》き残《のこ》りではないかという説《せつ》がある。草食恐竜《そうしょくきょうりゅう》といえばディプロドクスのような巨大種《きょだいしゅ》を連想《れんそう》するが、現在《げんざい》のゾウくらいの大《おお》きさの種《しゅ》も存在《そんざい》したことがわかっている。コンゴの密林《みつりん》は調査《ちょうさ》の手《て》がはいっていない場所《ばしょ》も多《おお》く、未発見《みはっけん》の動物《どうぶつ》がいるかもしれないのだ。

ディプロドクスの想像図《そうぞうず》

全長約《ぜんちょうやく》30メートルの草食恐竜《そうしょくきょうりゅう》。根元《ねもと》が太《ふと》くて先《さき》が細《ほそ》くなったむちのようなしっぽを持《も》つ。

S モケーレ・ムベンベ

2nd アタック

ア：なんと、モケーレ・ムベンベの攻撃《こうげき》をよけたコンガマトー。かみつき返《かえ》した！

X《エックス》：さすがコンガマトー、すばやい飛行《ひこう》です。ただ、モケーレ・ムベンベの体《からだ》にある毒《どく》の影響《えいきょう》がないか心配《しんぱい》ですね。

判《はん》定《てい》 モケーレ・ムベンベ 勝《かち》

X《エックス》：やはりモケーレ・ムベンベの毒《どく》は強《つよ》かったですね。動《うご》きがにぶくなったコンガマトーは、しっぽでたたき落《お》とされてしまいました。爪《つめ》で反撃《はんげき》していたら勝《か》てたかもしれません。

ア：モケーレ・ムベンベの毒《どく》、恐《おそ》るべしですね。

UMA《ユーマ》バトル コンガマトー V

ミスターX《エックス》の 実況《じっきょう》 解説《かいせつ》

アナウンサー(以下《いか》 ア):
アフリカの陸《りく》の王者《おうじゃ》と空《そら》の王者《おうじゃ》の戦《たたか》いが、ついにはじまりました!

1st アタック

ア: モケーレ・ムベンベ、長《なが》いしっぽでコンガマトーになぐりかかる!

X《エックス》: 長《なが》くて棍棒《こんぼう》のように太《ふと》いしっぽの威力《いりょく》は絶大《ぜつだい》です。

巨大怪物《きょだいかいぶつ》ガメ

ンデンデキ

DATA《データ》

コンゴ

不明《ふめい》

沼《ぬま》

首《くび》をのばしたとき、ゾウぐらい

スター度《ど》 ★★★

危険度《きけんど》 💀💀

どうする!?

たたかう

にげる

ペットにする

▶乗《の》る

甲羅《こうら》に乗《の》って、くつをよごさずに沼《ぬま》を冒険《ぼうけん》しよう!

スペシャル

かたいだけでなく、弾力《だんりょく》のある甲羅《こうら》。

WANTED

もしも劇場《げきじょう》

『うらしまたろう』のカメがンデンデキだったら…

大《おお》きさにおどろいたいじめっ子《こ》がにげてしまって、物語《ものがたり》がはじまらない。

4章《しょう》

スペシャル

ぬめぬめとした皮《ひ》ふで、乾燥《かんそう》から身《み》を守《まも》る。

コンゴ民主共和国《みんしゅきょうわこく》の湿地帯《しっちたい》の沼《ぬま》には巨大《きょだい》なカメが潜《ひそ》むという。ンデンデキと呼《よ》ばれるその怪物《かいぶつ》はスッポンに似《に》ており、甲長《こうちょう》(甲羅《こうら》の大《おお》きさ)は4~5メートル、首《くび》をのばせば全長《ぜんちょう》8メートルにたっする。人間《にんげん》を襲《おそ》うことはなく魚《さかな》を食《た》べてくらしているようだ。現在《げんざい》知《し》られている最大《さいだい》のカメは海《うみ》にすむオサガメで甲長《こうちょう》2メートル、淡水《たんすい》にすむスッポンではコガシラスッポンの甲長《こうちょう》1・4メートルであり、ンデンデキは並《なみ》はずれて大《おお》きい。

恐竜《きょうりゅう》が栄《さか》えた太古《たいこ》のむかしにいたアーケロンというカメはヒレを広《ひろ》げると4メートル、体重《たいじゅう》は2トンもあったといわれている。ただしアーケロンは海《うみ》にいるカメだったと考《かんが》えられており、ンデンデキと直接関係《ちょくせつかんけい》あるかは不明《ふめい》だ。

霧《きり》のなかでうごめく大《おお》ウナギ

インカニヤンバ

南《みなみ》アフリカ共和国《きょうわこく》のホーウィックという町《まち》にホーウィック滝《たき》がある。この滝《たき》の滝《たき》つぼは大《おお》きな池《いけ》になっており、そこに潜《ひそ》むとされるのが怪獣《かいじゅう》インカニヤンバである。インカニヤンバは全長《ぜんちょう》が10〜20メートル、口元《くちもと》に触角《しょっかく》のようなヒゲがある。大蛇《だいじゃ》か大《おお》ウナギのような怪物《かいぶつ》だとされており、滝《たき》につながる河川《かせん》を自《じ》由《ゆう》に移動《いどう》し、人間《にんげん》を襲《おそ》うという。霧《きり》にかくれて行動《こうどう》することを好《この》むため、はっきりした姿《すがた》はわからない。

その正体《しょうたい》について、有力《ゆうりょく》とされるのが巨《きょ》大化《だいか》したウナギ説《せつ》だ。アフリカにはアンギラ・モザンビカというウナギがおり、未《み》知《ち》のウナギがいる可《か》能性《のうせい》もある。ウナギは肉食《にくしょく》で、魚《さかな》やエビ、カエルまで食《た》べる。巨大種《きょだいしゅ》がいれば人間《にんげん》を襲《おそ》うにちがいない。

どうする!?

たたかう
にげる
ペットにする
▶食《た》べる

たくさんのうな重《じゅう》がつくれるよ！

DATA《データ》

- 南《みなみ》アフリカ共和国《きょうわこく》のホーウィック滝《たき》
- 不明《ふめい》
- 川《かわ》
- 最大《さいだい》で電車《でんしゃ》1両分《りょうぶん》
- スター度《ど》 ★★★
- 危険度《きけんど》 ☠☠☠☠☠

スクープ!!

群《む》れで大移動《だいいどう》するインカニヤンバ

夏《なつ》になると、インカニヤンバは別《べつ》の場《ば》所《しょ》に移動《いどう》すると考《かんが》えられている。滝《たき》から70キロメートルはなれたムコマジ川《がわ》では、夏《なつ》にインカニヤンバと思《おも》われる巨大生物《きょだいせいぶつ》が目撃《もくげき》されている。

スペシャル

大人《おとな》ひとりを、一瞬《いっしゅん》で水中《すいちゅう》に引《ひ》きずりこむ力《ちから》を持《も》つ。

スペシャル

地元《じもと》の洞窟《どうくつ》には、インカニヤンバの姿《すがた》をきざんだ壁画《へきが》が多《おお》く残《のこ》されている。

異《こと》なる姿《すがた》を持《も》つふしぎな生物《せいぶつ》

ラウ

どうする!?

たたかう

ペットにする

▶にげる

頭《あたま》をしっかり守《まも》ってにげよう。

DATA《データ》

ナイル川《がわ》

1912年《ねん》〜

川《かわ》

最大《さいだい》で電車《でんしゃ》1両半《りょうはん》ぐらい

スター度《ど》 ★★★★

危険度《きけんど》

アフリカを代表《だいひょう》する大河《たいが》であるナイル川《がわ》の上流《じょうりゅう》には奇妙《きみょう》な怪獣《かいじゅう》のうわさがある。それがラウだ。ラウは部族《ぶぞく》によってはニャーマとも呼《よ》ばれるが、奇妙《きみょう》なのは部族《ぶぞく》によって伝《つた》えられる姿《すがた》がまったくちがうことだ。ヴィクトリア湖《こ》周辺《しゅうへん》のラウは、12〜30メートルはある巨大《きょだい》なヘビで、頭《あたま》に派手《はで》なトサカを持《も》っている。1912年《ねん》にコンゴの密林《みつりん》にあらわれたラウはカバに似《に》た巨獣《きょじゅう》で、やはり頭《あたま》にトサカがある。どちらにせよ、ラウは人間《にんげん》を食《く》う恐《おそ》ろしい怪物《かいぶつ》で、ラウに襲《おそ》われたものはまず助《たす》からず、頭《あたま》をわられ脳《のう》を食《く》われる。そのため生還《せいかん》した目《もく》撃《げき》者《しゃ》が少《すく》ないという。おそらく別々《べつべつ》のU《ユ》M《ー》A《マ》が同《おな》じ名《な》前《まえ》で呼《よ》ばれているのだと思《おも》われるが、どちらにせよラウの正体《しょうたい》を解明《かいめい》する手《て》がかりはとても少《すく》ない。

もしも劇《げき》場《じょう》

ラウがニワトリと出《で》会《あ》ったら…

トサカがりっぱな生《い》き物《もの》どうし、仲《なか》のよい友《とも》だちなれるかも！

スペシャル

頭部《とうぶ》にはりっぱなトサカのようなものがついている。

スペシャル

ふだんは水中《すいちゅう》に身《み》をかくしている。

漂着《ひょうちゃく》したゾウのような鼻《はな》を持《も》つ死体《したい》

トランコ

スペシャル

長《なが》い鼻《はな》を振《ふ》り回《まわ》して攻撃《こうげき》したり、敵《てき》の攻撃《こうげき》を鼻《はな》でよけたりすると考《かんが》えられている。

どうする!?

たたかう

にげる

▶ペットにする

鼻《はな》をしばれば、安全《あんぜん》に水中《すいちゅう》散歩《さんぽ》ができるかも!?

DATA《データ》

南《みなみ》アフリカ共和国《きょうわこく》のマーゲート海岸《かいがん》

1924年《ねん》〜　海《うみ》

シャチ2頭分《とうぶん》ぐらい

スター度《ど》 ★★★★

危険度《きけんど》

1924年《ねん》10月《がつ》25日《にち》、南《みなみ》アフリカ共和国《きょうわこく》のマーゲート海岸《かいがん》にある海水浴場《かいすいよくじょう》で事件《じけん》は起《お》こった。海水浴《かいすいよく》を楽《たの》しんでいた多《おお》くの客《きゃく》たちが、沖合《おきあい》で2頭《とう》のシャチが15メートルはある「何《なに》か」とはげしくたたかっている姿《すがた》を目撃《もくげき》したのだ。その死闘《しとう》は3時間《じかん》続《つづ》いたが、結局《けっきょく》シャチが勝利《しょうり》をおさめたらしく、シャチは立《た》ち去《さ》っていった。

その晩《ばん》、シャチに敗《やぶ》れた謎《なぞ》の生物《せいぶつ》の死体《したい》は砂浜《すなはま》に流《なが》れ着《つ》き、しばらく放置《ほうち》されたのち簡単《かんたん》な調査《ちょうさ》が行《おこな》われた。それは白《しろ》い繊維《せんい》状《じょう》の毛《け》におおわれたブヨブヨの動物《どうぶつ》の死体《したい》で、特徴的《とくちょうてき》なのはゾウの鼻《はな》を思《おも》わせる器官《きかん》が突《つ》きだしていたことだ。英語《えいご》でゾウのような鼻《はな》をトランクといい、そこからトランコと命名《めいめい》された。その後《ご》、本格的《ほんかくてき》な調査《ちょうさ》は行《おこな》われず、正体《しょうたい》は謎《なぞ》のままだ。

スペシャル

3メートルにもおよぶ長《なが》い尾《お》を使《つか》って、力強《ちからづよ》く泳《およ》げる。

スクープ!!

トランコの武器《ぶき》

シャチとの戦《たたか》いで、トランコは長《なが》い鼻《はな》と思《おも》われる器官《きかん》を振《ふ》り回《まわ》して応戦《おうせん》していたという。もしも、人間《にんげん》がこの鼻《はな》のような器官《きかん》でなぐられたら……。考《かんが》えただけで恐《おそ》ろしい。

NO.1《ナンバー》はどのUMA《ユーマ》!?③

UMA《ユーマ》何《なん》でも総《そう》選《せん》挙《きょ》

UMA《ユーマ》何《なん》でも総選挙《そうせんきょ》もこれでいよいよ最後《さいご》だ。個性的《こせいてき》なUMA《ユーマ》のNo.1《ナンバー》を紹介《しょうかい》するよ。

かみの毛《け》が長《なが》いNo.1《ナンバー》

イエレン（→230ページ）

山《やま》のなかで手《て》いれするのは大変《たいへん》そうだ。どうやっているのだろう？

足《あし》が大《おお》きい獣《じゅう》人《じん》No.1《ナンバー》

オラン・ダラム（→222ページ）

最大《さいだい》でなんと60センチメートルの大《おお》きさ。靴《くつ》のサイズに困《こま》りそうだ。

ペットにしたいNo.1《ナンバー》

翼《つばさ》ネコ（→52ページ）

ミスターX《エックス》はネコが好きだから、No.1《ナンバー》に選《えら》ばれたぞ！

こわれやすさNo.1《ナンバー》

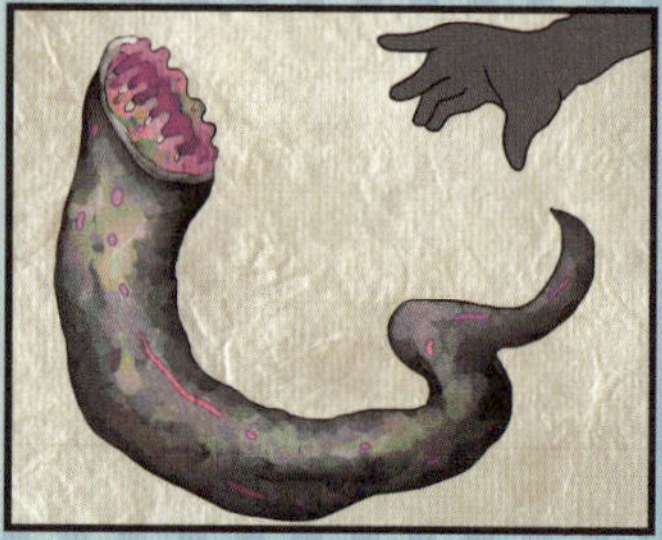

エクスプローディング・スネーク（→64ページ）

軽《かる》くつつくだけで破裂《はれつ》してしまうぞ！　そーっとふれよう。

5章《しょう》

アジア・オセアニアのUMA《ユーマ》

砂漠《さばく》や雪山《ゆきやま》など極限《きょくげん》の環境《かんきょう》でくらすアジアのUMA《ユーマ》や、海《うみ》や湖《みずうみ》でくらすオセアニアのUMA《ユーマ》に会《あ》いにいこう！

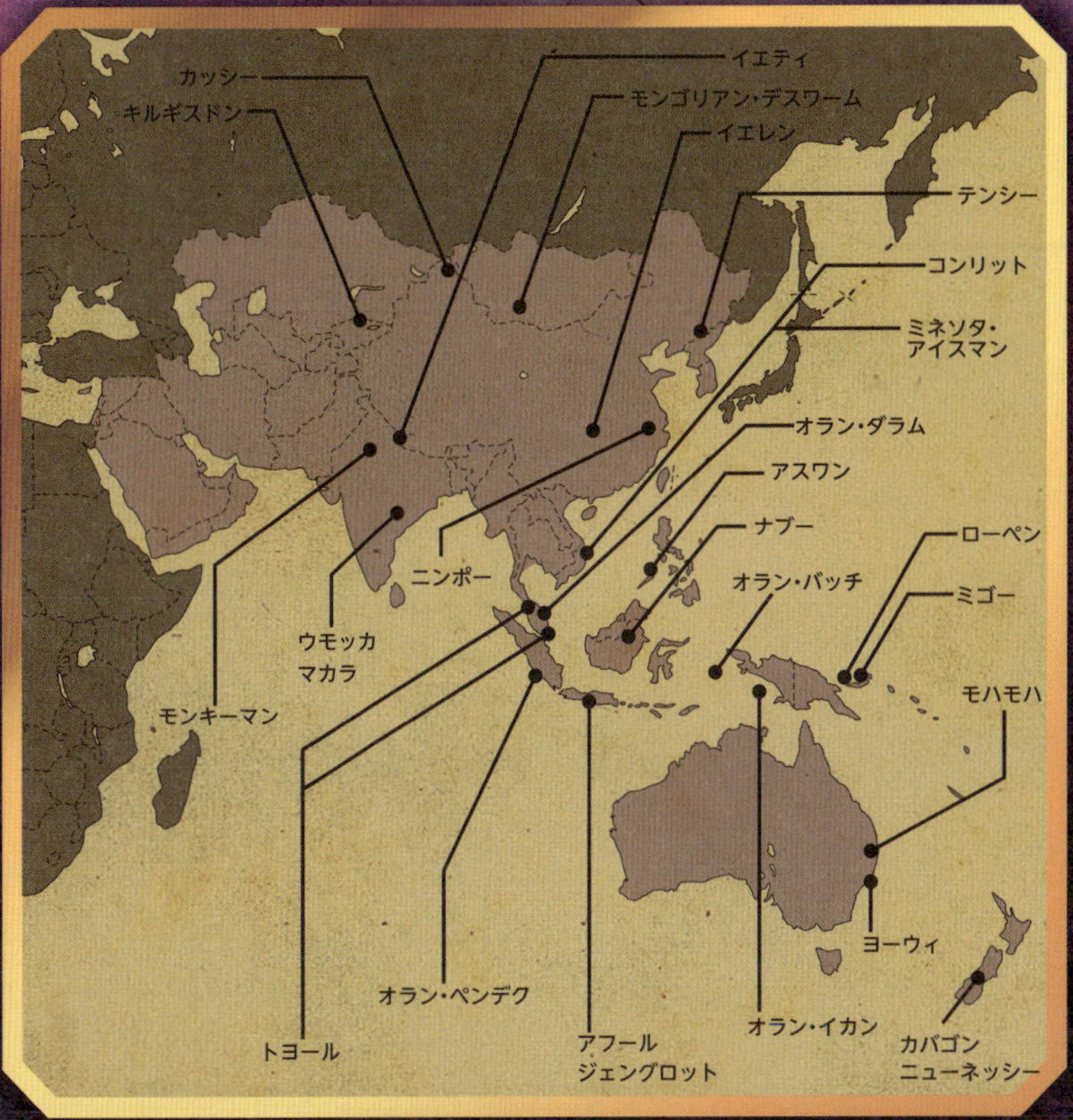

ヒマラヤに潜《ひそ》む謎《なぞ》の雪男《ゆきおとこ》

イエティ

DATA《データ》

- ヒマラヤ山脈《さんみゃく》
- 1832年《ねん》〜
- 山《やま》
- 最大《さいだい》でバスケットボールのゴールぐらい

スター度《ど》 ★★★★★

危険度《きけんど》 💀💀

どうする⁉

たたかう

にげる

ペットにする

▶だきしめる

寒《さむ》い場所《ばしょ》でくらすイエティの毛皮《けがわ》はふわふわで気持《きも》ちいいよ。

世界《せかい》の屋根《やね》と呼《よ》ばれ、7000メートルをこえる山々《やまやま》がつらなるヒマラヤに生《せい》息《そく》するとされるのが、毛《け》むくじゃらの猿人《えんじん》イエティだ。身長《しんちょう》3メートルの巨人《きょじん》だという説《せつ》もあれば、人間《にんげん》ほどの大《おお》きさだという説《せつ》もある。インド、ネパール、ブータンなど広範《こうはん》囲《い》に伝説《でんせつ》や目撃談《もくげきだん》が広《ひろ》がっているので、複数《ふくすう》の種類《しゅるい》がいるのかもしれない。

1951年《ねん》にはイギリスの登山家《とざんか》エリック・シプトンが長《なが》さ30センチメートル、幅《はば》13センチメートルの巨大《きょだい》な足《あし》跡《あと》を撮影《さつえい》し、1959年《ねん》には日本《にほん》からも科学者《かがくしゃ》の学術調査団《がくじゅつちょうさだん》が現地《げんち》で調査《ちょうさ》を行《おこな》っている。その正体《しょうたい》について古代《こだい》の原始人《げんしじん》の生《い》き残《のこ》りだという説《せつ》や、ヒグマの見間違《みまちが》いにすぎないという説《せつ》もあり、いまだはっきりしていない。

スペシャル

イエティの頭皮《とうひ》は神聖《しんせい》とされ、ヒマラヤ山脈《さんみゃく》にある寺《じ》院《いん》にまつられている。

スクープ!!

イエティの毛皮《けがわ》、発見《はっけん》か!?

イエティの毛皮《けがわ》は複数発見《ふくすうはっけん》されているが、それらは分析《ぶんせき》の結果《けっか》、ヒグマのものと判明《はんめい》した。現在《げんざい》もイエティに関《かん》する目撃情報《もくげきじょうほう》は多《おお》いため、新《あら》たな報告《ほうこく》に期待《きたい》したい。

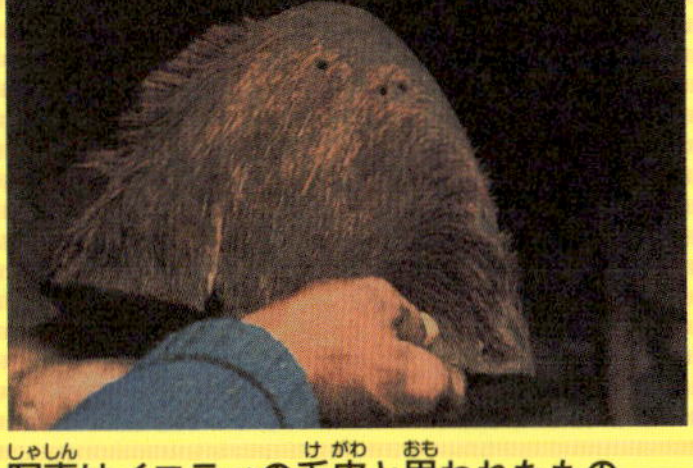

写真《しゃしん》はイエティの毛皮《けがわ》と思《おも》われたもの。

ヒマラヤの精霊《せいれい》イエティ

UMA《ユーマ》ストーリー

イエティ調査隊《ちょうさたい》は、まさにヒマラヤの奥地《おくち》、イエティ出没地域《しゅつぼつちいき》に到達《とうたつ》しようとしていた。ヒマラヤ登山《とざん》には現地《げんち》のシェルパ族《ぞく》をやとい、案内《あんない》や荷《に》物運《もつはこ》びをしてもらう必要《ひつよう》があるが、隊長《たいちょう》の依頼《いらい》に、シェルパ族《ぞく》のリーダーは乗《の》り気《き》ではなかった。彼《かれ》はいう。

「イエティは山《やま》を守《まも》る精霊《せいれい》なのだ。安易《あんい》に近《ちか》づくなら、祟《たた》りがある。」

だが、隊長《たいちょう》は相手《あいて》にしなかった。

「祟《たた》り？　冗談《じょうだん》じゃない。そんなものあるものか。」

不安《ふあん》そうなシェルパ族《ぞく》を無理《むり》やり引《ひ》きつれて、調査隊《ちょうさたい》は奥地《おくち》にふみこんだ。ところが、どうしたことだろう。その日《ひ》から天候《てんこう》はあれはじめ、身《み》を切《き》るような寒風《かんぷう》が吹《ふ》きあれた。猛吹雪《もうふぶき》は視界《しかい》をとざし、轟音《ごうおん》とともに流《なが》れ下《くだ》る雪崩《なだれ》にあと一歩《いっぽ》で飲《の》まれるところだった。

「ほんの数日前《すうじつまえ》までは晴《は》れていたのに…。」

隊員《たいいん》たちも祟《たた》りを恐《おそ》れはじめた。最後《さいご》まで祟《たた》りを信《しん》じなかった隊長《たいちょう》も恐《おそ》ろしくなり、ついに下山《げざん》することになったという。

複数種《ふくすうしゅ》が存在《そんざい》？　謎《なぞ》の猿人《えんじん》

オラン・ダラム

スペシャル

複数《ふくすう》の種類《しゅるい》がいて、家族《かぞく》でくらしている可能性《かのうせい》がある。

DATA《データ》

- マレーシア、インドネシア
- 1970年《ねん》〜
- 森《もり》
- 巨人種《きょじんしゅ》でカバぐらい
- スター度《ど》 ★★★
- 危険度《きけんど》

どうする!?

たたかう
にげる
ペットにする
▶魚《さかな》をあげる

好物《こうぶつ》の魚《さかな》をあげれば仲《なか》よくなれるかも！

スペシャル

巨人種《きょじんしゅ》の足《あし》は、最大《さいだい》で60センチメートル。

マレーシアのジョホール州《しゅう》にあるエンダウ・ロンピン国立公園《こくりつこうえん》。広大《こうだい》な熱帯雨《ねったいう》林《りん》からなるこの国立公園《こくりつこうえん》に潜《ひそ》むとされるのがオラン・ダラムと呼《よ》ばれる猿人《えんじん》だ。この地域《ちいき》で目撃《もくげき》される猿人《えんじん》は巨人種《きょじんしゅ》、人型種《ひとがたしゅ》、小人種《しょうじんしゅ》の3種類《しゅるい》にわかれ、それぞれ大《おお》きさが少《すこ》しずつ異《こと》なる。巨人種《きょじんしゅ》は身長《しんちょう》4メートルとずばぬけて巨大《きょだい》だが容姿《ようし》は人間《にんげん》に近《ちか》い。人型種《ひとがたしゅ》は身長《しんちょう》は2メートル、小人種《しょうじんしゅ》は1・2メートルほど。どれも毛《け》むくじゃらで人型《ひとがた》なのが特徴《とくちょう》で、複《ふく》数種《すうしゅ》いるのか、それとも親子《おやこ》かは不明《ふめい》だ。

オラン・ダラムはむかしからいい伝《つた》えられていたが、2005年《ねん》にも村人《むらびと》が目撃《もくげき》、2006年《ねん》には長《なが》さ60センチメートルの、足跡《あしあと》らしき痕跡《こんせき》が発見《はっけん》されている。巨人種《きょじんしゅ》は魚《さかな》を好《この》むことはわかっているが、そのほかについてはいまだわかっていない。

もしも劇場《げきじょう》

オラン・ダラムが組体操《くみたいそう》をしたら…

巨人種《きょじんしゅ》のオラン・ダラムがかならず下《した》でささえる役《やく》になるよ！

化《か》石《せき》人《じん》類《るい》の生《い》き残《のこ》りか

オラン・ペンデク

DATA《データ》

- インドネシアのスマトラ島《とう》
- 1200年代《ねんだい》〜
- 森《もり》
- 最大《さいだい》で小学《しょうがく》1〜2年生《ねんせい》ぐらい
- スター度《ど》 ★★★
- 危険度《きけんど》

どうする!?

たたかう
にげる
ペットにする
▶捕《つか》まえる

果物《くだもの》でおびきよせて、気《き》を引《ひ》いているうちに捕《つか》まえよう。

オラン・ペンデクはインドネシアのスマトラ島《とう》に潜《ひそ》むとされる猿人《えんじん》だ。その最大《さいだい》の特徴《とくちょう》は体《からだ》が小《ちい》さいことで、身長《しんちょう》は80センチメートル、大《おお》きくても1・2メートルしかない。皮《ひ》ふはうすいオレンジ色《いろ》で茶色《ちゃいろ》の毛《け》におおわれ、頭髪《とうはつ》は長《なが》く背中《せなか》へ垂《た》れている。雑食性《ざっしょくせい》で虫《むし》から果物《くだもの》まで食《た》べ、サトウキビ畑《ばたけ》もあらすことがあるという。

むかしから、人間《にんげん》に出会《であ》うとすぐににげる小型《こがた》の猿人《えんじん》の伝説《でんせつ》が地元《じもと》に残《のこ》っている。興味深《きょうみぶか》いのは、最近《さいきん》になってインドネシアのフローレス島《とう》で、身長《しんちょう》1メートルのホモ・フローレシエンシスという小型人類《こがたじんるい》の化石《かせき》が発見《はっけん》されたことである。ホモ・フローレシエンシスは、現在《げんざい》の人間《にんげん》（ホモ・サピエンス）と異《こと》なる人類《じんるい》だが、石器《せっき》をつくれるほどの知能《ちのう》があり、同《おな》じ種族《しゅぞく》がスマトラ島《とう》に生《い》き残《のこ》っている可能性《かのうせい》は否定《ひてい》できない。

スクープ!!

偉人《いじん》も目撃《もくげき》していたUMA《ユーマ》

1271～1295年《ねん》にかけて、アジアを旅《たび》したマルコ・ポーロが書《か》いた「東方見聞録《とうほうけんぶんろく》」という旅行記《りょこうき》にも、オラン・ペンデクらしき生物《せいぶつ》を目撃《もくげき》したという証言《しょうげん》が残《のこ》されている。

5章《しょう》

スペシャル

体《からだ》は小《ちい》さいが、とてもすばしっこい。人《ひと》に見《み》つかると、猛《もう》スピードでにげだす。

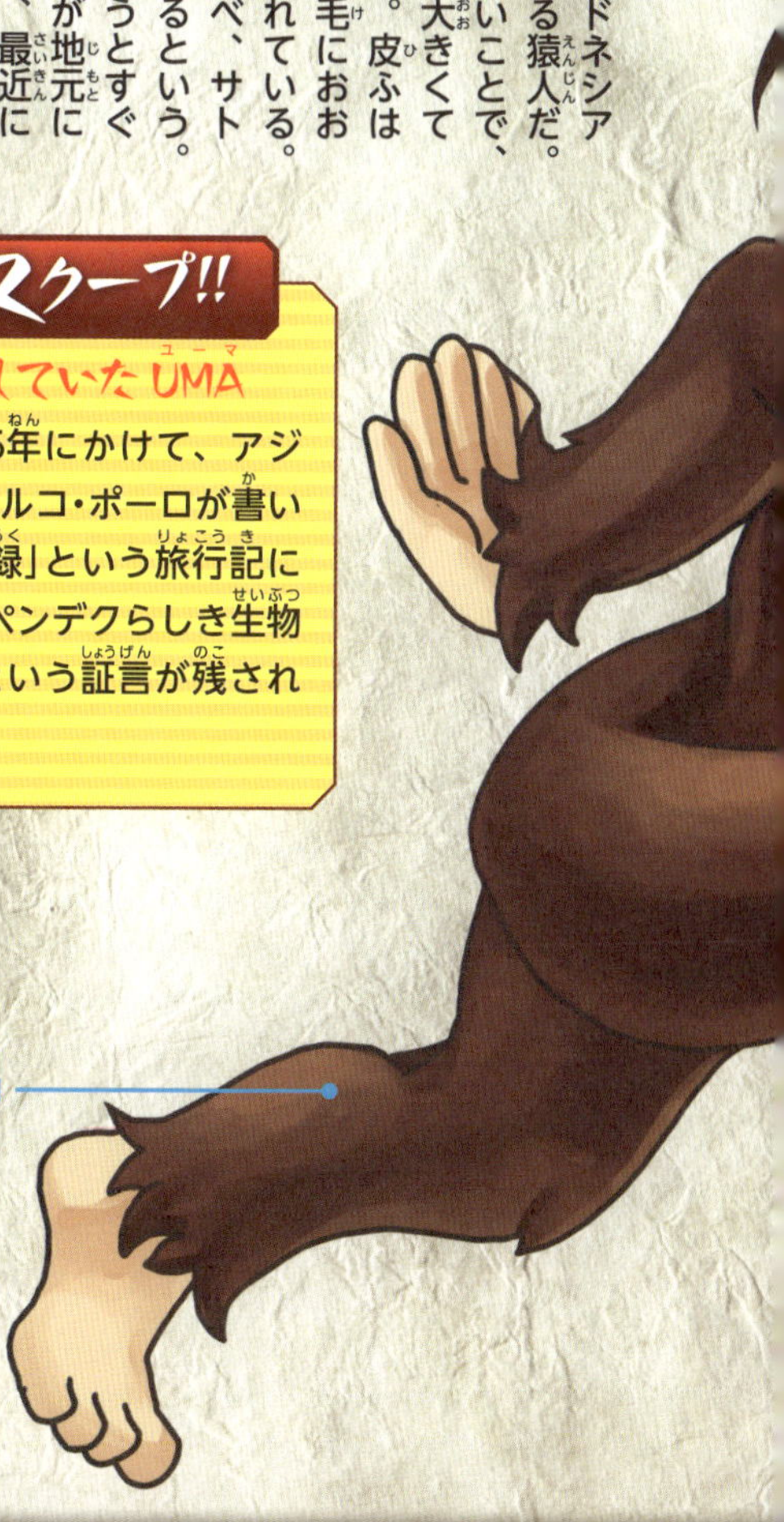

ブルーマウンテンの怪人《かいじん》

ヨーウィ

スペシャル

大型種《おおがたしゅ》は火《ひ》や道具《どうぐ》を使《つか》うことができるといわれていて、高《こう》度《ど》な知能《ちのう》を持《も》つと考《かんが》えられる。

DATA《データ》

オーストラリア

1795年《ねん》

山《やま》

最大《さいだい》でバスケットボールのゴールぐらい

スター度《ど》 ★★★★

危険度《きけんど》 💀💀💀

スペシャル

するどい2本《ほん》のキバがあるといわれている。

どうする!?

たたかう

にげる

▶ペットにする

火《ひ》を使《つか》って、おいしい料理《りょうり》をごちそうしてくれるかも！

WANTED

オーストラリア、シドニー西方《せいほう》にあるブルーマウンテン一帯《いったい》に、ヨーウィと呼《よ》ばれる猿人型《えんじんがた》UMA《ユーマ》が出没《しゅつぼつ》するという。オーストラリア先住民《せんじゅうみん》アボリジニによれば、ヨーウィには サルのような小型種《こがたしゅ》と、火《ひ》をあつかうほど知能《ちのう》が高《たか》い3メートルの大型種《おおがたしゅ》がいるという。全身《ぜんしん》毛《け》におおわれ体《からだ》はたくましいが、首《くび》は短《みじか》く猫背《ねこぜ》に見《み》える。

ヨーウィの特徴《とくちょう》は、目撃証言《もくげきしょうげん》が非常《ひじょう》に多《おお》いことである。1700年代《ねんだい》以降《いこう》、ヨーロッパ人《じん》がオーストラリアに移《うつ》り住《す》んだころから目撃報告《もくげきほうこく》があいつぎ、その数《かず》は3200件《けん》をこえるともいわれる。地元《じもと》の住民《じゅうみん》やキャンプ中《ちゅう》の男性《だんせい》、狩《か》りにでかけたハンターなどが、続々《ぞくぞく》と目撃報告《もくげきほうこく》をよせている。その正体《しょうたい》は、古代《こだい》の大型類人猿《おおがたるいじんえん》ギガントピテクスの生《い》き残《のこ》りではないかと考《かんが》えられている。

5章《しょう》

スクープ!!

ヨーウィの銅像《どうぞう》

ブルーマウンテンのあるクイーンズランド州《しゅう》には、ヨーウィの銅像《どうぞう》が建《た》てられている。観光地《かんこうち》として人気《にんき》。

ミネソタ・アイスマン

スペシャル

プロレスラーのように肩幅《かたはば》が広《ひろ》く、手《て》が大《おお》きい。

DATA《データ》

ベトナム
（アメリカで興行《こうぎょう》）

1967年《ねん》〜

森《もり》

大人《おとな》の男性《だんせい》とほぼ同《おな》じ

スター度《ど》 ★★★

危険度《きけんど》

どうする!?

たたかう

にげる

▶ペットにする

氷《こお》漬《づ》けにされていたので、お湯《ゆ》をかけてあたためてあげよう。

WANTED

１９６７～１９６８年《ねん》のあいだ、アメリカ各地《かくち》を巡業《じゅんぎょう》した奇妙《きみょう》な見世物《みせもの》がある。ミネソタ・アイスマンと呼《よ》ばれる氷漬《こおりづ》けの猿人《えんじん》の死体《したい》だ。由来《ゆらい》はいろいろといわれている。例《たと》えば、ロシアのカムチャッカ半島周辺《はんとうしゅうへん》のベーリング海《かい》に浮《う》かぶ流氷《りゅうひょう》から発見《はっけん》され、氷漬《こおりづ》けのままアメリカへ持《も》ちこまれたという説《せつ》や１９６０年前半《ねんぜんはん》にベトナムで銃殺《じゅうさつ》されて運《はこ》ばれたとする説《せつ》などがある。

この死体《したい》は世界的《せかいてき》なUMA《ユーマ》研究家《けんきゅうか》ベルナール・ユーベルマン博士《はかせ》とアイヴァン・T《ティー》・サンダースン博士《はかせ》によって調査《ちょうさ》された。ケースごしの観察《かんさつ》だったため、精密《せいみつ》な調査《ちょうさ》が行《おこな》われたわけではない。ただ、調査中《ちょうさちゅう》に誤《あやま》ってケースをわってしまったとき、ひどい腐敗臭《ふはいしゅう》がしたことから、ふたりは本物《ほんもの》の死体《したい》だと判断《はんだん》している。しかし、死体《したい》の不法入手《ふほうにゅうしゅ》を疑《うたが》われた興行主《こうぎょうぬし》が「あれはつくりものだ」と証言《しょうげん》したため、真相《しんそう》がわからなくなっている。

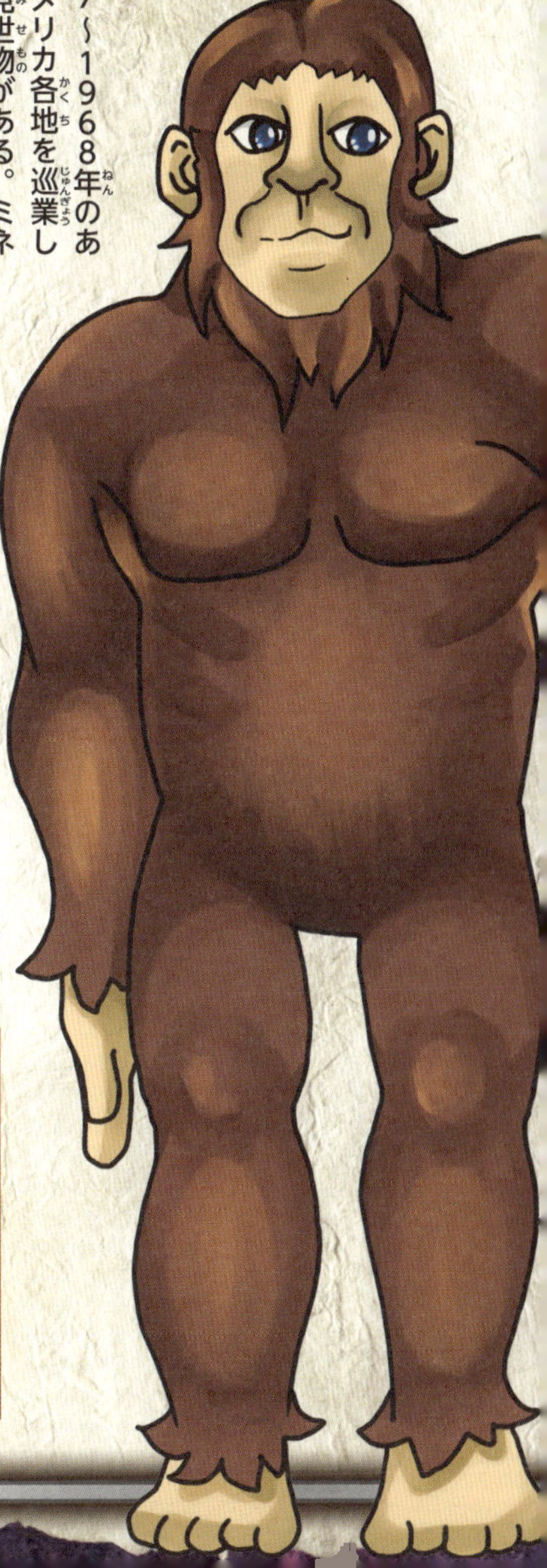

スクープ!!

解凍《かいとう》された!?　ミネソタ・アイスマンの謎《なぞ》

2012年《ねん》に、アメリカのテキサス州《しゅう》で解凍《かいとう》されたミネソタ・アイスマンの写真《しゃしん》が公開《こうかい》された。その後《ご》オークションで販売《はんばい》されたが、それが本物《ほんもの》かはさだかではない。

中国《ちゅうごく》の秘境《ひきょう》に潜《ひそ》む神秘《しんぴ》の猿人《えんじん》

イエレン

DATA《データ》

- 中国《ちゅうごく》の神農架《しんのうか》
- 1974年《ねん》～
- 森《もり》
- 大人《おとな》の男性《だんせい》とほぼ同《おな》じ
- スター度《ど》 ★★★★
- 危険度《きけんど》 ☠☠☠☠

どうする !?

たたかう

にげる

▶ペットにする

長《なが》いかみの毛《け》を使《つか》ってあそぼう。

WANTED

中国《ちゅうごく》の湖北省《こほくしょう》の神農《しんのう》架《か》という原生林《げんせいりん》におおわれた地域《ちいき》に出没《しゅつぼつ》するのが、全身《ぜんしん》を灰色《はいいろ》や茶《ちゃ》色《いろ》、または赤《あか》い毛《け》におおわれた怪物《かいぶつ》イエレンだ。姿《すがた》や背《せ》の高《たか》さは人《にん》間《げん》と似《に》ているが、その顔《かお》はサルに似《に》ていて、かみの毛《け》が長《なが》い。

公式《こうしき》に報告《ほうこく》されたのは1974年《ねん》のことだ。地元《じもと》の生産大隊《せいさんだいたい》(農業《のうぎょう》の管理《かんり》をする組織《そしき》)の副主任《ふくしゅにん》をしていた殷洪発《いんほんはつ》が芝刈《しばか》りをしているあいだに怪物《かいぶつ》と遭遇《そうぐう》。つかみかかられた殷《いん》は、鎌《かま》で反撃《はんげき》し怪《かい》物《ぶつ》を追《お》い返《かえ》すという事件《じけん》があった。その後《あと》も目撃《もくげき》はあいつぎ、中国科学院《ちゅうごくかがくいん》や新華社《しんかしゃ》のような報道機関《ほうどうきかん》までが調査《ちょうさ》に乗《の》りだす大騒動《おおそうどう》となった。中国《ちゅうごく》の古文《こもん》書《じょ》「山海経《せんがいきょう》」には人間《にんげん》とサルの中間《ちゅうかん》のような怪物《かいぶつ》が何種類《なんしゅるい》ものっており、それらとの関係性《かんけいせい》も注目《ちゅうもく》されている。

スペシャル

つかむ力《ちから》がとても強《つよ》い。引《ひ》きよせると、するどい爪《つめ》で切《き》りさくといわれている。

スクープ!!

神農架《しんのうか》に潜《ひそ》むUMA《ユーマ》たち!

神農架《しんのうか》には、イエレン以外《いがい》にも3メートルをこえる獣人《じゅうじん》が目撃《もくげき》されている。周辺《しゅうへん》では、巨大《きょだい》な類《るい》人猿《じんえん》(人間《にんげん》に似《に》た特徴《とくちょう》を持《も》つサルの仲間《なかま》)のギガントピテクスの化《か》石《せき》が発見《はっけん》されており、その生《い》き残《のこ》りがいまも神農架《しんのうか》に潜《ひそ》んでいるという説《せつ》が有力《ゆうりょく》だ。

イエレンとの遭遇《そうぐう》

1976年《ねん》5月《がつ》13日《にち》の夜中《よなか》に、山道《やまみち》を1台《だい》の車《くるま》が走《はし》っていた。農業局《のうぎょうきょく》長《ちょう》、党《とう》委員会《いいんかい》秘書《ひしょ》など、5人《にん》の党幹部《とうかんぶ》の有名人《ゆうめいじん》を乗《の》せて車《くるま》を走《はし》らせるのは運転手《うんてんしゅ》の蔡先志《さいせんし》。山道《やまみち》は暗《くら》く、車《くるま》のライトだけがたよりだ。

「最近《さいきん》はこのあたりに化《ば》け物《もの》がでるそうですよ。」

蔡《さい》は、神農架《しんのうか》をさわがす怪物《かいぶつ》の話題《わだい》を口《くち》にした。しかし、ほかの5人《にん》はとりあわない。

「きみ、そんなもの迷信《めいしん》に決《き》まってるよ。」

と、そのとき、蔡《さい》は前方《ぜんぽう》の右側《みぎがわ》に見《み》える崖《がけ》の下《した》に奇妙《きみょう》な生《い》き物《もの》がいるのを

UMA《ユーマ》ストーリー

発見《はっけん》して、あわててブレーキをふんだ。

「なんだあれは！」

「サルにしては大《おお》きいぞ。」

その怪物《かいぶつ》はこちらを見《み》てニヤリと笑《わら》ったようだった。車《くるま》から降《お》り怪物《かいぶつ》に向《む》かって石《いし》を投《な》げつけると、その怪物《かいぶつ》はあっというまに林《はやし》のなかににげ去《さ》った。

党幹部《とうかんぶ》が遭遇《そうぐう》した以上《いじょう》、放置《ほうち》しておけないということで、中国政府《ちゅうごくせいふ》はすぐに調査隊《ちょうさたい》を結成《けっせい》し神農架《しんのうか》に向《む》かわせたのだが、ついにイエレンの正体《しょうたい》はわからなかった。

不《ぶ》気《き》味《み》な飛《ひ》行《こう》吸《きゅう》血《けつ》鬼《き》

アスワン

DATA《データ》

- フィリピンのパラワン島《とう》
- 2004年《ねん》〜
- 空《そら》
- 大人《おとな》の男性《だんせい》とほぼ同《おな》じ
- スター度《ど》 ★★★
- 危険度《きけんど》 💀💀💀💀💀

どうする!?

たたかう

ペットにする

▶にげる

背後《はいご》から襲《おそ》われないように、気《き》をつけてにげよう。

フィリピンのパラワン島《とう》には吸血鬼《きゅうけつき》アスワンの伝説《でんせつ》がある。人《ひと》の背《せ》ほどの大《おお》きさでコウモリのような黒《くろ》い翼《つばさ》を持《も》ち、頭《あたま》からは2本《ほん》のツノが生《は》えている。顔《かお》はイヌのようだが、昼間《ひるま》は人間《にんげん》の美女《びじょ》の姿《すがた》ですごし、夜《よる》には人間《にんげん》の男《おとこ》の血《ち》を吸《す》うといわれている。

このとおりのアスワンが実在《じつざい》する可能性《かのうせい》は低《ひく》いが、2004～2006年《ねん》にかけて、立《た》て続《つづ》けに人間《にんげん》がコウモリのような怪物《かいぶつ》に襲《おそ》われたり、アスワンらしき生物《せいぶつ》を目撃《もくげき》する事件《じけん》が起《お》きており、そのなかには血《ち》をぬきとられ治療《ちりょう》を必要《ひつよう》とした被害者《ひがいしゃ》がいたという。おそらく美女《びじょ》にばけるような怪物《かいぶつ》はいないと考《かんが》えられるが、何《なん》らかの危険《きけん》な飛行生物《ひこうせいぶつ》が存在《そんざい》する可能性《かのうせい》があるので注意《ちゅうい》したほうがよいだろう。

スペシャル

夜《よる》にとけこむ黒《くろ》い翼《つばさ》と体《からだ》。獲物《えもの》に気《き》づかれずに、接近《せっきん》できる。

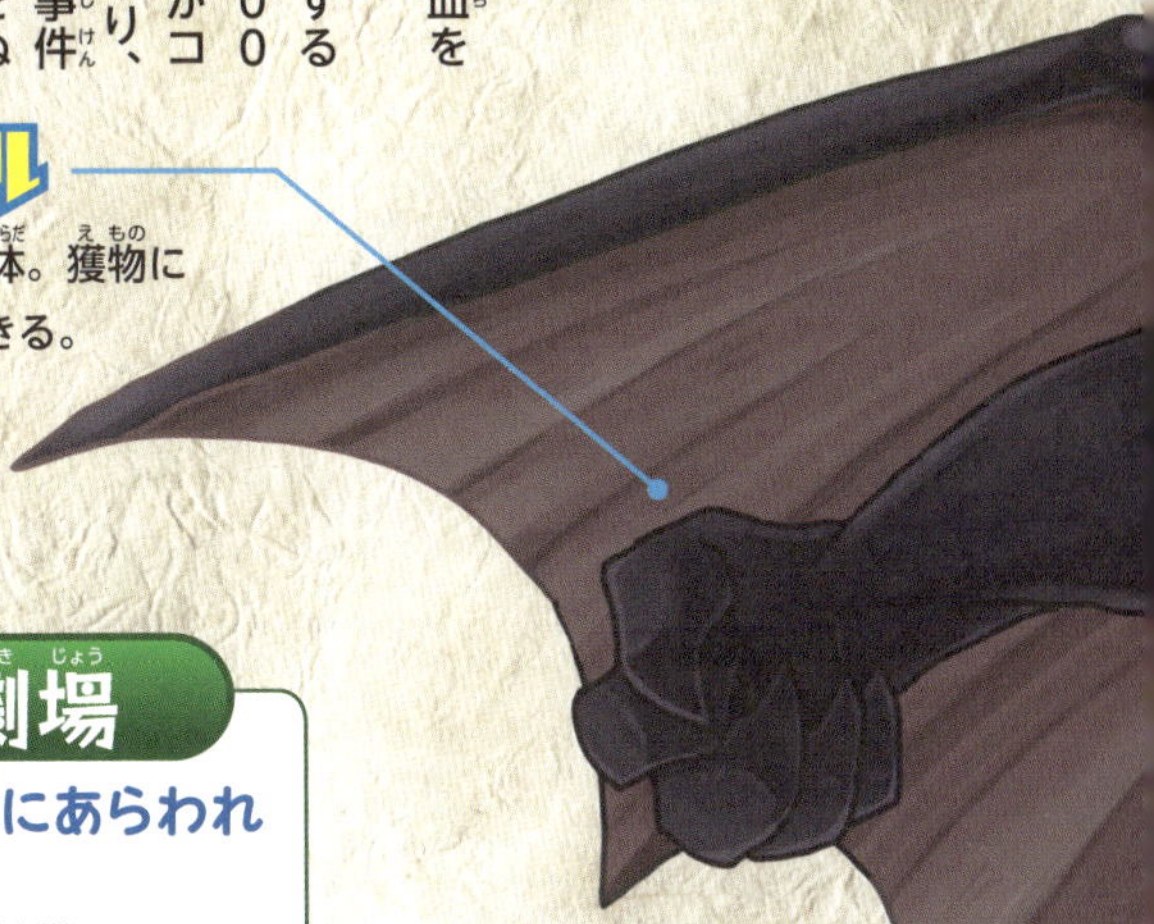

もしも劇場《げきじょう》

アスワンが夕方《ゆうがた》にあらわれたら…

半分《はんぶん》だけ人間《にんげん》で、半分《はんぶん》だけコウモリのような奇妙《きみょう》な姿《すがた》が見《み》られるかも!?

WANTED

美声《びせい》を持《も》つ怪獣《かいじゅう》

アフール

アフールはインドネシアのジャワ島《とう》に生息《せいそく》する飛行《ひこう》UMA《ユーマ》だ。翼開長《よくかいちょう》(翼《つばさ》を広《ひろ》げたときの大《おお》きさ)3・6メートル、コウモリに似《に》ているとされるが、最大種《さいだいしゅ》のコウモリでも翼開張《よくかいちょう》は2メートルにみたないことを考《かんが》えると、コウモリとはとても思《おも》えない。「アフール」と美《うつく》しい声《こえ》で鳴《な》くといわれ、それが名前《なまえ》の由来《ゆらい》である。翼竜《よくりゅう》の生《い》き残《のこ》りだろうか、それとも未知《みち》の怪獣《かいじゅう》だろうか。

DATA《データ》

- インドネシアのジャワ島《とう》
- 1925年《ねん》～
- 空《そら》
- 翼開長《よくかいちょう》時《じ》に黒板《こくばん》1枚分《まいぶん》ぐらい

スター度《ど》 ★★

危険度《きけんど》 💀💀💀

どうする!?

たたかう

にげる

ペットにする

▶歌《うた》う

機嫌《きげん》がよいといっしょに歌《うた》ってくれるかも!?

WANTED

インドネシアの飛行怪人《ひこうかいじん》

オラン・バッチ

インドネシアのセラム島《とう》には翼《つばさ》を持《も》った人間《にんげん》「オラン・バッチ」というUMA《ユーマ》の伝説《でんせつ》がある。赤《あか》みがかった皮《ひ》ふをした猿人《えんじん》のような姿《すがた》に、コウモリのような翼《つばさ》を持《も》つ。昼間《ひるま》は洞窟《どうくつ》にかくれ、夜《よる》になると人間《にんげん》の子《こ》どもをさらって食《く》うと恐《おそ》れられている。コウモリの見間違《みまちが》いという説《せつ》もあるが、現《げん》地《ち》の人《ひと》はコウモリを見慣《みな》れており、その可能性《かのうせい》は低《ひく》い。

5章《しょう》

どうする!?

たたかう

ペットにする

▶にげる

サルに似《に》ているから、バナナをあげて気《き》をそらせているあいだににげよう。

DATA《データ》

インドネシアのセラム島《とう》

1400年代《ねんだい》～　空《そら》

ジャイアントパンダぐらい

スター度《ど》 ★　危険度《きけんど》 💀💀💀💀💀

南海《なんかい》の人食《ひとく》い怪鳥《かいちょう》

ローペン

DATA《データ》

パプアニューギニア

1400年《ねん》～

空《そら》

最大《さいだい》でマイクロバスぐらい

スター度《ど》 ★★★

危険度《きけんど》 💀💀💀

どうする!?

たたかう

にげる

▶ペットにする

小《ちい》さいうちから飼《か》いならせば背中《せなか》に乗《の》れるかも?

パプアニューギニアのウンボイ島《とう》には怪鳥《かいちょう》ローペンがすむという。ローペンの姿《すがた》は絶滅《ぜつめつ》した翼竜《よくりゅう》そのものだ。コウモリに似《に》ているが、長《なが》い尾《お》とするどいキバがあり、翼《つばさ》には爪《つめ》もある。長《なが》い尾《お》の先《さき》に特徴《とくちょう》的《てき》なひし形《がた》のヒレがあり、これは翼竜《よくりゅう》ランフォリンクスの特徴《とくちょう》と一致《いっち》する。体《からだ》を発光《はっこう》させながら飛《と》ぶらしい。大《おお》きさは通常《つうじょう》、翼開長《よくかいちょう》(翼《つばさ》を広《ひろ》げたときの大《おお》きさ)3メートルほどだが、7メートルと大型《おおがた》のものもいる。肉《にく》を好《この》み、墓《はか》をあらしてくさった肉《にく》も食《た》べるという。

1944年《ねん》の第二次世界大戦中《だいにじせかいたいせんちゅう》には、ウンボイ島《とう》に展開《てんかい》していたオーストラリア軍《ぐん》とアメリカ軍《ぐん》の兵士《へいし》がローペンを目撃《もくげき》している。また、1995年製《ねんせい》の海図《かいず》には、すでにパプアニューギニアでは人《ひと》を襲《おそ》う怪鳥《かいちょう》に気《き》をつけるようにという注意書《ちゅういが》きがあったという。

もしも劇場《げきじょう》

ローペンが街《まち》にいたら…

光《ひか》るものが好《す》きなカラスを引《ひ》きつけるよ！

スペシャル

光《ひか》りながら空《そら》を飛《と》ぶ。おなかに発光器官《はっこうきかん》があると考《かんが》えられている。

邪悪《じゃあく》な小型《こがた》UMA《ユーマ》

トヨール

どうする!?

にげる

ペットにする

▶たたかう

いたずらされる前《まえ》に、先制攻撃《せんせいこうげき》で催眠術《さいみんじゅつ》をかけて、こころをあやつってしまおう。

DATA《データ》

マレーシア、シンガポール

不明《ふめい》

街《まち》

リコーダーぐらい

スター度《ど》 ★★

危険度《きけんど》 💀💀💀💀

マレーシアやシンガポールでは、小《ちい》さな怪物《かいぶつ》の存在《そんざい》が信《しん》じられている。これはトヨールと呼《よ》ばれる身長《しんちょう》30センチメートルにもみたない小《ちい》さな悪魔《あくま》で、人間《にんげん》の生《い》き血《ち》を吸《す》い、こころをあやつり、邪悪《じゃあく》ないたずらをするという。

ここまでならよくあるおとぎ話《ばなし》の登《とう》場人物《じょうじんぶつ》にすぎない。しかし2006年《ねん》2月《がつ》、マレーシアの博物館《はくぶつかん》でトヨールとされる瓶詰《びんづ》めのミイラが公開《こうかい》された。これは漁師《りょうし》が海岸《かいがん》で拾《ひろ》ったもので、どうやら一度《いちど》海《うみ》に捨《す》てられたものらしい。また、2000年代《ねんだい》にはいってからもトヨールに遭遇《そうぐう》し、血《ち》を吸《す》われたり金品《きんぴん》を奪《うば》われたりする人《ひと》があいついでいる。ほかにもトヨールに、金《かな》しばり状態《じょうたい》にされた女性《じょせい》が血《ち》を吸《す》われ、お金《かね》を奪《うば》われるという怪事件《かいじけん》が起《お》きている。

スペシャル

するどいキバで獲物《えもの》にかみつき、血《ち》を吸《す》う。

スペシャル

金《かな》しばりにしたり、こころをあやつったりする超能力《ちょうのうりょく》があるといわれている。

スクープ!!

トヨールの祟《たた》り

2006年《ねん》、博物館《はくぶつかん》でトヨールのミイラが公開《こうかい》されると、関係者《かんけいしゃ》に次々《つぎつぎ》と不幸《ふこう》が起《お》こった。祟《たた》りを恐《おそ》れて、このミイラはふたたび海《うみ》に捨《す》てられた。このトヨールには、魔《ま》よけのためなのか黄色《きいろ》いひもが巻《ま》かれていたが、効果《こうか》はなかったようだ。

小《ちい》さな怪物《かいぶつ》の真相《しんそう》やいかに？

ジェングロット

DATA《データ》

- インドネシアのジャワ島《とう》
- 不明《ふめい》
- 森《もり》
- ウシガエルぐらい
- スター度《ど》 ★★★
- 危険度《きけんど》 💀💀

どうする!?

たたかう

にげる

ペットにする

▶ロングヘアをほめる

手《て》いれをどうしているのか、聞《き》いてみよう。

インドネシアのジャワ島《とう》には、不気味《ぶきみ》な吸血《きゅうけつ》ザルのうわさがいい伝《つた》えられている。それはジェングロットと呼《よ》ばれ、身長《しんちょう》は20センチメートルほどと小《ちい》さいが、するどい爪《つめ》とふしぎな超能力《ちょうのうりょく》を持《も》ち、人間《にんげん》を襲《おそ》って血《ち》を吸《す》うという。現地《げんち》の霊媒師《れいばいし》たちはそれぞれジェングロットのミイラを持《も》っており、信仰《しんこう》の対象《たいしょう》にしているという。だが、それらがつくりものの可能性《かのうせい》はある。

2009年《ねん》に発見《はっけん》されたジェングロットの標本《ひょうほん》は科学的《かがくてき》な鑑《かん》定《てい》が途中《とちゅう》まで行《おこな》われ、かみの毛《け》は人間《にんげん》のものと判明《はんめい》したが、解《かい》剖《ぼう》などの本格調査《ほんかくちょうさ》は持《も》ち主《ぬし》に拒《きょ》否《ひ》されたため行《おこな》われていない。しかし、かみの毛《け》に人《ひと》の毛《け》を使《つか》っている以上《いじょう》、つくりものだという疑《うたが》いは高《たか》いと思《おも》われる。

スペシャル

かみの毛《け》は長《なが》くて、とてもかたい。

もしも劇場《げきじょう》

ジェングロットが子《こ》ども部屋《べや》に潜《ひそ》んでいたら…

ドールハウスにかくれていたら、見《み》つけられないかも!?

スペシャル

地元《じもと》では精霊《せいれい》として知《し》られている。

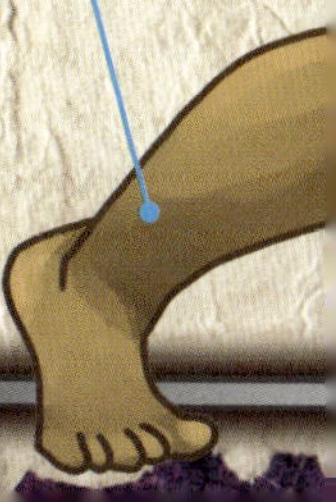

夜《よる》の街《まち》を襲《しゅう》撃《げき》する猿《えん》人《じん》

モンキーマン

DATA《データ》

- インド
- 2001年《ねん》〜
- 街《まち》
- 大人《おとな》の女性《じょせい》とほぼ同《おな》じ
- スター度《ど》 ★★★
- 危《き》険《けん》度《ど》 ☠☠☠☠

どうする!?

たたかう

にげる

▶ペットにする

いろいろな洋服《ようふく》を着《き》せてあげると、よろこぶかも!?

スペシャル

得意技《とくいわざ》は、するどいキバを使《つか》ったかみつき攻撃《こうげき》。

酷暑《こくしょ》の夏《なつ》、インドのニューデリーで夜《よる》の街《まち》を暴《あば》れ回《まわ》り、屋上《おくじょう》ですずむ人々《ひとびと》を恐怖《きょうふ》に落《お》としいれた怪物《かいぶつ》がいる。怪物《かいぶつ》は小柄《こがら》な人間《にんげん》ほどの大《おお》きさのサルだが、するどい爪《つめ》のほかにヘルメットと衣服《いふく》を着《き》ており、靴《くつ》まではいて住宅《じゅうたく》の上《うえ》を跳《は》ね回《まわ》っていたというのだ。

この奇妙《きみょう》な怪物《かいぶつ》はモンキーマンと命名《めいめい》された。姿《すがた》はおもしろいが、100人以上《にんいじょう》の人《ひと》が引《ひ》っかかれ、かまれてケガをするなど、とても笑《わら》っていられない被害《ひがい》がでた。なかには恐《おそ》ろしさのあまり屋根《やね》から落《お》ちて死亡《しぼう》する人《ひと》もいたといい、被害《ひがい》はかなり深刻《しんこく》だといえる。その正体《しょうたい》はサルの見間違《みまちが》え、住民《じゅうみん》がうわさを信《しん》じこんでパニックになっただけ、というもののほかに、軍《ぐん》が開発《かいはつ》した怪人型生物兵器《かいじんかたせいぶつへいき》だという説《せつ》まで登場《とうじょう》している。

スペシャル

約《やく》10メートルも跳《と》ぶことができる。

スクープ!!

インドのUMA《ユーマ》

インドで有名《ゆうめい》なUMA《ユーマ》のひとつに、ムノチュワがいる。体長《たいちょう》は約《やく》20センチメートル、機械《きかい》のような体《からだ》にするどい爪《つめ》を持《も》つこのUMA《ユーマ》は、モンキーマンとともに目撃《もくげき》されることが多《おお》く、何《なん》らかの関係《かんけい》があるのではないかといわれている。

確《かく》認《にん》済《ずみ》UMA《ユーマ》

かつてUMA《ユーマ》だと思《おも》われていたが、地道《じみち》な研究《けんきゅう》によって生態《せいたい》が確認《かくにん》されることで、実在《じつざい》する生物《せいぶつ》だと認《みと》められたものがあるぞ。いくつか紹介《しょうかい》しよう。

❶ 飛《と》べない鳥《とり》!?

タカへ

生息数《せいそくすう》 ▶ **約《やく》280羽《わ》**

タカへは、ニュージーランドにわずかに生息《せいそく》する飛《と》べない鳥《とり》。60年《ねん》ほど前《まえ》、ニュージーランドでは新種《しんしゅ》のUMA《ユーマ》に関《かん》する目撃情報《もくげきじょうほう》で盛《も》り上《あ》がったことがあった。そこで本格的《ほんかくてき》な調査《ちょうさ》をした結果《けっか》、絶滅《ぜつめつ》したと思《おも》われていたタカへが1948年《ねん》にふたたび見《み》つかった。

❷ おしりや足《あし》がシマウマそっくり!

オカピ

生息数《せいそくすう》 ▶ **調査中《ちょうさちゅう》**

オカピは、アフリカに生息《せいそく》しているキリンの仲間《なかま》。ロバのような耳《みみ》と、腰《こし》から足《あし》にかけてシマウマのような模様《もよう》を持《も》つ。古《ふる》くから地元《じもと》の人々《ひとびと》のあいだで目撃《もくげき》されていたが、ヨーロッパではそのような動《どう》物《ぶつ》はいないと思《おも》われていた。1901年《ねん》にイギリスの探検家《たんけんか》が調査《ちょうさ》した結果《けっか》、実在《じつざい》する生《せい》物《ぶつ》であることがわかった。

③ 世界最大《せかいさいだい》のトカゲ コモドオオトカゲ

生息数《せいそくすう》 **調査中《ちょうさちゅう》**

コモドオオトカゲは、インドネシアのコモド島《とう》に生息《せいそく》している。最大《さいだい》で体長《たいちょう》3メートルにもなり、ブタやシカなどを殺《ころ》して食《た》べる。古《ふる》くから島《しま》の船乗《ふなの》りのあいだで目撃《もくげき》されており、その姿《すがた》がドラゴンのように見《み》えたことから「コモドドラゴン」ともいわれた。1900年代以降《ねんだいいこう》に調査《ちょうさ》された結果《けっか》、新種《しんしゅ》のトカゲだということがわかった。

④カモのようなかわいいくちばし カモノハシ

生息数《せいそくすう》 **約《やく》3万《まん》～30万《まん》びき**

カモノハシはオーストラリアにすむ哺乳類《ほにゅうるい》の一種《いっしゅ》で、カモのようなくちばしに、ビーバーのような平《たい》らなしっぽ、水《みず》かきのついた手足《てあし》を持《も》っている。はじめて発見《はっけん》されたとき、その毛皮《けがわ》やスケッチは偽物《にせもの》だと思《おも》われていたが、調査《ちょうさ》が進《すす》むにつれて実在《じつざい》する生物《せいぶつ》だとわかった。

※生息数《せいそくすう》は、2018年度《ねんど》「IUCN《アイユーシーエヌ》 レッドリスト(国際自然保護連合《こくさいしぜんほごれんごう》)」参照《さんしょう》。

砂丘《さきゅう》に潜《ひそ》む猛毒《もうどく》怪虫《かいちゅう》

モンゴリアン・デスワーム

DATA《データ》

- モンゴルのゴビ砂漠《さばく》
- 1926年《ねん》〜
- 砂漠《さばく》
- 最大《さいだい》でジャイアントパンダぐらい

スター度《ど》 ★★★★★

危険度《きけんど》 ☠☠☠☠

どうする!?

たたかう

にげる

▶ペットにする

電気代《でんきだい》が節約《せつやく》できて、おうちの人《ひと》がよろこぶよ。

モンゴルのゴビ砂漠《さばく》にいるとうわさされているのがミミズのような姿《すがた》の怪物《かいぶつ》モンゴリアン・デスワームだ。体《からだ》は暗《くら》い赤《あか》で、黒《くろ》の斑点《はんてん》があるといわれている。動物《どうぶつ》の腸《ちょう》を思《おも》わせる不気味《ぶきみ》な姿《すがた》をしているが、長《なが》さ45センチメートル～1・5メートルとさほど大《おお》きくない。しかし性質《せいしつ》は凶暴《きょうぼう》で、接近《せっきん》してきた人間《にんげん》に毒《どく》や電気《でんき》をあびせて殺《ころ》してしまうという。

もともとはモンゴルの人々《ひとびと》だけが知《し》る伝説《でんせつ》の怪物《かいぶつ》だったが、1990年《ねん》にUMA《ユーマ》研究家《けんきゅうか》イワン・マッコールが現地《げんち》で調査《ちょうさ》をしたことがきっかけで広《ひろ》く知《し》られるようになった。その正体《しょうたい》として砂《さ》漠《ばく》にすむ毒《どく》ヘビや地中《ちちゅう》にすむミミズトカゲなどが考《かんが》えられているが、決定的《けっていてき》な説《せつ》はまだでていない。

もしも劇場《げきじょう》

モンゴリアン・デスワームを釣《つ》りのえさにしたら…

電気《でんき》で魚《さかな》をしびれさせて、たくさん釣《つ》れる。

スペシャル

周囲《しゅうい》1メートル以内《いない》に生《い》き物《もの》がいれば、毒《どく》や電気《でんき》で攻撃《こうげき》する。

UMA《ユーマ》ハンターMr.《ミスター》X《エックス》の

モンゴリアン・デスワームレポート

モンゴリアン・デスワームの力《ちから》をさぐる

モンゴリアン・デスワームは、現地《げんち》では伝説《でんせつ》の毒虫《どくむし》「オルゴイ・コルコイ」として、むかしから知《し》られていたようだ。モンゴリアン・デスワームの特徴《とくちょう》に、近《ちか》づくものを毒《どく》や電気《でんき》で攻撃《こうげき》するというものがある。電気《でんき》を発《はっ》する生物《せいぶつ》として有名《ゆうめい》なのは南《みなみ》アメリカのデンキウナギだ。デンキウナギは体《からだ》の大半《たいはん》が発電器官《はつでんきかん》になっており、人間《にんげん》を気絶《きぜつ》させるほどの電気《でんき》をだす。しかし、それは電気《でんき》を通《とお》しやすい水中《すいちゅう》だからできることで、陸上《りくじょう》で敵《てき》を感電《かんでん》させるのは難《むずか》しいと考《かん》えられており、モンゴリアン・デスワームの正体《しょうたい》はいまだ謎《なぞ》のままなのだ。

デンキウナギ

モンゴリアン・デスワームに似《に》た生《い》き物《もの》

砂漠《さばく》には、モンゴリアン・デスワームに似《に》た生態《せいたい》を持《も》つ生《い》き物《もの》がいる。これらは、もしかしたらモンゴリアン・デスワームの仲間《なかま》かもしれない。

ツノクサリヘビ

アフリカの砂漠《さばく》に生息《せいそく》し、砂《すな》にもぐって獲物《えもの》を待《ま》ちぶせする。鬼《おに》のようなツノが特徴《とくちょう》。強《つよ》い毒《どく》を持《も》つ。

ケニスアナボア

アフリカの砂漠《さばく》に生息《せいそく》するニシキヘビの仲間《なかま》。毒《どく》はないが、しめる力《ちから》が強《つよ》い。砂《すな》にもぐって獲物《えもの》を待《ま》ち、しめ殺《ころ》す。

ソ連《れん》崩《ほう》壊《かい》とともに消《き》えた怪《かい》獣《じゅう》

キルギスドン

DATA《データ》

キルギスのイシク・クル湖《こ》

不明《ふめい》

湖《みずうみ》

ジンベエザメぐらい

スター度《ど》 ★★★★

危険度《きけんど》

どうする!?

たたかう

にげる

▶ペットにする

湖《こ》底《てい》の探検《たんけん》で、古《こ》代《だい》遺《い》跡《せき》を案内《あんない》してくれるかも!?

旧《きゅう》ソ連《れん》（現在《げんざい》のロシアとその周辺地域《しゅうへんちいき》）の領内《りょうない》で、現在《げんざい》、キルギスの奥地《おくち》にイシク・クル湖《こ》がある。この湖《みずうみ》は西遊記《さいゆうき》で知《し》られる玄奘三蔵法師《げんじょうさんぞうほうし》が記録《きろく》に残《のこ》したことでも知《し》られる。この湖《みずうみ》で2本《ほん》のツノがある謎《なぞ》の怪獣《かいじゅう》が、ソ連《れん》の水中調査《すいちゅうちょうさ》によって撮影《さつえい》されている。生息地《せいそくち》がソ連領内《れんりょうない》で情報公開《じょうほうこうかい》もされなかったせいか名前《なまえ》もついておらず、オカルト研究家《けんきゅうか》の飛鳥昭雄《あすかあきお》氏《し》によって「キルギスドン」と命名《めいめい》された。

湖《みずうみ》の底《そこ》を調査《ちょうさ》した結果《けっか》、キルギスドンの骨《ほね》と見《み》られるものも回収《かいしゅう》されているが、これらは現在《げんざい》行方不明《ゆくえふめい》だという。イシク・クル湖《こ》は有名《ゆうめい》な観光地《かんこうち》だが、そのわりに目撃事件《もくげきじけん》がなく、どこまでが本当《ほんとう》のことなのか判断《はんだん》する材料《ざいりょう》にとぼしいのが実情《じつじょう》である。

スペシャル

するどくとがったツノ。攻撃《こうげき》されたら危険《きけん》。

スクープ!!

古代《こだい》の巨大生物《きょだいせいぶつ》の生《い》き残《のこ》り？

いまから何億年《なんおくねん》も前《まえ》、水《みず》のなかに、4枚《まい》のヒレを持《も》つモササウルスという爬虫類《はちゅうるい》がすんでいた。キルギスドンも4枚《まい》のヒレを持《も》っており、古代生物《こだいせいぶつ》の生《い》き残《のこ》りだといわれている。

天池《てんち》のチャイニーズ・ネッシー

テンシー

どうする!?

たたかう

にげる

▶ペットにする

何《なん》びきか飼《か》って育《そだ》てて、いっしょに水《みず》あそびしよう。

DATA《データ》

- 中国《ちゅうごく》の天池《てんち》
- 1900年代《ねんだい》〜
- 湖《みずうみ》
- 最大《さいだい》でジンベエザメぐらい

スター度《ど》 ★★★

危険度《きけんど》 💀

スペシャル

首《くび》のまわりにある白《しろ》い輪《わ》のような模様《もよう》が特徴《とくちょう》。

WANTED

中国《ちゅうごく》と朝鮮半島《ちょうせんはんとう》の国境周辺《こっきょうしゅうへん》にまたがる山岳地帯《さんがくちたい》には天池《てんち》という火山《かざん》の噴火《ふんか》によってできた池《いけ》がある。そこにはテンシーと呼《よ》ばれる怪獣《かいじゅう》がすんでいるという。テンシーは全長《ぜんちょう》3～10メートル、外見《がいけん》はネッシー型《がた》の怪獣《かいじゅう》だとも大魚《たいぎょ》だともいわれる。1960年代《ねんだい》から目撃件数《もくげきけんすう》が増《ふ》えはじめ、2003年《ねん》には20頭《とう》ほどの「何《なに》か」が群《む》れをなして泳《およ》ぐのが目撃《もくげき》されている。ただしこのときは、遠《とお》すぎて正確《せいかく》な姿《すがた》まではわからなかった。

天池《てんち》が観光地《かんこうち》ということもあり目《もく》撃件数《げきけんすう》は多《おお》いが、証言内容《しょうげんないよう》はまちまちで、テンシーはその姿《すがた》さえはっきりしていないのが実情《じつじょう》だ。そのため正体《しょうたい》をさぐるのも困難《こんなん》で、ソウギョのような大型魚《おおがたぎょ》という説《せつ》もあれば、恐竜《きょうりゅう》の生《い》き残《のこ》りではないかという説《せつ》もある。

スクープ!!

観光客《かんこうきゃく》にも人気《にんき》!

テンシーの目撃情報《もくげきじょうほう》は、海外《かいがい》で大《おお》きく報道《ほうどう》されたことがある。報道《ほうどう》を聞《き》いたUMA《ユーマ》愛好家《あいこうか》や多《おお》くの観光客《かんこうきゃく》が、テンシーを一目見《ひとめみ》ようと訪《おとず》れているが、正体《しょうたい》はいまだにわかっていない。

5章《しょう》

WANTED

ビデオカメラでとらえられた！

ミゴー

パプアニューギニアのニューブリテン島《とう》にあるダカタウア湖《こ》に生息《せいそく》するとされるのが怪《かい》獣《じゅう》ミゴーだ。体長《たいちょう》は５〜10メートルほどでウミガメのような手足《てあし》にワニのような体《からだ》とウマのようなたてがみを持《も》つという。１９９４年《ねん》に日本《にほん》のテレビ局《きょく》によってそれらしきものが撮影《さつえい》されている（遠《とお》すぎて正体《しょうたい》は不明《ふめい》）。中生代《ちゅうせいだい》（約《やく》２億《おく》５０００〜６５００万《まん》年前《ねんまえ》）の爬《は》虫類《ちゅうるい》モササウルスの生《い》き残《のこ》りという説《せつ》がある。

どうする!?

にげる

ペットにする

▶たたかう

口《くち》が開《あ》かないようにロープでしばってから攻撃《こうげき》だ！

DATA《データ》

パプアニューギニアのダカタウア湖《こ》

不明《ふめい》

湖《みずうみ》

最大《さいだい》でジンベエザメぐらい

スター度《ど》 ★★

危険度《きけんど》

WANTED

謎《なぞ》のカメ型《がた》ドラゴン

モハモハ

オーストラリアのフレーザー島《とう》（マグネチック島《とう》との説《せつ》もある）の海岸《かいがん》で、博物学者《はくぶつがくしゃ》シャーリー・ロヴェルがふしぎな怪物《かいぶつ》を目撃《もくげき》したのは1890年《ねん》のことであった。彼女《かのじょ》は海岸《かいがん》にはい上《あ》がっている巨大《きょだい》なカメのような怪獣《かいじゅう》を目撃《もくげき》し、その記録《きろく》を博物館《はくぶつかん》に報告《ほうこく》している。それは現地人《げんちじん》に伝《つた》わるモハモハというカメに似《に》たドラゴンだという。

DATA《データ》

- オーストラリア
- 1890年《ねん》～
- 海《うみ》
- 解析不能《かいせきふのう》
- スター度《ど》 ★
- 危険度《きけんど》 💀💀

どうする!?

たたかう

にげる

ペットにする

▶立《た》つのを手伝《てつだ》う

カメなのに関節《かんせつ》がしっかりしているので、うしろ足《あし》で二足歩行《にそくほこう》できるように肩《かた》をかそう。

竜《りゅう》のような巨《きょ》大《だい》ヘビ

ナブー

DATA《データ》

インドネシアやマレーシア、ブルネイのバレー川《がわ》

2009年《ねん》

川《かわ》

電車《でんしゃ》1両半《りょうはん》ぐらい

スター度《ど》 ★★★

危険度《きけんど》 💀💀💀

どうする!?

たたかう

にげる

ペットにする

▶さわる

すべすべのウロコはひんやりして、意外《いがい》と気持《きも》ちがいいかも!?

インドネシアやマレーシア、ブルネイにまたがるボルネオ島《とう》のバレー川《がわ》には、巨大《きょだい》なヘビが潜《ひそ》むという。これはナブーと呼《よ》ばれる怪物《かいぶつ》で、先住民《せんじゅうみん》イバン族《ぞく》のあいだで古《ふる》くから語《かた》りつがれる伝説《でんせつ》の大蛇《だいじゃ》だという。全長《ぜんちょう》30メートルもあり、頭《あたま》は竜《りゅう》のようだという。

2009年《ねん》にはヘリコプターから撮影《さつえい》された巨大《きょだい》なヘビが川《かわ》をわたる写真《しゃしん》が公開《こうかい》され、これこそがナブーではないかとさわがれたが、現在《げんざい》では偽造写真《ぎぞうしゃしん》だといわれている。ただ、ボルネオ島《とう》をふくむ東南《とうなん》アジア一帯《いったい》には、世界《せかい》最大《さいだい》のヘビのひとつであるアミメニシキヘビ(全長《ぜんちょう》9メートル)が生息《せいそく》しているため、巨大《きょだい》に成長《せいちょう》したヘビが存在《そんざい》しないとはいいきれない。

スペシャル

すばやく巻《ま》きついて、獲物《えもの》をしめつけることができる。

もしも劇場《げきじょう》

ナブーに食《た》べられたら…

体《からだ》のなかを探検《たんけん》してみよう。

牛《ぎゅう》馬《ば》をも食《く》らう巨《きょ》大《だい》魚《ぎょ》

カッシー

DATA《データ》

中国《ちゅうごく》のカナス湖《こ》

不明《ふめい》

湖《みずうみ》

ジンベエザメぐらい

スター度《ど》 ★★★

危険度《きけんど》 💀💀💀💀

どうする!?

たたかう

にげる

ペットにする

▶食《た》べる

すしをたくさんつくってみんなで食《た》べよう。

中国《ちゅうごく》の新疆《しんきょう》ウイグル自治区《じちく》にあるカナス湖《こ》には、巨大魚《きょだいぎょ》の伝説《でんせつ》がある。ウシやウマなどの家畜《かちく》が水《みず》を飲《の》もうと岸辺《きしべ》に近《ちか》よると、全長《ぜんちょう》10メートルをこえる巨大魚《きょだいぎょ》があらわれ、これらの家畜《かちく》を湖《みずうみ》に引《ひ》きずりこんでひと飲《の》みにするという。

とても実在《じつざい》するとは思《おも》えないが、1985年《ねん》にはカナス湖《こ》を一望《いちぼう》できる山《やま》の頂上《ちょうじょう》から湖《みずうみ》を見《み》ていた新疆大学《しんきょうだいがく》の教授《きょうじゅ》と学生《がくせい》20人《にん》が、10メートル前後《ぜんご》はある魚《さかな》の影《かげ》が複数《ふくすう》、湖《みずうみ》の水面《すいめん》に浮《う》かんでいるのを目撃《もくげき》した。2005年《ねん》には観光客《かんこうきゃく》が遊覧船《ゆうらんせん》から目撃《もくげき》している。その正体《しょうたい》として、アムールイトウというサケやマスの仲間《なかま》の大型魚《おおがたぎょ》ではないかと考《かんが》えられているが、アムールイトウは最大《さいだい》でも2メートルほどで、このカナス湖《こ》の怪魚《かいぎょ》ほどは大《おお》きくないため、いまだ正体《しょうたい》は解明《かいめい》されていない。

スペシャル

肉食《にくしょく》だと考《かんが》えられている。かみついたら、獲物《えもの》が動《うご》けなくなるまではなさない。

もしも劇場《げきじょう》

カッシーが警察官《けいさつかん》になったら…

どんな凶悪《きょうあく》な犯人《はんにん》にも食《く》らいついて逮捕《たいほ》するぞ！

インドの食用《しょくよう》UMA《ユーマ》

ウモッカ

DATA《データ》

- インド
- 1997年《ねん》
- 海《うみ》
- シマウマぐらい
- スター度《ど》 ★★★
- 危険度《きけんど》 💀

どうする!?

たたかう

にげる

ペットにする

▶食《た》べる

味《あじ》もパイナップルに似《に》ているかもしれないよ。

スペシャル

魚類《ぎょるい》だが足《あし》のようなヒレがついている。

インターネット上《じょう》で話題《わだい》になったUMA《ユーマ》がウモッカだ。ウモッカが話題《わだい》になったいきさつは、ほかのUMA《ユーマ》とは大《おお》きく異《こと》なる。未確《みかく》認生物《にんせいぶつ》ファンが集《あつ》まるインターネット上《じょう》の掲示板《けいじばん》に、2003年《ねん》ごろ「モッカ」さんという人物《じんぶつ》から「1997年《ねん》にインドの市場《いちば》で奇《き》妙《みょう》な魚《さかな》を見《み》た」という書《か》きこみがあり、主催者《しゅさいしゃ》のさくだいおう氏《し》がその怪魚《かいぎょ》のスケッチを送《おく》ってもらったことで存在《そんざい》が発覚《はっかく》した。モッカさんの魚《さかな》(うお)ということで「ウモッカ」と命名《めいめい》された。

目撃者《もくげきしゃ》はひとりだけ、証拠《しょうこ》はスケッチ1枚《まい》という状況《じょうきょう》であったが、未確認生物《みかくにんせいぶつ》ファンのあいだで盛《も》り上《あ》がり、一躍話題《いちやくわだい》のUMA《ユーマ》となった。ただし作家《さっか》の高野秀行《たかのひでゆき》氏《し》による探索《たんさく》が失敗《しっぱい》に終《お》わったため、その正体《しょうたい》は不《ふ》明《めい》なままだ。

スペシャル

パイナップルのように規則《きそく》正《ただ》しくならんだウロコ。かたくてするどい。

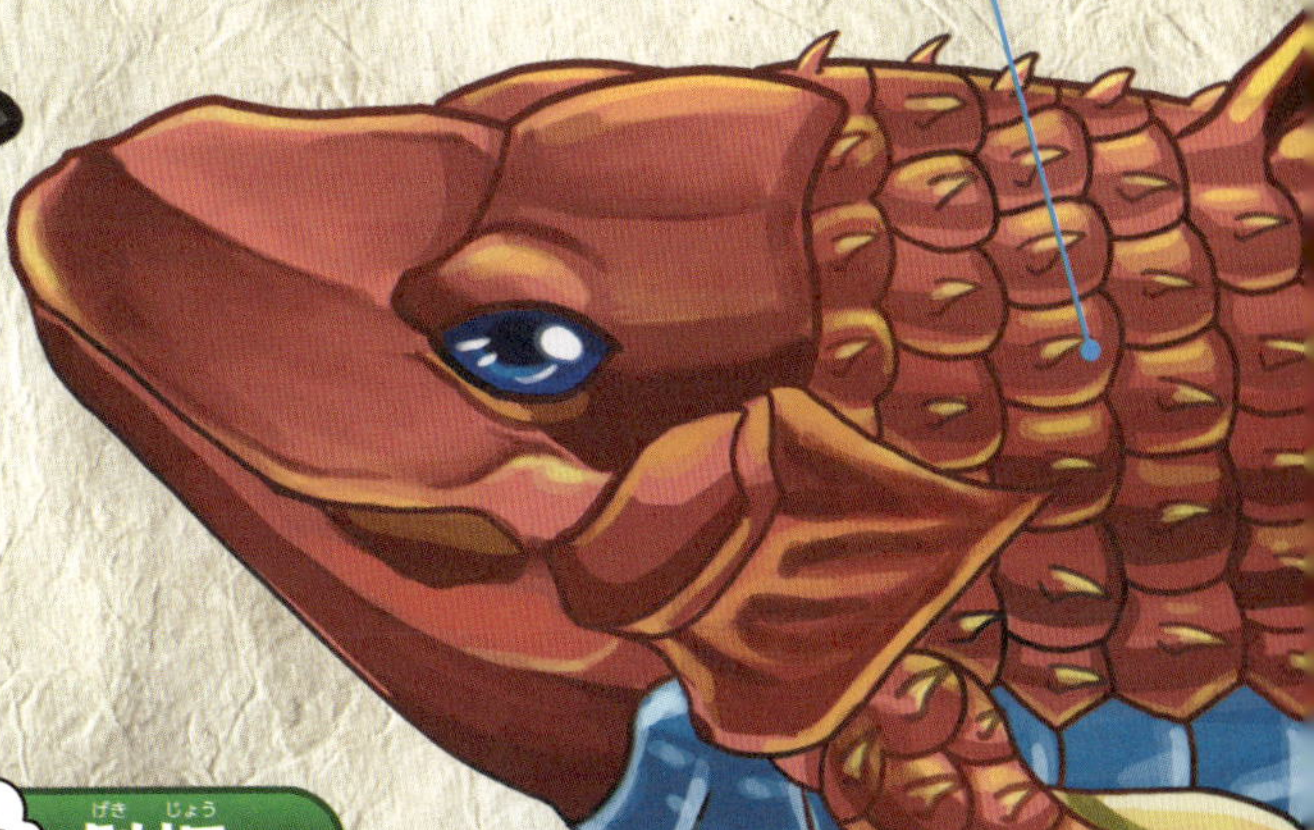

もしも劇場《げきじょう》

ウモッカが滝《たき》つぼにすんでいたら…

するどいウロコをふんで、よりきびしい修行《しゅぎょう》をするために、多《おお》くの僧《そう》が集《あつ》まるかも!?

日本軍《にほんぐん》も目撃《もくげき》した半魚人《はんぎょじん》

オラン・イカン

スペシャル
かみの毛《け》が生《は》えていたという情報《じょうほう》もある。

DATA《データ》

- インドネシアのカイ諸島《しょとう》
- 1943年《ねん》
- 海《うみ》
- 大人《おとな》の女性《じょせい》ぐらい
- スター度《ど》 ★★★
- 危険度《きけんど》 ☠☠

どうする!?

たたかう
にげる
ペットにする
▶あそぶ
浜《はま》あそびの仲間《なかま》にいれてもらおう。

スペシャル
指《ゆび》のあいだに水《みず》かきがついていて、すばやく泳《およ》ぐことができる。

太平洋戦争中《たいへいようせんそうちゅう》の1943年《ねん》、インドネシアのカイ諸島《しょとう》で任務《にんむ》についていた日本軍《にほんぐん》の堀場駒太郎軍曹《ほりばこまたろうぐんそう》が、海岸《かいがん》でたわむれる2ひきの半《はん》魚人《ぎょじん》を目撃《もくげき》。これが地元《じもと》の住人《じゅうにん》に伝《つた》わる怪物《かいぶつ》オラン・イカンだ。堀《ほり》場《ば》軍曹《ぐんそう》は海岸《かいがん》に漂着《ひょうちゃく》したオラン・イカンの死骸《しがい》も見《み》ているという。ある日《ひ》、村《むら》で奇妙《きみょう》な生物《せいぶつ》が捕獲《ほかく》されたといううわさを聞《き》き、村長《そんちょう》の家《いえ》にいくと、身長《しんちょう》1・5メートルのかみの毛《け》が赤茶色《あかちゃいろ》で指《ゆび》のあいだに水《みず》かきがある、魚《さかな》のような人間《にんげん》の死体《したい》が置《お》かれていたという。

終戦後《しゅうせんご》、日本《にほん》にもどった堀場氏《ほりばし》はこのことを知人《ちじん》に話《はな》したが、だれひとり信《しん》じなかったようだ。正《しょう》体《たい》は不明《ふめい》だが、カナダのテティス湖《こ》でも半魚人《はんぎょじん》が目撃《もくげき》されており、このような生物《せいぶつ》が実在《じつざい》する可能性《かのうせい》がないとはいえないだろう。

5章《しょう》

もしも劇場《げきじょう》

オラン・イカンが日《ひ》やけしたら…

半分魚《はんぶんさかな》だから、やき魚《ざかな》のようないい匂《にお》いがする！

WANTED

日本人船員《にほんじんせんいん》が見《み》たギョロ目怪獣《めかいじゅう》

カバゴン

どうする!?

たたかう
にげる
ペットにする
▶もぐってみる
鼻《はな》から下《した》も見《み》てみたい！

DATA《データ》

ニュージーランドの南島周辺《みなみじましゅうへん》
1971年《ねん》　海《うみ》
（見《み》える部分《ぶぶん》）ジャイアントパンダぐらい
スター度《ど》 ★★　危険度《きけんど》 💀

1971年《ねん》にニュージーランドの南島付近《みなみじまふきん》の海域《かいいき》で、日本《にほん》の遠洋漁船第二十《えんようぎょせんだいにじゅう》八金比羅丸《はちこんぴらまる》の乗《の》組員《くみいん》26人《にん》が、太《ふと》った体《からだ》にギョロッとした大《おお》きな赤《あか》い目《め》、大《おお》きな鼻《はな》の穴《あな》を持《も》つ怪《かい》獣《じゅう》が海面《かいめん》から頭《あたま》をだしたところを目撃《もくげき》した。見《み》えている部分《ぶぶん》だけで1・5メートルはあったという。しかし、目撃事例《もくげきじれい》はこの1件《けん》だけで、いまのところ再度《さいど》あらわれた形跡《けいせき》はない。

WANTED

首長竜《くびながりゅう》の死体《したい》？

ニューネッシー

1977年《ねん》ニュージーランドのクライストチャーチ沖《おき》で、日本《にほん》のトロール船《せん》、瑞洋丸《ずいようまる》の網《あみ》に謎《なぞ》の大型生物《おおがたせいぶつ》の死体《したい》が引《ひ》っかかった。それはかなり腐敗《ふはい》しており原型《げんけい》はよくわからなかったが、つり下《さ》げられた様子《ようす》が首長竜《くびながりゅう》に見《み》えたことから「ニューネッシー」として話題《わだい》になった。調査《ちょうさ》された結果《けっか》からウバザメの死体《したい》という説《せつ》が有力《ゆうりょく》である。

5章《しょう》

どうする!?

たたかう
にげる
ペットにする
▶ヒゲをぬく
持《も》ち帰《かえ》って再調査《さいちょうさ》をしてみよう。

DATA《データ》

- ニュージーランド
- 1977年《ねん》
- 海《うみ》
- ジンベエザメぐらい
- スター度《ど》 ★★
- 危険度《きけんど》

海《うみ》の怪物《かいぶつ》ムカデ

コンリット

スペシャル

全身《ぜんしん》をおおう厚《あつ》い甲殻《こうかく》。

DATA《データ》

- ベトナムほか、アジア各国《かっこく》
- 1883年《ねん》
- 海《うみ》
- 電車《でんしゃ》1両分《りょうぶん》ぐらい
- スター度《ど》 ★★★★
- 危険度《きけんど》 💀💀💀

どうする⁉

たたかう

ペットにする

▶にげる

にげ回《まわ》っているうちにからまってしまうかも？

1883年《ねん》、ベトナムのハロン湾《わん》に異《い》様《よう》な生《い》き物《もの》の死体《したい》が打《う》ち上《あ》げられた。この生《い》き物《もの》は幅《はば》が90センチメートルに対《たい》して全長《ぜんちょう》が実《じつ》に18メートルという細長《ほそなが》い体《からだ》で、60センチメートルごとにムカデのような節《ふし》があるのが特徴《とくちょう》だ。

「コンリット」という名《な》がつけられたこの怪物《かいぶつ》だが、その正体《しょうたい》は何《なん》だろうか。4億年前《おくねんまえ》に生息《せいそく》したアクティラムス・カミングシというウミサソリの仲間《なかま》は全長《ぜんちょう》2・4メートルもあったという。また、現在洞窟《げんざいどうくつ》の水中《すいちゅう》にはムカデエビという生《い》き物《もの》がいて、このムカデエビは4センチメートルほどの生《い》き物《もの》だがコンリットにそっくりである。もしかしたら、アジアの海《うみ》には超巨大《ちょうきょだい》なムカデエビがいるのかもしれない。

スクープ!!

コンリットは世界中《せかいじゅう》に生息《せいそく》!?

コンリットのような生物《せいぶつ》の記録《きろく》は、日本《にほん》の「大和本草《やまとほんぞう》」という古《こ》書《しょ》にも残《のこ》っている。コンリットの仲間《なかま》が日本《にほん》の近《ちか》くにも潜《ひそ》んでいるのかもしれない。

中国《ちゅうごく》の海岸《かいがん》に打《う》ち上《あ》げられた謎《なぞ》の死体《したい》

ニンポー

DATA《データ》

中国《ちゅうごく》

2005年《ねん》〜

海《うみ》

ジンベエザメぐらい

スター度《ど》 ★★★★

危険度《きけんど》

スペシャル

ワニのような足《あし》を持《も》つ。泳《およ》いだり砂地《すなち》をはったりすると考《かんが》えられている。

どうする!?

ペットにする

たたかう

▶にげる

陸上《りくじょう》では動《うご》きがにぶいので、すぐに海《うみ》からはなれてにげよう。

2005年《ねん》7月《がつ》、中国《ちゅうごく》の浙江省《せっこうしょう》寧波市《ニンポーし》を台風《たいふう》が襲《おそ》った。台風《たいふう》が去《さ》り、平穏《へいおん》さをとりもどした海岸《かいがん》の防波堤《ぼうはてい》に、全長《ぜんちょう》12メートルもの怪《かい》物《ぶつ》の死体《したい》が打《う》ち上《あ》げられていた。背中《せなか》に短《みじか》い体毛《たいもう》があり、顔《かお》はワニに似《に》ていたという証言《しょうげん》もあるが、何《なに》しろ腐敗《ふはい》がひどくて原型《げんけい》をとどめておらず、どのような生《せい》物《ぶつ》かを特定《とくてい》するのは難《むずか》しかった。

打《う》ち上《あ》げられた街《まち》の名《な》をとってニンポーと命名《めいめい》されたものの、それ以上正体《いじょうしょうたい》を追求《ついきゅう》することはできなかった。仮説《かせつ》としてはセイウチやアザラシではないかという説《せつ》や、ワニではないかという説《せつ》もでたが、いまとなっては確《たし》かめるすべはない。

スペシャル

短《みじか》い体毛《たいもう》におおわれた厚《あつ》い皮《ひ》ふ。

もしも劇場《げきじょう》

ニンポーが美容院《びよういん》にいったら…

毛《け》を切《き》るのに、たくさんの美容師《びようし》さんが切《き》らないと終《お》わらない！

水《みず》の守《まも》り神《がみ》

マカラ

スペシャル

鼻《はな》を自由《じゆう》に動《うご》かすことができる。

DATA《データ》

- インド
- 不明《ふめい》
- 海《うみ》
- シャチぐらい
- スター度《ど》 ★★★★
- 危険度《きけんど》 💀💀💀

どうする!?

たたかう

にげる

ペットにする

▶念仏《ねんぶつ》をとなえる

お経《きょう》をとなえると帰《かえ》っていく。十分《じゅうぶん》に観察《かんさつ》したら帰《かえ》ってもらおう。

インド神話《しんわ》に登場《とうじょう》し、インド洋《よう》でたびたび目撃《もくげき》されている怪魚《かいぎょ》がいる。ゾウの頭《あたま》に魚《さかな》の体《からだ》を持《も》つマカラだ。マカラは神《かみ》の乗《の》り物《もの》にして水《みず》をつかさどる守護神《しゅごしん》で、寺院《じいん》の門《もん》にマカラの像《ぞう》をまつることもあるという。基本的《きほんてき》には神話《しんわ》の存在《そんざい》であり、科学的《かがくてき》に調査《ちょうさ》された例《れい》はないようだが、目撃自体《もくげきじたい》はされている。ただし、ゾウも泳《およ》いで海《うみ》をわたることがあるため、ゾウを見間違《みまちが》えた可能性《かのうせい》もある。

関係性《かんけいせい》はわからないが、アフリカの淡水魚《たんすいぎょ》であるモルミルスという魚《さかな》の仲間《なかま》にはくちびるがのびたものがいる。なかでもカンピロモルミルス・ヌメニウスというくちびるが非常《ひじょう》に長《なが》くゾウそっくりなものもいる。モルミルスのような姿《すがた》に進化《しんか》した未知《みち》の魚類《ぎょるい》が、インド洋《よう》にもいるのだろうか。

もしも劇場《げきじょう》

マカラが水族館《すいぞくかん》にいたら…

お祈《いの》りにくる人《ひと》が増《ふ》えそう！

5章《しょう》

UMA《ユーマ》の懸賞金《けんしょうきん》

むかしからUMA《ユーマ》には、高額《こうがく》な懸賞金《けんしょうきん》がかけられている。ここでは、過去最高金額《かこさいこうきんがく》を紹介《しょうかい》する。もしかしたら今後《こんご》、さらなる高額《こうがく》な懸賞金《けんしょうきん》のUMA《ユーマ》がでるかもしれないぞ！

ビッグフット (→68ページ)

約《やく》800,000,000円《えん》

世界一周旅行《せかいいっしゅうりょこう》をしたあとに、宇宙旅行《うちゅうりょこう》をしてもお金《かね》があまるかも!?

ネッシー (→22ページ)

約《やく》240,000,000円《えん》

無人島《むじんとう》を買《か》って、ネッシーを飼《か》ってみよう。

ジャージーデビル (→98ページ)

約《やく》27,000,000円《えん》

家《いえ》を買《か》うことができる。自分《じぶん》だけのUMA《ユーマ》研究所《けんきゅうしょ》をつくろう！

ツチノコ (→276ページ)

約《やく》200,000,000円《えん》

日本中《にほんじゅう》で懸賞金《けんしょうきん》がかけられているぞ。調《しら》べてみよう！

6章《しょう》

日本《にほん》のUMA《ユーマ》

ひょっとしたら、すでにきみの住《す》む街《まち》にあらわれているかも…。日本《にほん》のUMA《ユーマ》を探《さが》しにいこう！

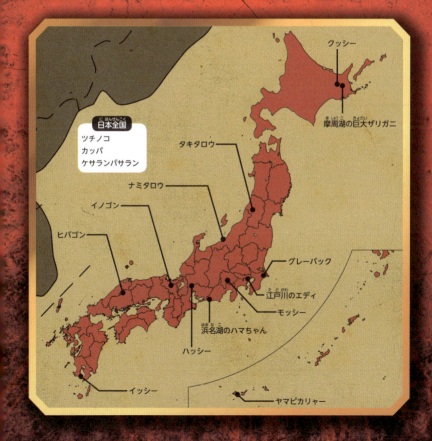

日本《にほん》を代表《だいひょう》する怪蛇《かいじゃ》UMA《ユーマ》

ツチノコ

スペシャル

猛毒《もうどく》のキバを持《も》つ。

スペシャル

転《ころ》がって移動《いどう》したり、3メートル近《ちか》くジャンプしたりするなど、さまざまな動《うご》きができる。

DATA《データ》

日本全国《にほんぜんこく》

1834年《ねん》〜

山《やま》

最小《さいしょう》でウサギぐらい

スター度《ど》

危険度《きけんど》

どうする!?

たたかう

にげる

ペットにする

▶おびきよせる

好物《こうぶつ》のスルメを使《つか》って、おびきよせたところを捕《つか》まえよう!

WANTED

日本《にほん》の自然《しぜん》が残《のこ》る山間部《さんかんぶ》で目撃《もくげき》が多発《たはつ》しているのが謎《なぞ》の生物《せいぶつ》ツチノコだ。外見《がいけん》はヘビに似《に》ているが、体《からだ》はビール瓶《びん》のように太《ふと》く、尾《お》がネズミのように細《ほそ》い。転《ころ》がって移動《いどう》する、3メートルもジャンプするなど、ヘビでは説明《せつめい》のつかない行動《こうどう》をする。大《おお》きさは30〜80センチメートルほどだという。

日本《にほん》の古文書《こもんじょ》「信濃奇勝録《しなのきしょうろく》」には「野《の》槌《づち》」、「和漢三才図会《わかんさんさいずえ》」には「野槌蛇《のづちへび》」という正体不明《しょうたいふめい》の生物《せいぶつ》がのっており、むかしから目撃《もくげき》されてきたのかもしれない。一般《いっぱん》に知《し》られるようになったのは1959年《ねん》に、エッセイスト山本素石《やまもとそせき》が目撃《もくげき》したツチノコを自身《じしん》の本《ほん》で紹介《しょうかい》してからである。全国《ぜんこく》で目撃《もくげき》されているが、その正体《しょうたい》はわかっていない。

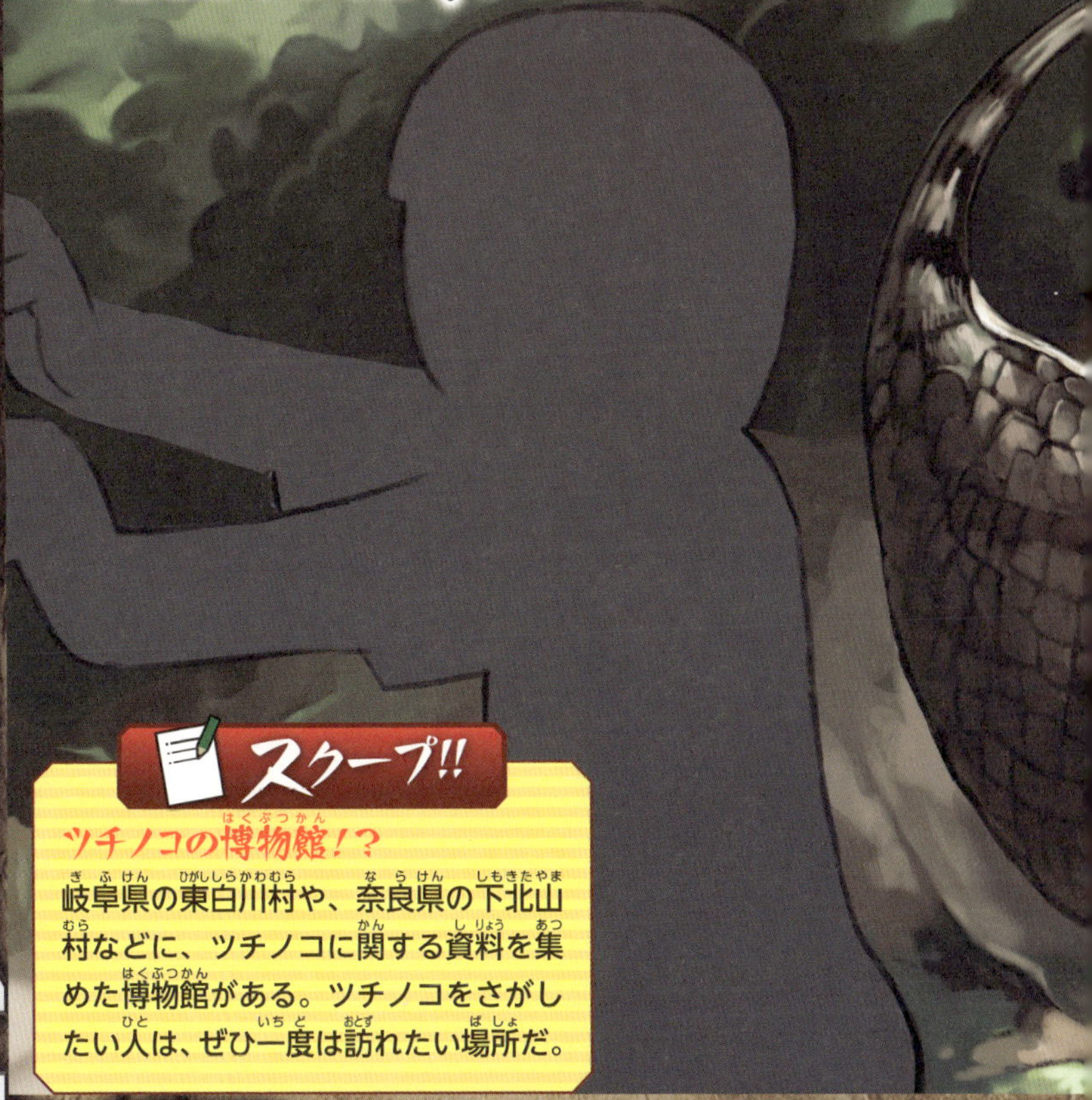

6章《しょう》

スクープ!!

ツチノコの博物館《はくぶつかん》!?

岐阜県《ぎふけん》の東白川村《ひがししらかわむら》や、奈良県《ならけん》の下北山《しもきたやま》村《むら》などに、ツチノコに関《かん》する資料《しりょう》を集《あつ》めた博物館《はくぶつかん》がある。ツチノコをさがしたい人《ひと》は、ぜひ一度《いちど》は訪《おとず》れたい場所《ばしょ》だ。

恐怖《きょうふ》!! ツチノコの襲撃《しゅうげき》

UMA《ユーマ》ストーリー

うわっ！
いったい、なんだ
この生《い》き物《もの》は！
見《み》たことがない…。
ぼくが見《み》たものは、地元《じもと》ではツチノコと呼《よ》ばれるものだった。
いまもツチノコは、どこかの山奥《やまおく》に潜《ひそ》んでいるのかもしれない。

WANTED

利根川《とねがわ》の巨大怪魚《きょだいかいぎょ》

グレーバック

2000年《ねん》、利根川《とねがわ》の河口《かこう》から上流《じょうりゅう》へ30キロメートルほどのぼったところで釣《つ》りをしていた人《ひと》が、水面上《すいめんじょう》にラグビーボールほどの何《なに》かを発見《はっけん》。よく見《み》ると水面下《すいめんか》に3メートルもある巨大《きょだい》な魚《さかな》の影《かげ》が見《み》えた。その正体《しょうたい》はよくわからないが、利根川《とねがわ》には中国《ちゅうごく》から食用《しょくよう》に移入《いにゅう》されたアオウオという2メートルの巨大魚《きょだいぎょ》がおり、関連《かんれん》が疑《うたが》われる。

どうする!?

たたかう
にげる
▶ペットにする

するどい背《せ》ビレに気《き》をつけて世話《せわ》をしよう。

DATA《データ》

利根川《とねがわ》
2000年《ねん》〜　川《かわ》
サイぐらい
スター度《ど》 ★★★　危険度《きけんど》

WANTED

未知《みち》の江戸《えど》っ子《こ》UMA《ユーマ》

江戸川《えどがわ》のエディ

東京都《とうきょうと》を流《なが》れる江戸川《えどがわ》で目撃《もくげき》される2メートルの巨《きょ》大魚《だいぎょ》がエディと呼《よ》ばれる怪魚《かいぎょ》だ。2000年《ねん》ごろ目撃《もくげき》され、自然観察《しぜんかんさつ》クラブによりエディと命名《めいめい》された。東京《とうきょう》は大都会《だいとかい》で川《かわ》には生物《せいぶつ》が少《すく》ないという気《き》がするが、アオウオ、ハクレン、ソウギョなど食用《しょくよう》に移入《いにゅう》された大《おお》型淡水魚《がたたんすいぎょ》が川《かわ》に生息《せいそく》している。また、アリゲーターガーなど捨《す》てられた大型《おおがた》の観賞魚《かんしょうぎょ》もいる可能性《かのうせい》があり、それらがエディの正体《しょうたい》と考《かんが》えられている。

DATA《データ》

- 東京都《とうきょうと》の江戸川《えどがわ》
- 2000年《ねん》〜
- 川《かわ》
- シマウマぐらい
- スター度《ど》 ★★
- 危険度《きけんど》 💀💀

どうする!?

にげる

ペットにする

▶たたかう

ウロコがかたいといわれている。体当《たいあ》たりに気《き》をつけよう。

6章《しょう》

北《ほっ》海《かい》道《どう》を代《だい》表《ひょう》するUMA《ユーマ》

クッシー

DATA《データ》

北海道《ほっかいどう》の屈斜路湖《くっしゃろこ》

1973年《ねん》

湖《みずうみ》

シャチ2頭分《とうぶん》ぐらい

スター度《ど》 ★★★

危険度《きけんど》

どうする!?

たたかう

にげる

ペットにする

▶ 競泳《きょうえい》をする

スピード自慢《じまん》のクッシーなら、よろこんで勝負《しょうぶ》してくれるかも。

スペシャル

モーターボートよりはやく泳《およ》ぐことができるといわれている。

北海道《ほっかいどう》にある屈斜路湖《くっしゃろこ》は、日本《にほん》でも有数《ゆうすう》のネッシー型《がた》の怪獣《かいじゅう》が出現《しゅつげん》する場所《ばしょ》として知《し》られる。この怪獣《かいじゅう》はクッシーと呼《よ》ばれ、目撃証言《もくげきしょうげん》から推定《すいてい》される姿《すがた》は、全長《ぜんちょう》は大《おお》きくて15メートル、長《なが》い首《くび》に小《ちい》さな頭《あたま》、コブのある背《せ》中《なか》と、ほぼネッシーと同《おな》じである。1973年《ねん》の7月《がつ》に山《やま》で作《さ》業中《ぎょうちゅう》の人《ひと》が目撃《もくげき》したのを皮切《かわき》りに、1970年代《ねんだい》を通《とお》しておもに夏場《なつば》に目撃《もくげき》があいつぐ。しかし、1980年代《ねんだい》にはいるとだんだんと目撃《もくげき》が減《へ》るなど、奇妙《きみょう》な特徴《とくちょう》を見《み》せるUMA《ユーマ》だ。

もともと屈斜路湖《くっしゃろこ》は火山《かざん》の噴《ふん》火《か》でできた湖《みずうみ》で、海《うみ》とつながったことはない。そのため海《うみ》に生《せい》息《そく》していた動物《どうぶつ》がはいりこむとは考《かんが》えにくく、クッシーの正体《しょうたい》として海《うみ》の生《い》き物《もの》を想定《そうてい》するのは難《むずか》しいだろう。

もしも劇場《げきじょう》

クッシーが寒《さむ》がりだったら…

北海道《ほっかいどう》の寒《さむ》い冬《ふゆ》をこすために、こたつにはいってすごしているかも!?

巨大《きょだい》ザリガニは実在《じつざい》するか!?

摩周湖《ましゅうこ》の巨大《きょだい》ザリガニ

DATA《データ》

北海道《ほっかいどう》の摩周湖《ましゅうこ》

不明《ふめい》

湖《みずうみ》

4歳児《さいじ》と同《おな》じぐらい

スター度《ど》 ★★★

危険度《きけんど》

スペシャル

巨大《きょだい》なはさみを鳴《な》らして威嚇《いかく》したり、攻撃《こうげき》したりする。

どうする!?

たたかう

にげる

ペットにする

▶食《た》べる

大《おお》きなエビフライのできあがり!

深《ふか》い霧《きり》が発生《はっせい》することで知《し》られる北海道《ほっかいどう》の摩周湖《ましゅうこ》には、巨大《きょだい》なザリガニが生息《せいそく》するといううわさがある。その大《おお》きさは尾《お》の先《さき》からはさみの先《さき》までで1メートル。一般《いっぱん》に見《み》られるアメリカザリガニが18センチメートルほどと考《かんが》えると、恐《おそ》ろしい大《おお》きさだ。

摩周湖《ましゅうこ》には食用《しょくよう》としてアメリカ産《さん》のウチダザリガニが放流《ほうりゅう》されているが、ウチダザリガニもアメリカザリガニより少《すこ》し大《おお》きい程度《ていど》である。世界最大《せかいさいだい》のザリガニはオーストラリアにすむタスマニアオオザリガニで、長《なが》さ80センチメートルと巨大《きょだい》だが、摩周湖《ましゅうこ》にはいない。オーストラリアで養殖《ようしょく》されているマロンのような、はさみをふくめると50センチメートル以上《いじょう》のザリガニもおり、だれかがそれらを摩《ま》周湖《しゅうこ》にはなったのだろうか。

スクープ!!

巨大《きょだい》ザリガニの巣《す》は湖底《こてい》か!?

摩周湖《ましゅうこ》の湖底《こてい》は生物《せいぶつ》がすむのに適《てき》さないとされてきたが、2016年《ねん》の調査《ちょうさ》でウチダザリガニが発見《はっけん》された。巨大《きょだい》ザリガニも湖《みずうみ》の底《そこ》に潜《ひそ》んでいるのかもしれない。

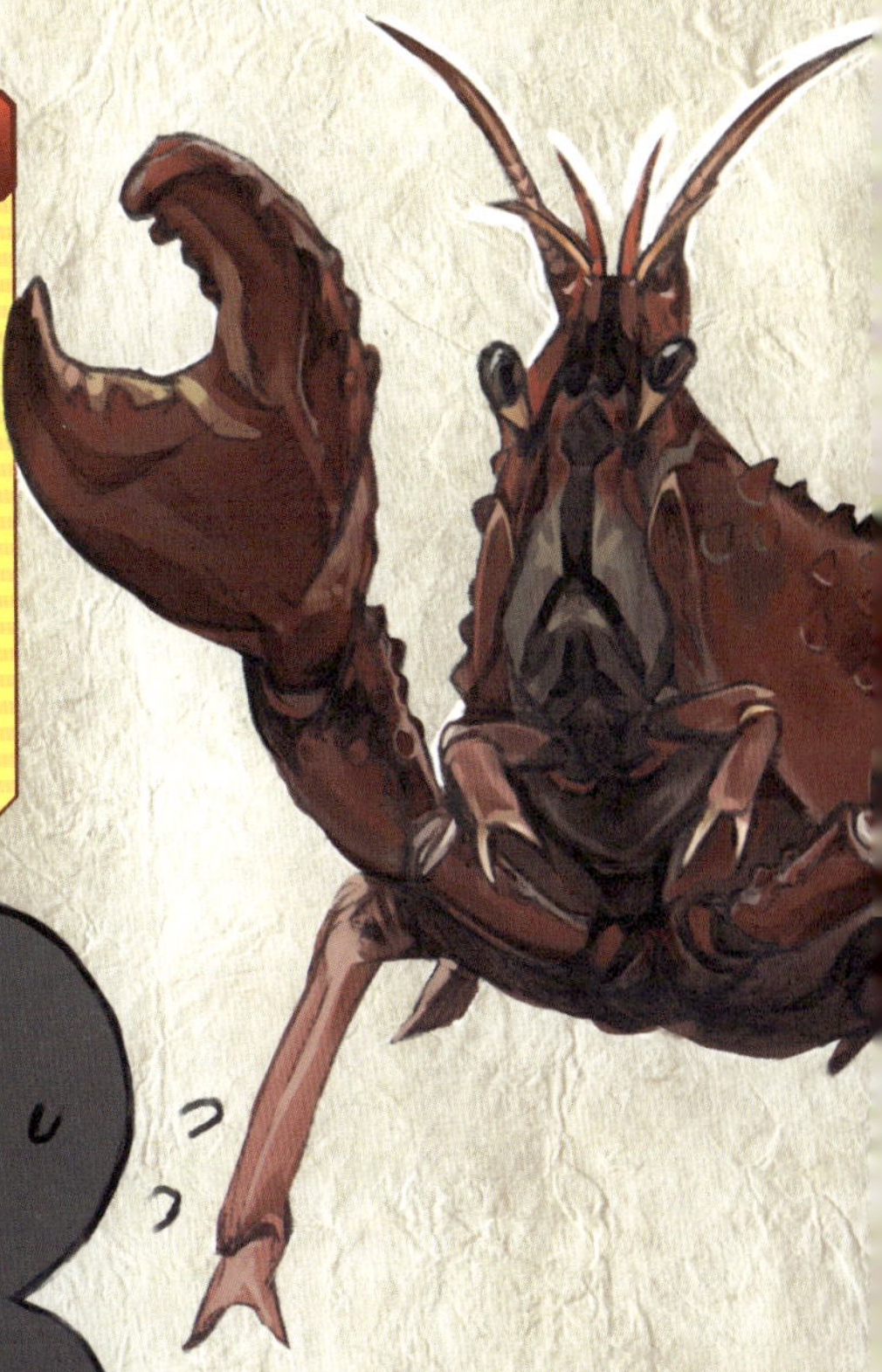

山《やま》形《がた》県《けん》のおいしい巨《きょ》大《だい》怪《かい》魚《ぎょ》

タキタロウ

DATA《データ》

山形県《やまがたけん》の大鳥池《おおとりいけ》

1885年《ねん》〜

湖《みずうみ》

自転車《じてんしゃ》1台《だい》ぐらい

スター度《ど》 ★★★

危険度《きけんど》

どうする!?

たたかう

にげる

ペットにする

▶釣《つ》る

逆《ぎゃく》に引《ひ》っぱりこまれないように注《ちゅう》意《い》しよう!

スペシャル

ふだんは水深《すいしん》20〜40メートルのあたりに潜《ひそ》む。

山形県鶴岡市《やまがたけんつるおかし》の大鳥池《おおとりいけ》にすむとされる伝説《でんせつ》の巨大怪魚《きょだいかいぎょ》がタキタロウだ。古《ふる》くからいい伝《つた》えがあったようだが、UMA《ユーマ》が注目《ちゅうもく》されるようになった1970年代《ねんだい》ごろから全国的《ぜんこくてき》に話題《わだい》になりはじめた。全長《ぜんちょう》2メートルをこえる巨大《きょだい》なサケやマスに似《に》た魚《さかな》だと考《かんが》えられており、捕《つか》まえて食《た》べたという話《はなし》もある(とてもおいしいらしい)。

UMA《ユーマ》としてはめずらしくタキタロウとされる魚《さかな》(ただし小《ちい》さな個体《こたい》)が科学的《かがくてき》に鑑定《かんてい》されている。ただしその結果《けっか》はニッコウイワナ、エゾイワナとバラバラであった。また、ヒメマスともイトウともいわれており、まったく結論《けつろん》がでていない。イワナの仲間《なかま》の大型魚類《おおがたぎょるい》はいるらしいのだが、それ以上《いじょう》は研究《けんきゅう》が進《すす》んでいないのが実情《じつじょう》だ。

スクープ!!

みんなに人気《にんき》のタキタロウ

大鳥池《おおとりいけ》の近《ちか》くにはタキタロウ館《かん》という博物館《はくぶつかん》があり、多《おお》くの資料《しりょう》を見《み》に観光客《かんこうきゃく》が訪《おとず》れている。また、毎年《まいとし》5月《がつ》に行《おこな》われる朝日連峰《あさひれんぽう》の山《やま》開《びら》きでは、タキタロウの名前《なまえ》がついた祭《まつ》りが開《ひら》かれている。

最大《さいだい》4メートル！　新潟《にいがた》の怪魚《かいぎょ》

ナミタロウ

DATA《データ》

新潟県《にいがたけん》の高浪《たかなみ》の池《いけ》

1966年《ねん》〜

池《いけ》

サイぐらい

スター度《ど》 ★★★

危険度《きけんど》

どうする!?

たたかう

にげる

▶ペットにする

えさとなる水草《みずくさ》やミミズなどを、たくさん準備《じゅんび》しておこう。

スペシャル

コイのように口《くち》についているヒゲで、えさを探《さが》すことができる。

新潟県糸魚川市《にいがたけんいといがわし》の高浪《たかなみ》の池《いけ》にも巨大魚《きょだいぎょ》の伝説《でんせつ》がある。この巨《きょ》大魚《だいぎょ》は池《いけ》の名《な》からナミタロウと呼《よ》ばれている。全長《ぜんちょう》は2メートル以上《いじょう》、大《おお》きめに見積《みつ》もると4メートルという巨大怪魚《きょだいかいぎょ》だ。

釣《つ》り人《びと》や観光客《かんこうきゃく》によって頻繁《ひんぱん》に目撃《もくげき》されている。1989年《ねん》にはナミタロウをテーマにした「巨《きょ》大魚《だいぎょ》フェスティバル」でナミタロウの写真《しゃしん》に30万円《まんえん》の賞金《しょうきん》がかけられ、なんとその期間中《きかんちゅう》に写真《しゃしん》が撮影《さつえい》されているなど、実在《じつざい》の可能性《かのうせい》がかなり高《たか》いUMA《ユーマ》である。

生息地《せいそくち》の高浪《たかなみ》の池《いけ》は、むかしは人《ひと》も近《ちか》づけない山奥《やまおく》で整備《せいび》されていなかったが、現在《げんざい》はレジャー施設《しせつ》の一部《いちぶ》になっており、キャンプ場《じょう》でキャンプをしながらゆっくり水面《すいめん》を観察《かんさつ》できる。その意味《いみ》では比較的発見《ひかくてきはっけん》しやすいUMA《ユーマ》かもしれない。

もしも劇場《げきじょう》

ナミタロウのこいのぼりがあったら…

大《おお》きいのでいちばん目立《めだ》つよ！

水底《すいてい》でうごめく伝説《でんせつ》の妖怪《ようかい》

カッパ

DATA《データ》

日本全国《にほんぜんこく》

室町時代《むろまちじだい》ごろ～

川《かわ》・沼《ぬま》

小学《しょうがく》1～2年生《ねんせい》ぐらい

スター度《ど》 ★★

危険度《きけんど》

どうする!?

にげる

ペットにする

▶たたかう

相撲《すもう》好《ず》きなカッパを負《ま》かせれば、いうことを聞《き》かせられるよ。

WANTED

日本各地《にほんかくち》の川《かわ》や沼《ぬま》に伝説《でんせつ》が残《のこ》るのが、水《みず》の妖怪《ようかい》としてもっともよく知《し》られるカッパだ。地方《ちほう》によって差異《さい》はあるが、カエルと人間《にんげん》の中間《ちゅうかん》のような姿《すがた》、カメのような甲羅《こうら》を持《も》つ。色《いろ》は赤《あか》とも緑《みどり》ともいわれるが、共通《きょうつう》しているのは頭《あたま》に皿《さら》があるということだ。凶暴《きょうぼう》な性格《せいかく》で、人間《にんげん》や家畜《かちく》を水《みず》に引《ひ》きずりこんで殺《ころ》すという。

いい伝《つた》えのなかの想像上《そうぞうじょう》の生《い》き物《もの》と思《おも》われているが、現代《げんだい》でも目撃《もくげき》証言《しょうげん》がある。1984年《ねん》には長崎県《ながさきけん》対馬市《つしまし》の厳原町《いづはらまち》で、夜釣《よづ》りから自宅《じたく》にもどろうとした人《ひと》が身長《しんちょう》1メートルの謎《なぞ》の影《かげ》が走《はし》り去《さ》るのを目撃《もくげき》した。翌朝《よくあさ》確認《かくにん》すると道路《どうろ》にねん液《えき》でついた足跡《あしあと》が残《のこ》っていた。この足跡《あしあと》は写《しゃ》真《しん》にもとられており、警察官《けいさつかん》が出動《しゅつどう》するさわぎになったが、いまも事件《じけん》は未解決《みかいけつ》のままである。

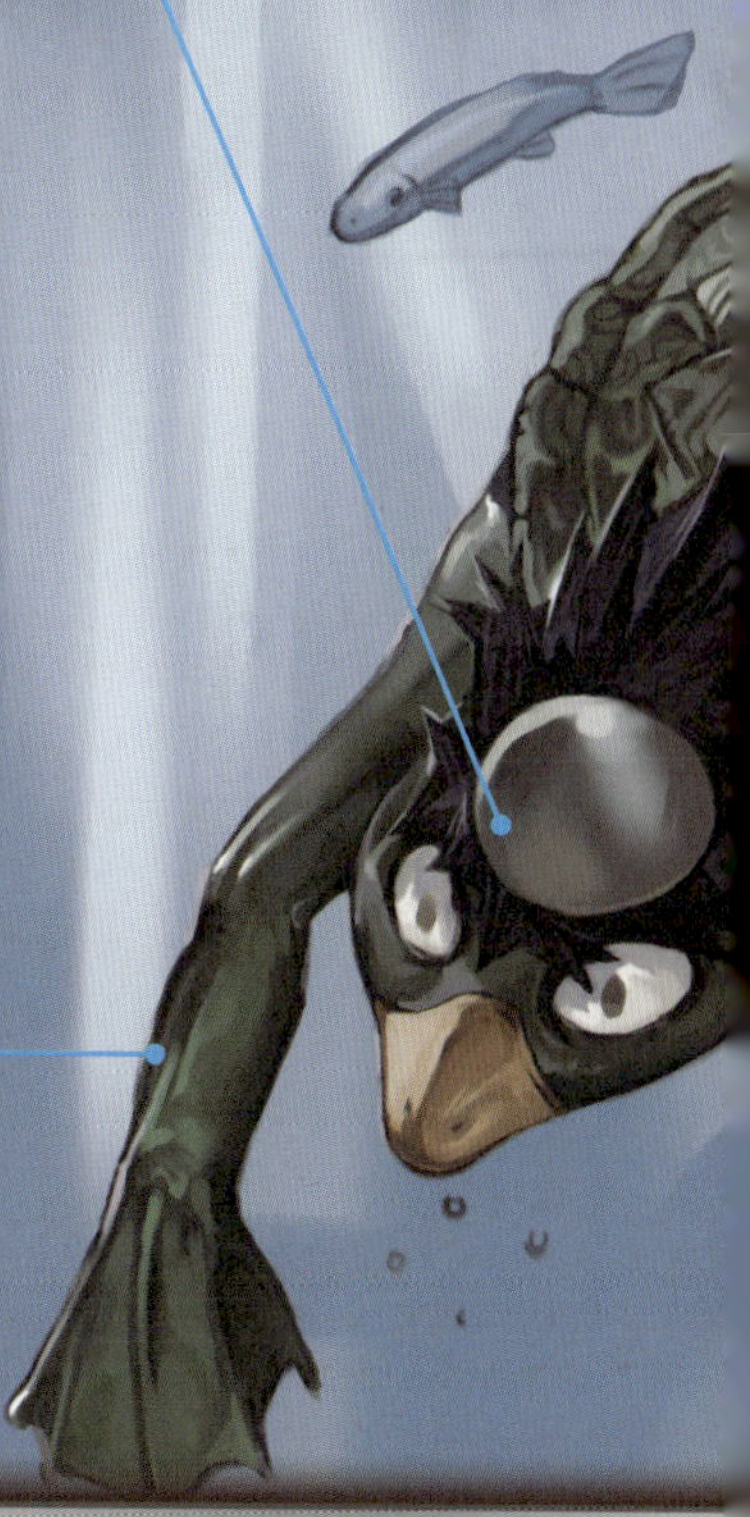

スペシャル

皿《さら》にたたえられている水《みず》は元気《げんき》のみなもと。皿《さら》がかわくと力《ちから》が弱《よわ》まるとされる。

スクープ!!

カッパのすむ池《いけ》!?

兵庫県福崎町《ひょうごけんふくさきちょう》の辻川山公園《つじかわやまこうえん》には、カッパの伝説《でんせつ》がある。公園《こうえん》には、決《き》まった時間《じかん》にカッパの像《ぞう》が飛《と》びだすしかけがあり、人気《にんき》の観光地《かんこうち》となっている。

スペシャル

両方《りょうほう》の腕《うで》がつながっており、片方《かたほう》の腕《うで》を引《ひ》っぱるとのびるが、反対側《はんたいがわ》の腕《うで》がちぢむといわれている。

UMA《ユーマ》ハンターMr.《ミスター》X《エックス》の

カッパレポート

カッパの正体《しょうたい》

古来《こらい》より日本各地《にほんかくち》で目撃《もくげき》されてきたカッパの正体《しょうたい》と考《かんが》えられている動物《どうぶつ》はいろいろある。例《たと》えば、カワウソはそのひとつだ。現在絶滅《げんざいぜつめつ》したとされているニホンカワウソは、水質汚染《すいしつおせん》や乱獲《らんかく》で減《へ》る前《まえ》は日本各地《にほんかくち》の川《かわ》でよく見《み》られた。カワウソは器用《きよう》で、立《た》ち上《あ》がって前足《まえあし》でえさを持《も》って食《た》べること

ニホンカワウソのはく製《せい》

1979年《ねん》に高知県《こうちけん》で見《み》られた後《あと》は、確認《かくにん》されていない。

ニホンイシガメ

池《いけ》や川《かわ》、沼《ぬま》、水田《すいでん》などに生息《せいそく》している。

ができ、活発《かっぱつ》に泳《およ》ぎ回《まわ》ることからカッパと見間違《みまちが》えられた可能性《かのうせい》はある。また、スッポンやニホンイシガメなどむかしから日本《にほん》にいたカメが、カッパのイメージを形《かたち》づくったのかもしれない。

全国《ぜんこく》に残《のこ》るカッパ伝説《でんせつ》

カッパの伝説《でんせつ》は北海道《ほっかいどう》から九州《きゅうしゅう》など全国《ぜんこく》各地《かくち》にあり、また、似《に》た妖怪《ようかい》が奄美大島《あまみおおしま》でも報告《ほうこく》されている。しかし、河太郎《かわたろう》、猿猴《えんこう》、ヒョウスベなど、地方《ちほう》によってその呼《よ》び名《な》はちがい、特徴《とくちょう》も少《すこ》しずつ異《こと》なる。江戸時《えどじ》代《だい》に残《のこ》された絵《え》を見《み》ると、実《じつ》にさまざまな姿《すがた》のカッパが描《えが》かれているのだ。

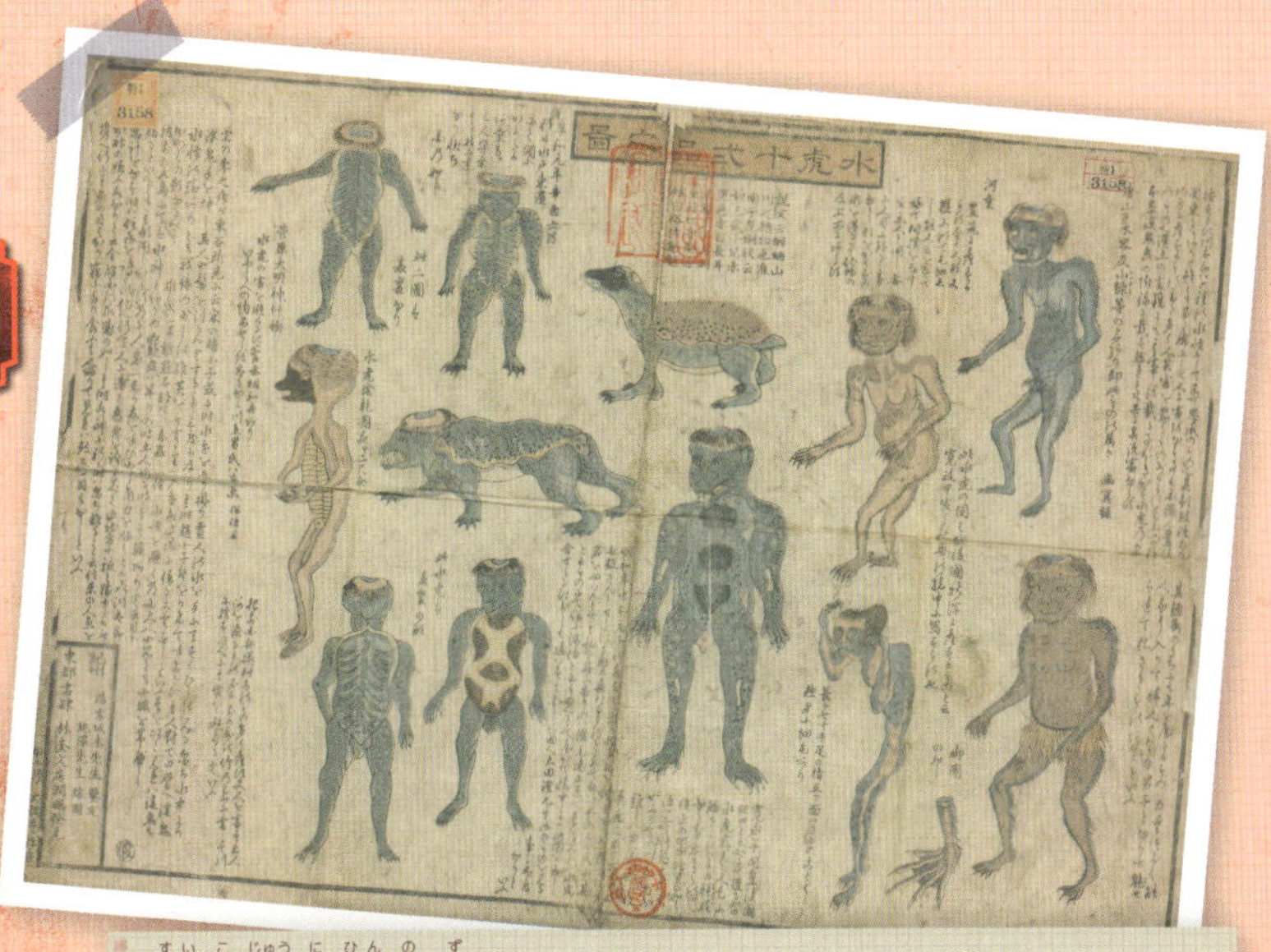

水虎十弐品之図《すいこじゅうにひんのず》

1820年《ねん》に坂本浩然《さかもとこうねん》と弟《おとうと》の純沢《じゅんたく》というふたりの医師《いし》によって書《か》かれた。

富《ふ》士《じ》山《さん》麓《ろく》の巨《きょ》大《だい》魚《ぎょ》

モッシー

スペシャル

体《からだ》を守《まも》る大《おお》きくて頑丈《がんじょう》なウロコ。
体当《たいあ》たりにも有効《ゆうこう》と思《おも》われる。

DATA《データ》

- 山梨県《やまなしけん》の本栖湖《もとすこ》
- 1973年《ねん》〜
- 湖《みずうみ》
- 電車《でんしゃ》1両半《りょうはん》ぐらい
- スター度《ど》 ★★★
- 危険度《きけんど》 💀

どうする!?

たたかう
にげる
ペットにする
▶おろし金《がね》にする

ザラザラの背中《せなか》で大根《だいこん》やわさびがおろせる！

WANTED

富士山《ふじさん》のふもとにある本栖湖《もとすこ》にはモッシーと呼《よ》ばれる怪獣《かいじゅう》の目撃談《もくげきだん》がある。はじめて目撃《もくげき》されたのは1973年《ねん》で、1987年《ねん》には富士山《ふじさん》を撮影《さつえい》にきていたカメラマンによって、水面《すいめん》から体《からだ》の一部《いちぶ》を突《つ》きだした3～5メートルものワニのようなゴツゴツした背中《せなか》が撮影《さつえい》されている。目測《もくそく》による推定《すいてい》だが、全長《ぜんちょう》は30メートルとされた。

モッシーの正体《しょうたい》は巨大《きょだい》ウナギだという説《せつ》や、巨大《きょだい》アリゲーターガーではないかという説《せつ》がある。北《きた》アメリカには全長《ぜんちょう》が2・5メートルになるアリゲーターガーという魚《さかな》がおり、顔《かお》はもちろん、体《からだ》もガノイン鱗《りん》という特殊《とくしゅ》なかたいウロコでおおわれていてワニそっくりである。アリゲーターガーは、現在《げんざい》外来種《がいらいしゅ》として問題《もんだい》になっており、当時《とうじ》すでに湖《みずうみ》にはなたれていた可能性《かのうせい》もある。これが成長《せいちょう》してモッシーが生《う》まれたのだろうか。今後《こんご》の研究《けんきゅう》が期待《きたい》される。

もしも劇場《げきじょう》

モッシーが水上《すいじょう》でねむっていたら…

小島《こじま》と間違《まちが》えて上陸《じょうりく》してしまいそうだね。

6章《しょう》

ウナギの名産地《めいさんち》に怪獣《かいじゅう》あらわる

浜名湖《はまなこ》のハマちゃん

DATA《データ》

静岡県《しずおかけん》の浜名湖《はまなこ》

2012年《ねん》

湖《みずうみ》

自動車用信号機《じどうしゃようしんごうき》の高《たか》さぐらい

スター度《ど》 ★★★

危険度《きけんど》

どうする!?

たたかう

にげる

ペットにする

▶マフラーにする

細長《ほそなが》い毛《け》が生《は》えているのでマフラーに最適《さいてき》!

スペシャル

全身《ぜんしん》に生《は》えている毛《け》や頭部《とうぶ》のヒゲなどで、まわりの様子《ようす》をさぐることができると考《かんが》えられている。

ウナギで有名《ゆうめい》な静岡県《しずおかけん》の浜名《はまな》湖《こ》で2012年《ねん》、警察署《けいさつしょ》に「浜名《はまな》湖《こ》で全長《ぜんちょう》4〜5メートルの巨大《きょだい》生物《せいぶつ》が泳《およ》いでいる」と通報《つうほう》があり、かけつけた警察官《けいさつかん》が巨大生物《きょだいせいぶつ》の一部《いちぶ》らしき物体《ぶったい》が水面上《すいめんじょう》を移動《いどう》しているのを確認《かくにん》した。その後《ご》、目撃事件《もくげきじけん》があいつぎ、浜名湖《はまなこ》のハマちゃんという愛称《あいしょう》までついた。ハマちゃんは細長《ほそなが》い体《からだ》で、全身《ぜんしん》に毛《け》が生《は》えていたとも、背《せ》骨《ぼね》が浮《う》きでたかのように背中《せなか》がゴツゴツになっていたともいう。

浜名湖《はまなこ》は地震《じしん》の影響《えいきょう》で海《うみ》と直接《ちょくせつ》つながってしまった特殊《とくしゅ》な湖《みずうみ》で、海水《かいすい》と淡水《たんすい》(塩分《えんぶん》をふくまない水《みず》)が混《ま》じり合《あ》う汽水湖《きすいこ》として知《し》られている。そのためハマちゃんの正《しょう》体《たい》は淡水魚《たんすいぎょ》だけでなく、海《うみ》の生《い》き物《もの》とも考《かんが》えられるが、現時点《げんじてん》では正体《しょうたい》を特定《とくてい》する決《き》め手《て》はない。

スクープ!!

ハマちゃんは湖《みずうみ》の主君《しゅくん》!?

ハマちゃんがあらわれると、周《しゅう》囲《い》の魚《さかな》がいなくなるという。ハマちゃんの大《おお》きさに恐《おそ》れをなしてにげてしまうのだろうか。

川《かわ》に巨《きょ》大《だい》エイ出《しゅつ》現《げん》か

ハッシー

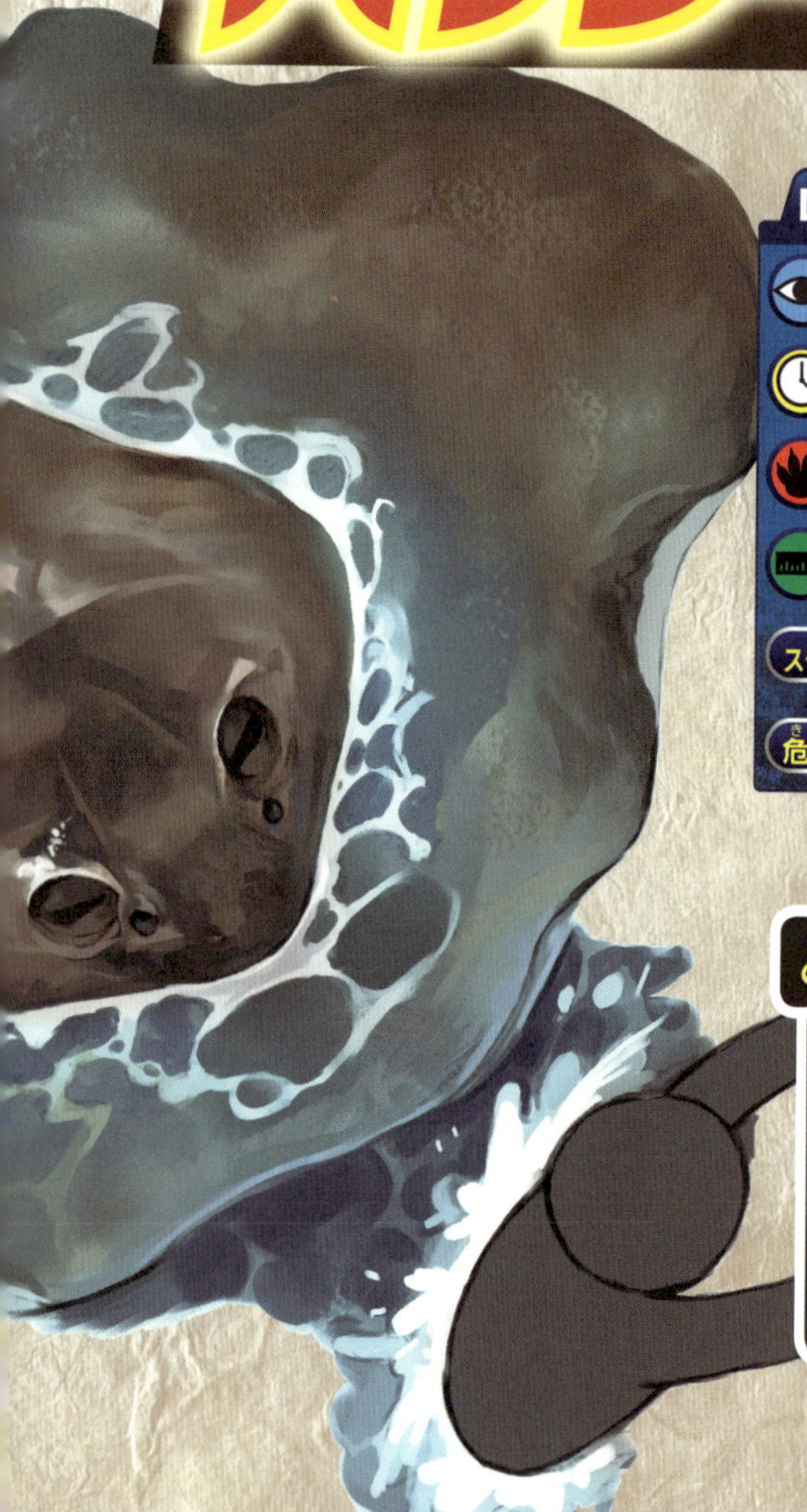

DATA《データ》

岐《ぎ》阜《ふ》県《けん》の長《なが》良《ら》川《がわ》

1986年《ねん》

川《かわ》

シマウマぐらい

スター度《ど》 ★★

危《き》険《けん》度《ど》

どうする!?

にげる

ペットにする

▶たたかう

尾《お》に毒針《どくばり》がある。正面《しょうめん》から捕《つか》まえよう。

WANTED

岐阜県《ぎふけん》の羽島市《はしまし》を流《なが》れる長良川《ながらがわ》では、ハッシーというUMA《ユーマ》が目撃《もくげき》されている。1986年《ねん》、ふたりの中学校教師《ちゅうがっこうきょうし》が、長良川《ながらがわ》を泳《およ》ぐ2メートルの巨大魚《きょだいぎょ》を目撃《もくげき》。それは大《おお》きなヒレを持《も》ちエイのように見《み》えたという。場所《ばしょ》は伊勢湾《いせわん》の河口《かこう》から約《やく》30キロメートルほどさかのぼった場所《ばしょ》である。

通常《つうじょう》日本《にほん》には川《かわ》でくらすエイはいないが、アマゾン川《がわ》にはポタモトリゴンというエイが生息《せいそく》しており、東南《とうなん》アジアの川《かわ》にも大型《おおがた》のエイがいる。また、日本《にほん》の沿岸《えんがん》に生息《せいそく》するアカエイも、川《かわ》をさかのぼって数《すう》キロメートル上流《じょうりゅう》に姿《すがた》をあらわすことがある。東京《とうきょう》でも東京湾《とうきょうわん》から運河《うんが》を通《とお》ってきたエイが目撃《もくげき》されている。このようにエイには川《かわ》にのぼる習性《しゅうせい》があると見《み》られ、ハッシーの正体《しょうたい》は長良川《ながらがわ》をのぼってきたエイかもしれない。

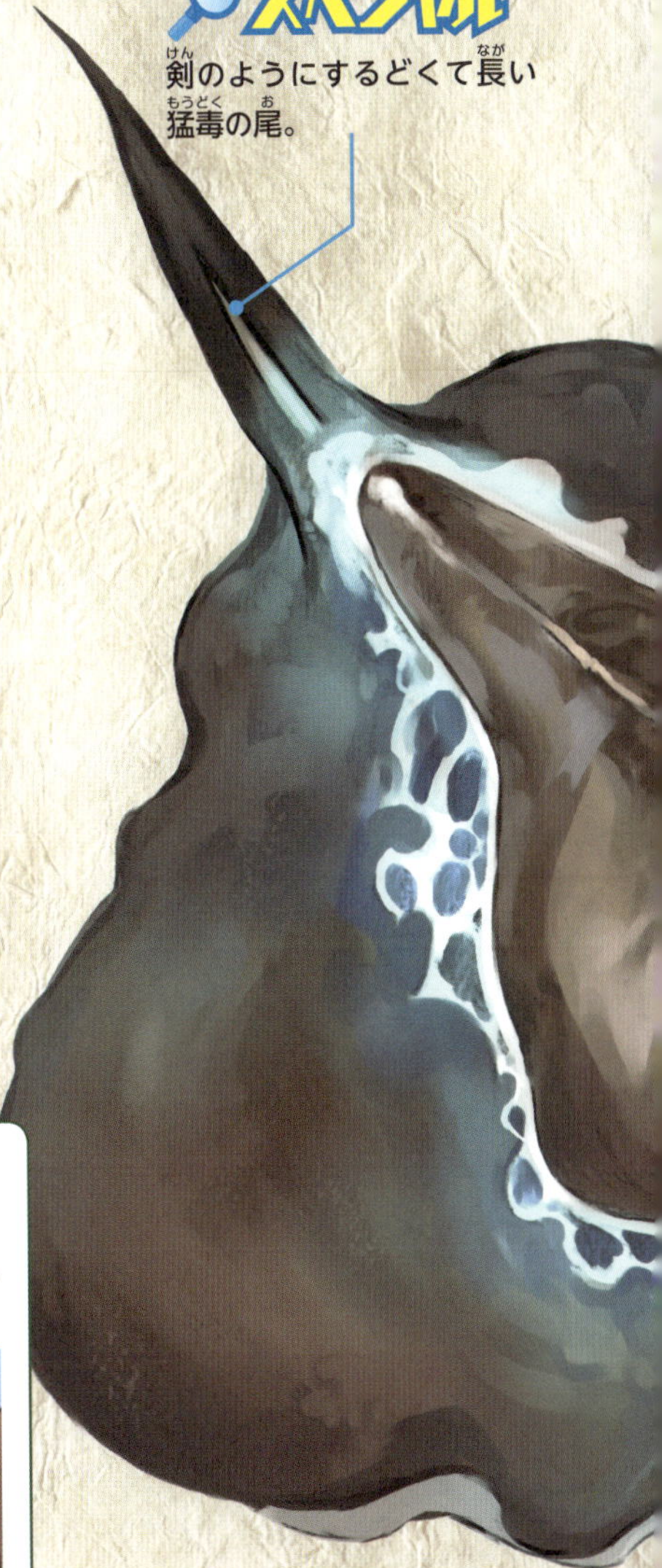

スペシャル

剣《けん》のようにするどくて長《なが》い猛毒《もうどく》の尾《お》。

6章《しょう》

もしも劇場《げきじょう》

ハッシーが群《む》れだったら…

ならんでもらって、川《かわ》をわたらせてもらおう！

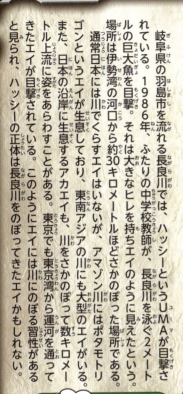

京都《きょうと》の山《やま》の主《ぬし》か

イノゴン

DATA《データ》

京都府《きょうとふ》

1970年《ねん》～

山《やま》

大人《おとな》の男性《だんせい》ぐらい

スター度《ど》 ★★★

危険度《きけんど》 💀💀💀

どうする!?

たたかう

にげる

ペットにする

▶あそぶ

いっしょに泥《どろ》あそびをしよう。

スペシャル

体毛《たいもう》がない不気味《ぶきみ》な黒《くろ》い体《からだ》が特徴《とくちょう》。暗闇《くらやみ》にまぎれて見《み》つかりにくい。

WANTED

　1970年《ねん》、京都府綾部市高津町《きょうとふあやべしたかつちょう》で奇妙《きみょう》なイノシシが捕獲《ほかく》された。体長《たいちょう》は1・8メートル、体毛《たいもう》はなく体《からだ》は真《ま》っ黒《くろ》だった。恐《おそ》ろしく巨大《きょだい》だったというが、残念《ざんねん》ながら捕獲《ほかく》に成功《せいこう》していたわりに正確《せいかく》なデータが残《のこ》っていない。それもそのはず、この謎《なぞ》のイノシシ「イノゴン」は、イノシシ鍋《なべ》にされて食《た》べられてしまったというのだ。ただ、頭骨《とうこつ》は残《のこ》っており、鑑定《かんてい》の結果《けっか》イノシシの突然変異体《とつぜんへんいたい》という仮説《かせつ》がだされている。

　もっとも、ブタには2メートルをこえて巨大《きょだい》になるものもおり、体重《たいじゅう》も500キログラム近《ちか》くになる。2007年《ねん》にはアメリカで、体《たい》長約《ちょうやく》3メートルのブタ（飼《か》われていたものが大《おお》きくなりすぎて、狩《しゅ》猟施設《りょうしせつ》に売《う》りわたされたもの）がハンターにしとめられている。

スペシャル

キバを使《つか》った突進攻撃《とっしんこうげき》が得意《とくい》。

もしも劇場《げきじょう》

イノゴンが寒《さむ》い地方《ちほう》にあらわれたら…

毛《け》がないので風邪《かぜ》をひいてしまいそう！

6章《しょう》

山里《やまざと》に出没《しゅつぼつ》した謎《なぞ》の類人猿《るいじんえん》

ヒバゴン

DATA《データ》

広島県《ひろしまけん》

1970 年代《ねんだい》～

山《やま》

大人《おとな》の男性《だんせい》とほぼ同《おな》じ

スター度《ど》 ★★★★

危険度《きけんど》 💀

どうする !?

たたかう

にげる

ペットにする

▶おどる

地元《じもと》に伝《つた》わるヒバゴン音頭《おんど》を流《なが》すといっしょにおどってくれるかも。

1970～1974年《ねん》にかけて、広島《ひろしま》の北東部《ほくとうぶ》にある比婆《ひば》郡西城町《ぐんさいじょうちょう》（現在《げんざい》の庄原市《しょうばらし》）に出没《しゅつぼつ》したのが謎《なぞ》の類人猿《るいじんえん》ヒバゴンだ。大《おお》きさは人間《にんげん》と同《おな》じくらいで、毛《け》むくじゃらでたくましい体《からだ》を持《も》ち、逆三角形《ぎゃくさんかくけい》の顔《かお》に逆立《さかだ》ったかみの毛《け》が生《は》えている。性格《せいかく》はおとなしいらしく、人間《にんげん》と遭遇《そうぐう》しても攻撃《こうげき》する様子《ようす》は見《み》せない。

西城町《さいじょうちょう》では目撃《もくげき》する住民《じゅうみん》が続出《ぞくしゅつ》し、足跡《あしあと》らしきものも次々《つぎつぎ》発見《はっけん》されるなど、ヒバゴン騒動《そうどう》が巻《ま》き起《お》こった。これに対応《たいおう》するため西城町役場《さいじょうちょうやくば》は「類人猿係《るいじんえんがかり》」を設置《せっち》して、情報《じょうほう》の収集《しゅうしゅう》や全国《ぜんこく》から訪《おとず》れた調査隊《ちょうさたい》の案内《あんない》にあたった。類人猿係《るいじんえんがかり》のおかげで当時《とうじ》の証言《しょうげん》がそのまま正確《せいかく》に記録《きろく》されており、UMA《ユーマ》研究《けんきゅう》の貴重《きちょう》な資料《しりょう》となっている。

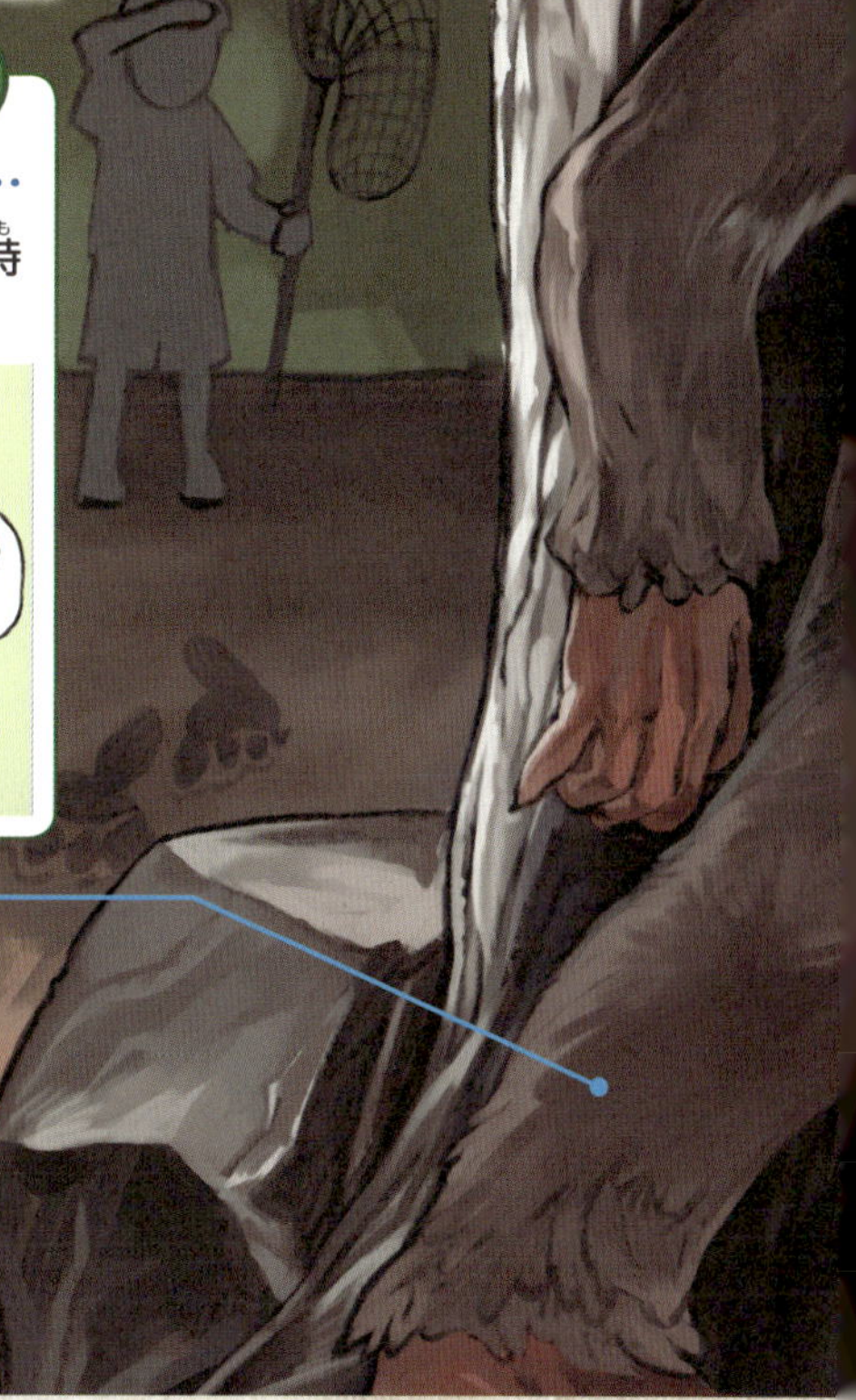

もしも劇場《げきじょう》

ヒバゴンが社長《しゃちょう》だったら…

自分《じぶん》のグッズをつくって大金持《おおがねも》ちに！

スペシャル

かくれるのが得意《とくい》。足跡《あしあと》を残《のこ》すが、ヒバゴンの姿自体《すがたじたい》はなかなか目撃《もくげき》されない。

6章《しょう》

UMA《ユーマ》ハンターMr.《ミスター》X《エックス》の

ヒバゴンレポート

謎《なぞ》のまま消《き》えたヒバゴン

ヒバゴンの正体《しょうたい》としてまず考《かんが》えられるのはサルやクマである。しかし、ヒバゴンは至近距離《しきんきょり》から数分《すうふん》間《かん》にわたって目撃《もくげき》された例《れい》もあり、何《なに》かの見間違《みまちが》いとは考《かんが》えにくい。ただし、「ヒバゴンの足跡《あしあと》」とされるものを鑑定《かんてい》した結果《けっか》、サルやクマのものという推《すい》論《ろん》がでたことはある。また、ヒバゴンが出現《しゅつげん》した西《さい》城町《じょうちょう》は冬《ふゆ》には氷点下《ひょうてんか》になる寒《さむ》い地域《ちいき》のため、にげだ

比婆山連峰《ひばやまれんぽう》

庄原市西城町《しょうばらしさいじょうちょう》にある。ここではじめてヒバゴンが目撃《もくげき》された。

したオランウータンやチンパンジーがいたとしても冬《ふゆ》をこせる可《か》能性《のうせい》は低《ひく》い。ヒバゴンは4年間出《ねんかんしゅつ》没《ぼつ》したあと、ぱったりとあらわれなくなったため、これ以上正体《いじょうしょうたい》をさぐるのは難《むずか》しいのが現状《げんじょう》だ。

ちなみにヒバゴンがいなくなって6年後《ねんご》、数十《すうじっ》キロはなれた福山《ふくやま》市山野町《しやまのちょう》で猿人《えんじん》らしき怪物《かいぶつ》が目《もく》撃《げき》され「ヤマゴン」と命名《めいめい》された。さらに2年後《ねんご》には少《すこ》しはなれた久《く》井町《いちょう》で原始人《げんしじん》のような怪人《かいじん》が目《もく》撃《げき》され「クイゴン」と命名《めいめい》された。ヒバゴンが引《ひ》っこしたのであろうか。

地元《じもと》で愛《あい》される ヒバゴン

地元《じもと》ではヒバゴンがマスコットになっており、現在《げんざい》もヒバゴンに関連《かんれん》した商品《しょうひん》がつくられている。

ヒバゴンの菓子《かし》

ヒバゴンの像《ぞう》

鹿児島《かごしま》の大怪獣《だいかいじゅう》

イッシー

スペシャル

オオウナギのように、皮《ひ》ふがしめっていると考《かんが》えられている。

DATA《データ》

鹿児島県《かごしまけん》の池田湖《いけだこ》

1978年《ねん》

湖《みずうみ》

最大《さいだい》で電車《でんしゃ》1両分《りょうぶん》ぐらい

スター度《ど》 ★★

危険度《きけんど》

どうする!?

たたかう

にげる

ペットにする

▶のぼる

ぬめぬめしていて、なかなかのぼれない。

スクープ!!

イッシーは海洋生物《かいようせいぶつ》!?

イッシーが目撃《もくげき》された池田湖《いけだこ》は、海《うみ》とつながっているという説《せつ》がある。何度《なんど》か行《おこな》われた調査《ちょうさ》でイッシーが見《み》つからなかったのは、海《うみ》ににげていたからだろうか。

1978年《ねん》9月《がつ》、鹿児島県指宿市《かごしまけんいぶすきし》にある池田湖《いけだこ》で、法事《ほうじ》のために集《あつ》まっていた人々《ひとびと》が、池田湖《いけだこ》の水面《すいめん》を進《すす》む謎《なぞ》のコブを目撃《もくげき》。この目撃談《もくげきだん》が知《し》れわたるや、「実《じつ》は私《わたし》も見《み》た」という目撃談《もくげきだん》が次々《つぎつぎ》に表面化《ひょうめんか》した。指宿市観光協会《いぶすきしかんこうきょうかい》はこの怪獣騒動《かいじゅうそうどう》に目《め》をつけ「イッシー対策《たいさく》特別委員会《とくべついいんかい》」を設置《せっち》し、無人《むじん》カメラを設置《せっち》するなどの活動《かつどう》を開始《かいし》する。その年《とし》の12月《がつ》には写真《しゃしん》が撮影《さつえい》され、1979年《ねん》には魚群探知機《ぎょぐんたんちき》に反応《はんのう》が得《え》られた。1980年代《ねんだい》にはいったん落《お》ち着《つ》いたものの、1991年《ねん》にふたたび目撃《もくげき》が報告《ほうこく》されるなど、目撃件数《もくげきけんすう》に波《なみ》がある。

池田湖《いけだこ》には天然記念物《てんねんきねんぶつ》のオオウナギが生息《せいそく》しており、これがさらに巨大化《きょだいか》したものだという説《せつ》のほか、カニやオオサンショウウオ、あげくのはてには、UFO《ユーフォー》だという説《せつ》まで登場《とうじょう》している。

さらなる新種《しんしゅ》発見《はっけん》か!?

ヤマピカリャー

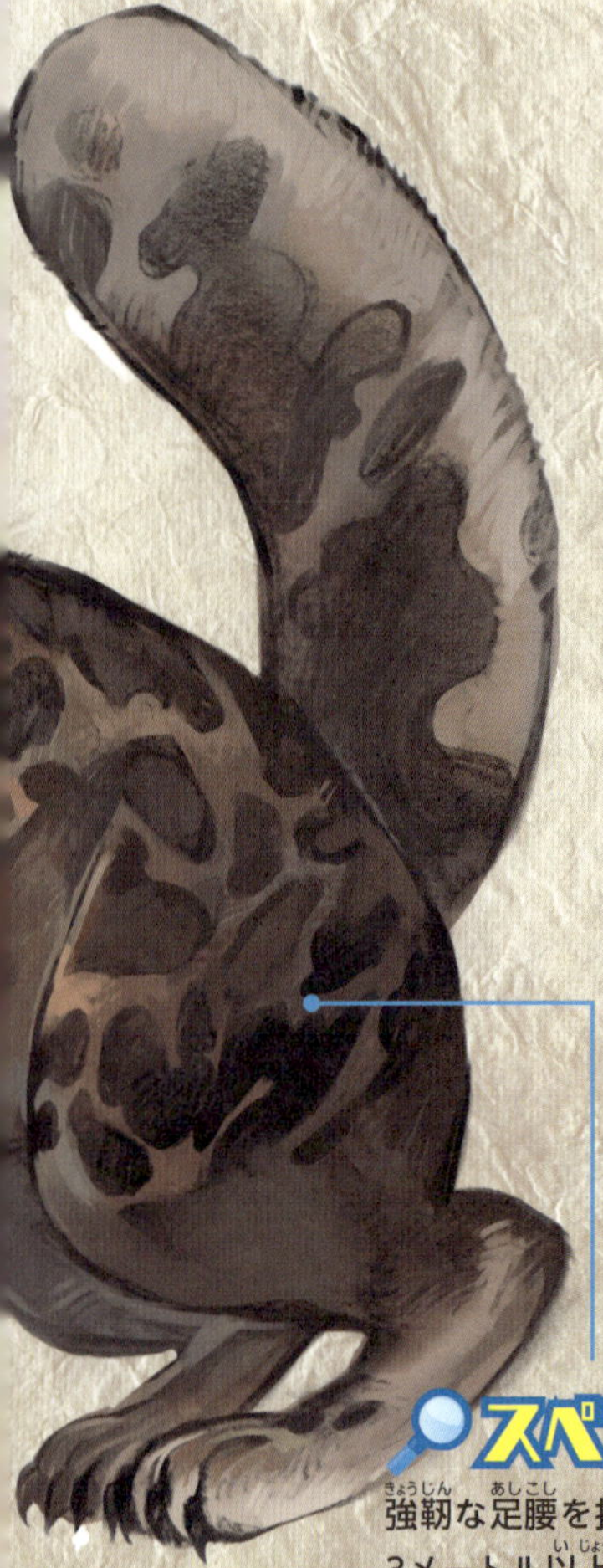

DATA《データ》

- 沖縄県《おきなわけん》の西表島《いりおもてじま》
- 不明《ふめい》
- 森《もり》
- 小学《しょうがく》2年生《ねんせい》と同《おな》じぐらい

スター度《ど》 ★★★

危険度《きけんど》 ☠☠☠

どうする!?

たたかう

にげる

▶ペットにする

爪《つめ》とぎで家中《いえじゅう》ボロボロに!

スペシャル

強靭《きょうじん》な足腰《あしこし》を持《も》っていて、3メートル以上《いじょう》ジャンプすることができるとされる。

WANTED

沖縄県《おきなわけん》の西表島《いりおもてじま》にはイリオモテヤマネコという野生《やせい》のネコが生息《せいそく》している。イリオモテヤマネコは1965年《ねん》にはじめて発見《はっけん》された種《しゅ》で、未発見《みはっけん》のネコがいたことに世界中《せかいじゅう》がおどろく大《だい》ニュースだった。住民《じゅうみん》は島《しま》に野生《やせい》のネコがいることを知《し》っていて証言《しょうげん》していたが、はじめ研究者《けんきゅうしゃ》たちは飼《か》いネコが野《や》生化《せいか》しただけだろうと考《かんが》えてくわしい調査《ちょうさ》がされず、なかなか発見《はっけん》できなかったといういきさつがあった。

そこに、「島《しま》にはさらに大《おお》きな野生《やせい》のネコ、ヤマピカリャーがいる!」という証言《しょうげん》が住民《じゅうみん》からあったので、科学《かがく》者《しゃ》のあいだに衝撃《しょうげき》が走《はし》った。「一応《いちおう》調《しら》べるべきだ」という意見《いけん》と「大型種《おおがたしゅ》が生《い》きるには島《しま》はせますぎる」という意見《いけん》がでているが、いずれにせよイリオモテヤマネコの生息調査《せいそくちょうさ》は行《おこな》われているので、実在《じつざい》することを示《しめ》す何《なん》らかの証《しょう》拠《こ》の発見《はっけん》が期待《きたい》される。

スクープ!!

ヤマピカリャーの襲撃《しゅうげき》!?

2007年《ねん》に西表島《いりおもてじま》へ調査《ちょうさ》にきていた大学教授《だいがくきょうじゅ》が、ヤマピカリャーに砂浜《すなはま》で遭遇《そうぐう》し、襲《おそ》われそうになった。ヒョウやトラのような大型《おおがた》ネコと同《おな》じように気性《きしょう》があらいのだろう。

6章《しょう》

密《ひそ》かに受《う》け継《つ》がれる謎《なぞ》の物体《ぶったい》

ケサランパサラン

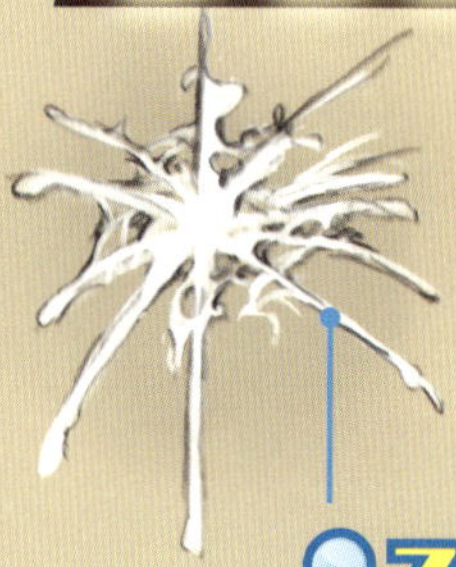

DATA《データ》

日本《にほん》ほか、世界各国《せかいかっこく》

江戸時代《えどじだい》〜

街《まち》

500円玉《えんだま》より少《すこ》し大《おお》きい

スター度《ど》 ★★★★★

危険度《きけんど》

スペシャル

とても軽《かる》い。人《ひと》の息《いき》だけでも、遠《とお》くまで飛《と》んでいってしまう。

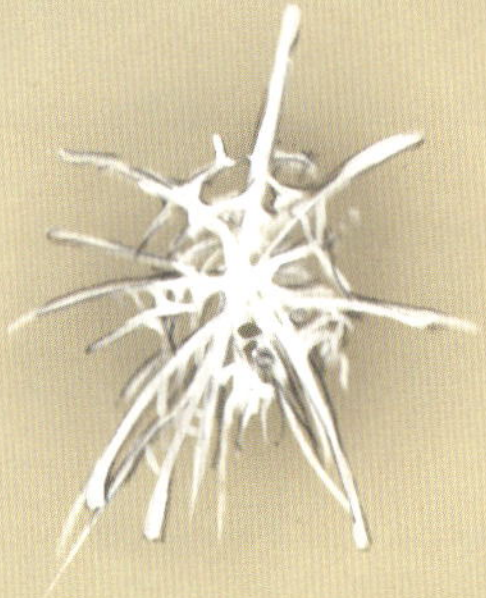

どうする!?

たたかう

にげる

▶ペットにする

1年《ねん》に2回以上《かいいじょう》見《み》ると幸運《こううん》がにげてしまうので、かまいすぎないようにしよう。

長《なが》い歴史《れきし》のある家《いえ》のタンス、その奥《おく》にねむる桐箱《きりばこ》に密《ひそ》かに保管《ほかん》されている謎《なぞ》の物体《ぶったい》がケサランパサランだ。手《て》のひらに乗《の》るほどの大《おお》きさで、フワフワした毛《け》におおわれた毛玉《けだま》のような生物《せいぶつ》である。まったく動《うご》くことなく桐箱《きりばこ》におさまっているが、おしろいをいっしょに箱《はこ》にいれておくとそれを食《た》べて成長《せいちょう》するという。持《も》ち主《ぬし》に幸運《こううん》を運《はこ》ぶが、持《も》っていることを秘密《ひみつ》にしないと効果《こうか》がなくなるため、生息状況《せいそくじょうきょう》は不明《ふめい》である。

本来《ほんらい》はこのような種類《しゅるい》のものをケサランパサランと呼《よ》ぶが、単《たん》に空中《くうちゅう》をただよう綿毛状《わたげじょう》のものもケサランパサランと呼《よ》ぶことが多《おお》い。その正《しょう》体《たい》は動物《どうぶつ》の毛《け》や植物《しょくぶつ》の種《たね》など、さまざまな説《せつ》がある。海外《かいがい》にも、ケサランパサランと同《おな》じような、空中《くうちゅう》をただようエンゼルヘアと呼《よ》ばれる物体《ぶったい》の伝承《でんしょう》が残《のこ》っている。

スクープ!!

ケサランパサランの正体《しょうたい》判明《はんめい》!?

オケナイトというフワフワとした綿《めん》のような鉱石《こうせき》があり、ケサランパサランの正体《しょうたい》ではないかといわれている。

ケサランパサランの飼《か》い方《かた》

UMA《ユーマ》ストーリー

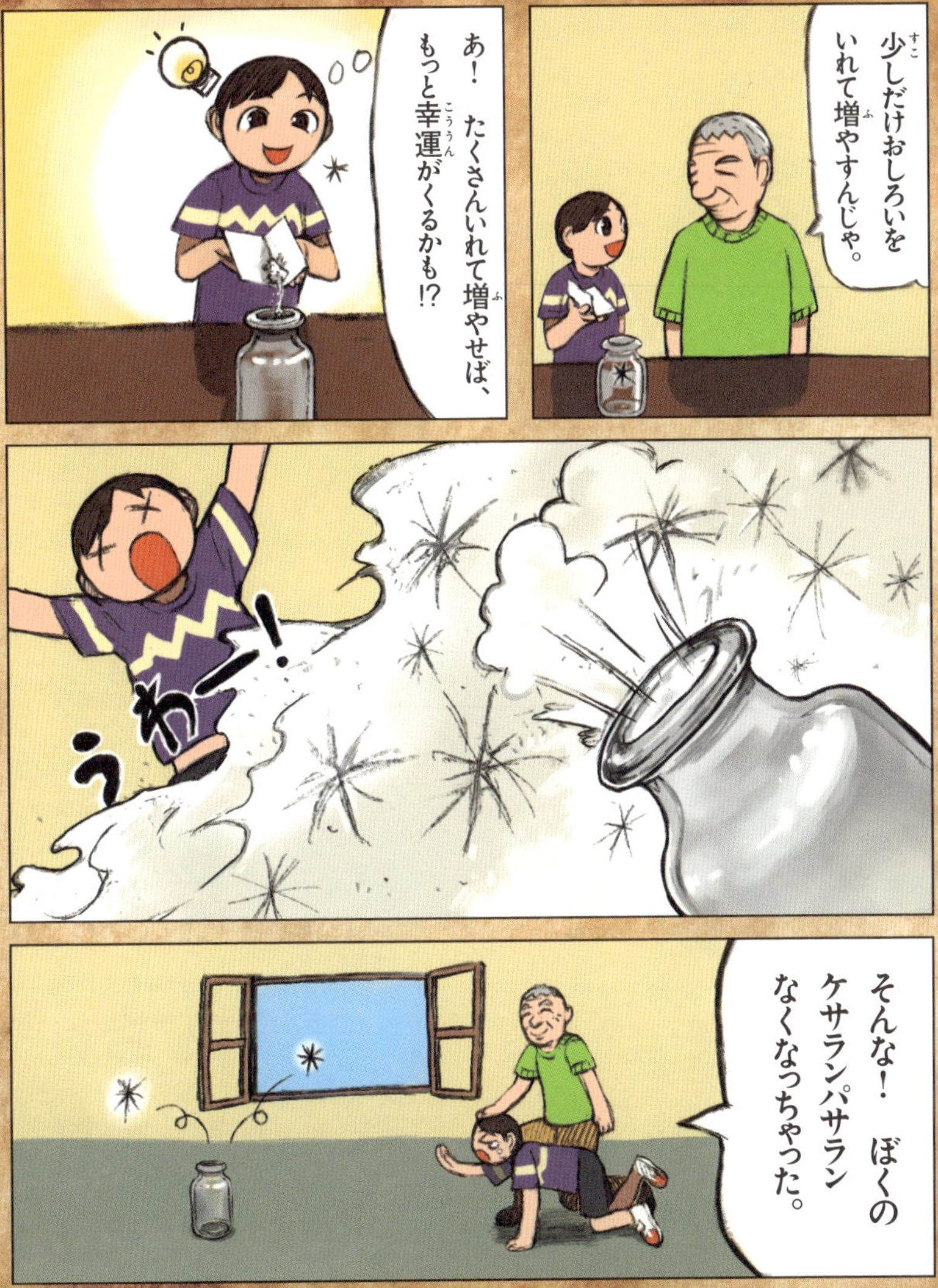

少《すこ》しだけおしろいをいれて増《ふ》やすんじゃ。
あ！　たくさんいれて増《ふ》やせば、もっと幸運《こううん》がくるかも!?
うわー！
そんな！　ぼくのケサランパサランなくなっちゃった。

U《ユ》M《ー》A《マ》検定《けんてい》

全部《ぜんぶ》で15問《もん》のクイズにチャレンジしてみよう！世界中《せかいじゅう》のU《ユ》M《ー》A《マ》を見《み》てきたきみなら、きっとわかるはずだ！

1 ネッシーがいる湖《みずうみ》の名前《なまえ》は何《なに》？

↓ヒントは22ページ

2 ジェヴォーダンの獣《けもの》が苦手《にがて》な動物《どうぶつ》は何《なに》？

↓ヒントは55ページ

3 アルマスはにげるときに何《なん》とさけぶ？

↓ヒントは59ページ

4 エクスプローディング・スネークをたたくと、どうなる？

↓ヒントは65ページ

5 エイリアンビッグキャットの特《とく》殊能力《しゅのうりょく》は何《なに》？

↓ヒントは49ページ

6 ビッグフットの足《あし》のたての長《なが》さは約《やく》何《なん》センチメートル？

↓ヒントは69ページ

7 ビッグバードの別名《べつめい》は何《なに》？

↓ヒントは109ページ

8 「チャンプの日《ひ》」というお祭《まつ》りが行《おこな》われる季節《きせつ》はいつ？

↓ヒントは119ページ

9 スカイフィッシュは時速《じそく》何《なん》キロメートルで飛《と》ぶ？

↓ヒントは163ページ

10 チュパカブラは動物《どうぶつ》の何《なに》を食《た》べる？

↓ヒントは145ページ

11 トランコと海《うみ》でたたかっていた生《い》き物《もの》は何《なに》？

↓ヒントは215ページ

12 イエティがいる山脈《さんみゃく》の名前《なまえ》は何《なに》？

ヒントは218ページ

14 ツチノコの好物《こうぶつ》は何《なに》？

ヒントは276ページ

13 ケサランパサランは、何《なに》をいれると増《ふ》える？

ヒントは311ページ

15 ニンゲンはどこにすんでいる？

ヒントは20ページ

UMA《ユーマ》検定《けんてい》の答《こた》えは318ページにあるよ。

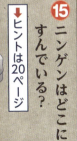

ま行《ぎょう》

や行《ぎょう》

ら行《ぎょう》

わ行《ぎょう》

UMA《ユーマ》検定《けんてい》の答《こた》え

1 ネス湖《こ》
2 ウシ
3 ブーンブーン
4 爆発《ばくはつ》する
5 テレポート能力《のうりょく》
6 約《やく》40センチメートル
7 サンダーバード
8 夏《なつ》
9 時速《じそく》300キロメートル
10 血《ち》
11 シャチ
12 ヒマラヤ山脈《さんみゃく》
13 おしろい
14 スルメ
15 南極《なんきょく》の海《うみ》

0〜3問《もん》 正解《せいかい》 見習《みなら》いUMA《ユーマ》ハンター

4〜9問《もん》 正解《せいかい》 グッドUMA《ユーマ》ハンター

10〜14問《もん》 正解《せいかい》 スーパーUMA《ユーマ》ハンター

15問《もん》 正解《せいかい》 ウルトラUMA《ユーマ》ハンター

さくいん

あ行《ぎょう》

か行《ぎょう》

さ行《ぎょう》

た行《ぎょう》

な行《ぎょう》

は行《ぎょう》

(著者紹介)

横山雅司(よこやま・まさし)

イラストレーター、ライター、漫画原作者。ＡＳＩＯＳ(超常現象の懐疑的調査のための会)ではUMA担当。著書に『極限世界のいきものたち』、『憧れの「野生動物」飼育読本』(いずれも彩図社)がある。そのほかに、乗り物や兵器に関する大人向け書籍の制作にもたずさわっている。

(参考文献)

『未確認動物UMAの謎と真実』(学研)／『ヴィジュアル版UMA生態図鑑』並木伸一郎著(学研)／『未確認動物UMAの謎』並木伸一郎著(学研)／『世界UMA事件ファイル』並木伸一郎著(学研)／『増補版 未確認動物UMA大全』並木伸一郎著(学研)／『生きていた恐竜・翼竜・海竜　ドラゴンUMAの謎』 南山宏著(学研)／『私が愛したヒバゴンよ永遠に 謎の生物騒動から40年』見越敏宏著(文芸社)／『最新版 世界の未確認生物カラー大百科』南山宏監修(双葉社)

※このほかにも、多くの書籍やwebサイトを参考にしています。

(写真提供　五十音順、敬称略)

アフロ、魚津水族館、男鹿水族館GAO、沖山朝俊、菓子司処 大國堂、京都市動物園、国立環境研究所・侵入生物データベース、国立国会図書館、体感型動物園 iZoo、鶴岡市立加茂水族館、東武動物公園、土佐清水市、鳥羽水族館、並木事務所、野毛山動物園、フォトライブラリー、横山雅司、123RF、cuatrok77、Géry Parent、Hugh Gray、imagenavi、Jackie、Misserion、Murray Foubister、Per Se、Tobias Nordhausen

(STAFF)

編集制作――――株式会社童夢

装丁・本文デザイン――――中富竜人

イラスト

１章と４章――――KY

２章――――エビ

３章――――ZAEBOS

15～20ページと５章――――はるか

11ページと６章――――Lv00

世界《せかい》のUMA《ユーマ》　未確認生物《みかくにんせいぶつ》データブック

2019年7月1日　第1刷発行

著　　者　横山雅司《よこやままさし》

発 行 者　中村　誠

印 刷 所　株式会社 光邦

製 本 所　株式会社 光邦

発 行 所　株式会社 日本文芸社

〒101-8407　東京都千代田区神田神保町1-7

TEL 03-3294-8931(営業) 03-3294-8920(編集)

URL https://www.nihonbungeisha.co.jp/

Printed in Japan 112190620-112190620 Ⓝ 01 (130000)

ISBN978-4-537-21704-9

(編集担当：藤澤)